Heidelberger Fachbücher
für Praxis
und Studium

Erfolgreiches Personalmarketing

Personalverantwortung aus marktorientierter Sicht

von

Manfred Batz

Paderborn

Mit 82 Abbildungen und Tabellen

I. H. Sauer-Verlag GmbH
Heidelberg

Die Deutsche Bibliothek – CIP-Einheitsaufnahme

Batz, Manfred:

Erfolgreiches Personalmarketing – Personalverantwortung aus marktorientierter Sicht / von Manfred Batz. – Heidelberg : Sauer, 1996

(Heidelberger Fachbücher für Praxis und Studium)
ISBN 3-7938-7132-0

ISBN 3-7938-7132-0

© 1996 I. H. Sauer-Verlag GmbH, Heidelberg

Das Werk einschließlich aller seiner Teile ist urheberrechtlich geschützt. Jede Verwertung außerhalb der engen Grenzen des Urheberrechtsgesetzes ist ohne Zustimmung des Verlages unzulässig und strafbar. Das gilt insbesondere für Vervielfältigungen, Übersetzungen, Bearbeitungen, Mikroverfilmungen und die Einspeicherung und Verarbeitung in elektronischen Systemen.

Satz und Datenkonvertierung: H & S Team für Fotosatz GmbH, 68199 Mannheim

Druck und Verarbeitung: Wilhelm & Adam, Werbe- und Verlagsdruck GmbH, 63150 Heusenstamm

Umschlagentwurf: Horst König, 67067 Ludwigshafen

♾ Gedruckt auf säurefreiem, alterungsbeständigem Papier, hergestellt aus chlorfrei gebleichtem Zellstoff

Printed in Germany

Vorwort

Erfolgreiche Marketingideen und -konzepte bestechen in der Regel durch Einfachheit und Praxisnähe. Wissenschaftlich fundiert, jedoch einfach und praxisnah wird in diesem Buch ein richtungweisender Ansatz für das moderne Personalmarketing vorgestellt. Dieser in sich geschlossene, ganzheitliche Ansatz integriert die wichtigsten Instrumente des Personalmarketings und stellt den strategischen Wettbewerbsfaktor „Qualität" in den Mittelpunkt der Betrachtung.

Es wird erarbeitet, welchen Einfluß marktorientierte Personalverantwortung auf Mitarbeiterorientierung (Prozeßqualität), Kundenorientierung (Ergebnisqualität) und Umweltorientierung (Wertequalität) haben kann. Bedürfnisse und Ziele, Zufriedenheit und Begeisterung der Mitarbeiter, Partner und Interessenten bilden dabei den Erwartungshorizont, an dem sich Personalmarketingstrategien messen müssen. Erfolgreiches und integriertes Personalmarketing wird insgesamt als eine Denkhaltung verstanden, die alle Bereiche des Unternehmens durchdringt und so dazu beiträgt, personalwirtschaftliche Entscheidungen zu optimieren und Wettbewerbsvorteile konsequent zu nutzen.

Analog zur Marketingidee werden zunächst Instrumente zur gezielten Analyse des Marktes (Informationsbeschaffung durch Personalmarketingforschung) dargestellt. Überlegungen zum Managementsystem und zum Führungskonzept, soweit sie für die Personalmarketingstrategie von Bedeutung sind, werden ebenso behandelt wie die markt- und zielgruppenorientierte Gestaltung der personalpolitischen Instrumente (Unternehmensentwicklung). Das Personalmarketingmix und die Kommunikation zur Sicherung einer hohen Leistungsbereitschaft bei allen Mitarbeitern und zur Darstellung der Attraktivität des Unternehmens bilden einen weiteren Schwerpunkt des vorliegenden Buches. Aspekte des Personalcontrollings in einem Wertschöpfungs-Center, ein Umsetzungsleitfaden sowie praxisnahe Beispiele und Checklisten runden die Darstellung ab.

Obwohl der überwiegende Teil dieses Buches im Jahre 1995 entstand, liegen die tiefen Wurzeln schon sehr viel früher. Die spannende Mischung meines Ausbildungs- und Berufslebens und der daraus resultierte Kontakt zu Ausnahmepersönlichkeiten wie Prof. Dr. Rolf Wunderer (St. Gallen), Prof. Dr. Günter Büschges (Nürnberg), Heinz Nixdorf (Paderborn) und Dipl.-Kfm. Peter Schumacher (Heidelberg) boten einen idealen Nährboden, um personal- und marketingorientierte Theorie und Praxis in einen größeren Rahmen einzuordnen. Gemessen an den vielfältigen Ausgangspunkten, Zielsetzungen und Fragestellungen soll dieses Buch als Beginn und nicht als Ende eines umfassenden Denkprozesses gesehen werden. Nicht vollendet, sondern nur vorläufig fertiggestellt.

Danken möchte ich allen Mitarbeitern der Batz + Siegler Consulting GmbH für Anregung, Kritik und Aufmunterung in vielen Gesprächen. Ein ganz besonderes Dankeschön an Frau Dipl.-Kffr. Heike Andreschak für die weit über das normale Maß hinausgehende, fachlich kompetente und intensive Unterstützung. Frau Anja Schmelter war an den Korrekturarbeiten als „letzte Instanz" beteiligt. Ihr habe ich zu danken, daß noch so mancher Fehler eliminiert werden konnte. Die umfangreichen Entwürfe und sogenannten Endfassungen wurden von Anne Duczek mit großer Geduld und unermüdlichem Einsatz geschrieben. Weiterhin gilt mein Dank Herrn Prof. Dr. Wolfgang Gast und Herrn Michael Giesecke vom Sauer-Verlag in Heidelberg für die immer freundliche Unterstützung und Zusammenarbeit.

Alle Leserinnen bitte ich um Nachsicht, daß von mir die konventionell männliche Sprachform benutzt wurde. Dieses Buch richtet sich an Frauen und Männer.

Paderborn, im Frühjahr 1996

Manfred Batz

Inhaltsverzeichnis

1. Personalmarketing als Idee – heute wichtiger denn je 9

1.1 Der Personalmarketingbegriff 18
1.2 Wer braucht Personalmarketing? 24
1.3 Personalmarketing und Unternehmensleitbild 28
1.4 Dezentralisierung des Personalmarketings 33
1.5 Das Personalmarketingszenario 39
1.6 Checkliste: Erfolgreiches Personalmarketing 43

2. Den Ideen folgen Taten – Informationsbeschaffung ... 46

2.1 Die integrierte Personalmarketinganalyse 51
2.2 Die Qualität der Informationsbeschaffung 64
2.3 Analyse der Umweltorientierung – Wertequalität 66
2.4 Analyse der Mitarbeiterorientierung – Prozeßqualität 69
2.5 Analyse der Kundenorientierung – Ergebnisqualität 77
2.6 Analyse der Mitbewerber – Benchmarking 82
2.7 Ergebnisauswertung und -umsetzung 85

**3. Qualität statt Quantität –
die Personalmarketingstrategie** 90

3.1 Prozeßorientierung als Herausforderung 94
3.2 Aspekte eines dynamischen Managementsystems 96
3.3 Personalmarketing als (Lern-)Prozeß 102
3.4 Vom Mitarbeiter zum Mitunternehmer? 107
3.5 Die Infrastruktur einer Strategie 118
3.6 Checkliste: Einführung eines Managementsystems 123

**4. Voraussetzungen schaffen –
Unternehmensentwicklung** 129

4.1 Das marketingorientierte Assessment Center 132
4.2 Prinzipien der Mitarbeiterbeurteilung 143
4.3 Karriereprogramme mit System 154
4.4 Das Primat der offenen Kommunikation 165
4.5 Ein Marketingmuß: Individuelle Personalentwicklung .. 173

5. Kombination ist alles – Personalmarketingmix 177

5.1 Produktmix als Wettbewerbsfaktor 183
5.2 Preismix als Ausgleichsfaktor 187
5.3 Plazierungsmix als Integrationsfaktor 196

7

5.4	Promotionsmix als Informationsfaktor	200
5.5	Kombination oder Integration der Variablen?	204

6. Mehr Profil durch Kommunikation – das klare Konzept 207

6.1	Die Einbindung in die Corporate Identity	211
6.2	Planungsparameter der Personalwerbung	214
6.3	Zielgruppenorientierte Medienauswahl	217
6.4	Personalmarketing und Public Relations	221
6.5	Erfolgsfaktor Personal Relations	224
6.6	Marketingkommunikation in der Praxis	242
6.7	Möglichkeiten der Erfolgskontrolle	247

7. Auf dem laufenden bleiben – Controlling 250

7.1	Controlling als integratives Konzept	253
7.2	Strategien auf dem Prüfstand	259
7.3	Die Idee des wertvollen Mitarbeiters	262
7.4	Controlling und Qualitätsmanagement	268
7.5	Instrumente eines ganzheitlichen Prozeßcontrollings	271
7.6	Informationen gezielt nutzbar machen	279

8. Zukunft findet statt – die Wegbestimmung 285

8.1	Wo fängt man an? – Umbau statt Anbau	286
8.2	Sieben Schritte – Ein Weg	290
8.3	Warum auch Sie beginnen sollten!	295

9. Literaturverzeichnis 297

10. Sachregister 304

1. Personalmarketing als Idee – heute wichtiger denn je

Was gibt es Neues? Viele Manager meinen mit dieser Frage, mit welchen neuen Techniken und Methoden sich die Arbeitsleistungen steigern und interessante Geschäfte machen lassen. Während die einen das Modell der lernenden Organisation befürworten, die anderen die virtuelle Organisation propagieren, zerschlagen Dritte unter dem Stichwort Business Reengineering radikal ganze Organisationen, um sie anschließend völlig neu wieder aufzubauen. Chance-Management, Management by Love, Managementandragogik und Qualitätsmanagement versprechen dem gebeutelten Praktiker Hilfe beim Umgang mit Dynamik, Unsicherheit, Komplexität und Ungewißheit.

Die selbsternannten Experten, die als Lösungsansatz exakt ausgearbeitete Abläufe, musterhafte Leitsätze, marktorientierte Strategien und passend abgestimmte Analysetechniken empfehlen, finden in unserer komplexen, wettbewerbsorientierten Wirtschaft immer mehr Zuhörer. Spielregeln für Sieger werden gesucht und angeboten. Den Guru mit der Hornbrille findet man überall. Und es gibt wohl keinen Praktiker, der sich nicht so dann und wann in seinem Leben gewünscht hat, es gäbe sie wirklich, die einfache Spielregel, die Musterlösung, die seine dringlichsten Probleme löst und ihm seine alltäglichen Sorgen abnimmt.

Patentrezepte oder Bilderbuchlösungen mögen ganz bequem und gelegentlich sogar eine echte Hilfe sein, wenn man Hilfe als Denkanstoß oder Katalysator versteht. Aber sie beinhalten kaum Möglichkeiten, sich auf die wachsende Komplexität und Dynamik sowie den permanenten Wandel einzustellen. Wer wirklich mehr als andere erreichen will, muß eine spezifische und neuartige Art des Denkens und Handelns entwickeln. Die Zukunft gehört denen, die Möglichkeiten erspüren, bevor sie allgemein sichtbar werden.

Ohne einen ausreichend qualifizierten Mitarbeiterstamm, ohne zufriedene Kunden und ohne Akzeptanz in der Umwelt lassen sich zukünftig keine Geschäfte und somit auch keine Gewinne mehr machen. Kein Unternehmen wird lange existieren, ohne eine klare Vorstellung davon zu haben, wie man potentielle Mitarbeiter informiert, was die Mitarbeiter wünschen und brauchen und was der Mitbewerber bieten kann.

Diese Entwicklungen des Marktes gehen jeden an, und jeder muß wissen, was sich dort tut und wie sich die Situation insgesamt entwickelt. Der Mitarbeiter ist ein echter Aktivposten in jedem Unternehmen. Wenn dieser Aktivposten in der Bilanz nicht verloren gehen soll, dann muß etwas getan werden. Denn wenn der Mitarbeiter sich fragt: „Welche Entwicklungsmöglichkeiten habe ich, wie wird meine Leistung eingeschätzt, in welchem Umfeld bin ich tätig und was wurde in der letzten Zeit für mich getan?" und die Antworten nur Sprechblasen sind, ist es normalerweise schon zu spät zum Handeln.

Durch die Entwicklung hin zu einer ganzheitlichen Qualitätsorientierung hat sich die Situation für das Management grundlegend gewandelt. In der Vergangenheit genügte es, wenn das mittlere Management, vor allem im Produktions- und Servicebereich, in seiner Verantwortung für Qualität von der Unternehmensleitung unterstützt wurde und die erforderlichen Hilfsmittel bereitgestellt wurden. Heute sind die Anforderungen viel anspruchsvoller geworden. Nicht mehr nur das Produkt oder die Dienstleistung allein, sondern die Gesamtheit aller am Markt angebotenen Leistungen (Produkt, Service, Information und Interaktionen zwischen Anbieter und Kunden) ist zu betrachten.

Der Kunde entscheidet, Unternehmen und Umwelt sind davon betroffen. Dabei ist es mehr als einleuchtend, daß sich die Leistung eines jeden Mitarbeiters unmittelbar und direkt auf Qualität und

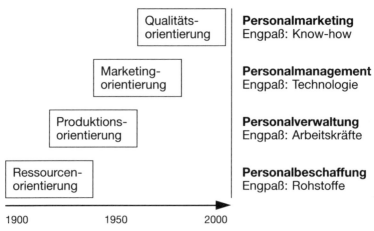

Abb.1: Entwicklungsstufen zum Personalmarketing

Unternehmenserfolg auswirkt (Abb. 1). Der Mitarbeiter, sein Wissen und seine Fähigkeiten sind heute der entscheidende Engpaßfaktor.

Die Personalverantwortung hat durch diese Entwicklungen (*Dietmann*, 1992, S. 192) einen neuen Stellenwert bekommen. Personalverantwortung der Zukunft wird entscheidend von der Marketingidee geprägt. Personalmarketing als eine Grundlage der Unternehmensphilosophie und -politik ist auch das Anliegen dieses Buches. Personalmarketing, aktiv und werteorientiert verstanden und gestaltet, kann die überwiegend vom rationalen Verstandesdenken geprägten Personalkonzeptionen ablösen und neue Bedingungen für erfolgreiche Personalverantwortung schaffen.

Diese neuen Bedingungen erscheinen mehr als überfällig. Viele Anzeichen sprechen dafür, daß sich die zunehmende Pluralisierung gesellschaftlicher und individueller Wertesysteme in einem deutlichen Wandlungsprozeß befindet.

Karriere, Erfolg und Leistung sind längst nicht mehr die wichtigen Bestimmungsgründe des Arbeitsverhaltens. Eine breit angelegte empirische Studie (*v. Rosenstiel* et al., 1994, S. 37) zeigt einen grundlegenden Werte- und Mentalitätswandel (Abb. 2).

Rund 25 % der Nachwuchsführungskräfte können als echte Karrieristen bezeichnet werden. Sie sind bereit, einen konsequenten und auch harten Weg zu gehen.

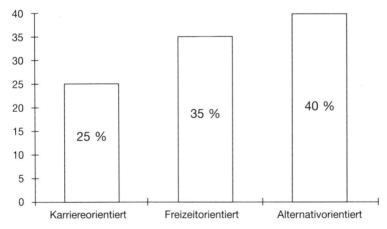

Abb. 2: Werteorientierung beim Führungsnachwuchs

Dagegen sind 35% eher freizeitorientiert. Sie wollen die Freizeitwerte wie Heiterkeit, Lebensfreude, Ehrlichkeit, Rücksicht und Toleranz in die Arbeitswerte integrieren.

Etwa 40% sind alternativorientiert. Für sie sind ökologische und ethische Dimensionen extrem wichtig. Dies trifft besonders auf die sensibleren Nachwuchskräfte zu.

Ein etwas anderes Bild zeigt sich bei Studenten der Betriebswirtschaft (BWL). Prof. Dr. *Hermann Simon* (Absatzwirtschaft 6/95, S. 90) befragte u. a. 240 Studienanfänger der Universität Mainz zur Einstellung gegenüber Karriere und Studium (Abb. 3).

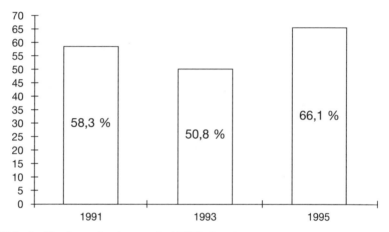

Abb. 3: Karriereorientierung bei BWL-Studenten

Bemerkenswert ist, daß 66,1% der Studienanfänger die eigene Karriere für sehr wichtig halten. Ein Querschnittsvergleich von 1991 – 1995 zeigt, daß die Karriereeinstellung bis 1991 stieg, dann sukzessive von 58,3 auf 50,8% zurückfiel. Vermutlich wirken sich Rezession und weltwirtschaftliche Entwicklung stark auf die Karriereorientierung junger Menschen aus.

Mehr Licht ins Dunkel zur Erklärung der Werteorientierung kann auch die Lebensstilforschung (*Plummer*, 1974, S. 33 und *Nowak/ Becker*, 1985, S. 30) bringen. Die folgende Zusammenstellung zeigt, welche Werte, Bedürfnisse und Erwartungen für den Mitarbeiter als Mensch, für sein Lebensgefühl, für seinen Lebensstil wichtig sind.

Milieu-Bausteine (Quelle: *Nowak/Becker*, 1985)

Lebensziel	Werte/Lebensgüter/Lebensstrategie/Lebensphilosophie
Soziale Lage	Größe (Anteil an der Grundgesamtheit)/soziodemografische Struktur des Milieus
Arbeit/Leistung	Arbeitsethos, Arbeitszufriedenheit/gesellschaftlicher Aufstieg/Prestige/materielle Sicherheit
Gesellschaftsbild	Politisches Interesse, Engagement / Systemzufriedenheit / Wahrnehmung und Verarbeitung gesellschaftlicher Probleme
Familie/ Partnerschaft	Einstellung zur Partnerschaft, Familie, Kindern Geborgenheit, emotionale Sicherheit / Vorstellung von privatem Glück
Freizeit	Freizeitgestaltung, Freizeitmotive / Kommunikation und soziales Leben
Wunsch- und Leitbilder	Wünsche, Tagträume, Phantasien, Sehnsüchte / Leitbilder, Vorbilder, Identifikationsobjekte
Lebensstil	Ästhetische Grundbedürfnisse (Alltagsästhetik) / milieuspezifische Stilwelten

Modernes Personalmarketing muß exakt hier ansetzen. Dabei interessieren nicht nur die heutigen Einflußgrößen und Faktoren, sondern insbesondere Trends und Entwicklungen (Abb. 4, s. S. 14). Anknüpfungspunkte sind viele vorhanden, auch in einem Ausgleich zwischen dem noch vorherrschenden rationalen Denken und Handeln in Funktionen, Zahlen und Fakten und dem lateralen Denken und Handeln in Prozessen und Visionen. Laterales prozeßorientiertes Vorgehen bereitet aber nach wie vor einigen Managern und Führungskräften noch entscheidende Probleme.

Dabei dürfte im Personalwesen ein unternehmerisch-marketingorientierter Ansatz (*Wunderer*, 1991, S. 119) ein erfolgversprechender Weg sein, visionäres Management und Prozeßorientierung zu realisieren, damit es nicht zu einer Führungskrise in den Unternehmen kommt.

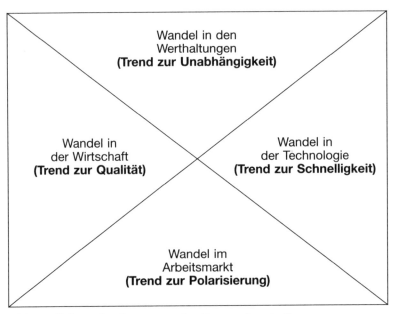

Abb. 4: Rahmenbedingungen des Personalmarketings

Oder gibt es vielleicht schon eine Führungskrise? Die bewußt zugespitzten Thesen von *Winfried M. Bauer* (1985, S. 6) und *Günter Ogger* (1992, S. 12) über die Unzulänglichkeiten des heutigen Managements, über das Festhalten an überkommenen Grundsätzen, über den Zwang zum Doppelleben (*Neuberger*, 1995, S. 18) und über den fehlenden Mut zu kreativen Lösungen sprechen eine deutliche Sprache.

Diese Thesen sind, auch bei nur teilweiser Zustimmung, gleichzeitig ein wichtiges Argument, die Konzepte des Marketings auf das traditionelle Personalmanagement anzuwenden und es so zu einem echten Personalmarketing zu machen. Die Idee, den aus den USA übernommenen Marketingansatz auf das Personalmanagement zu übertragen, entstand übrigens bereits Anfang der siebziger Jahre an der Universität München.

Erfolg und Leistungsfähigkeit eines Unternehmens hängen entscheidend von der rechtzeitigen und richtigen Reaktion auf Marktentwicklungen ab. Deshalb erscheint es sinnvoll, sich mit dem Personalmarketingansatz in einem breiten Zusammenhang

Thesen zur Führungskrise (Quelle: *Bauer*, 1985)

(1) Die Anforderungen an die Position und das Vermögen des Managers, sie zu erfüllen, sind nicht mehr identisch. Die Führungsaufgaben in Wirtschaft und Politik rufen heute nach dem Allroundkönner, doch das Angebot sind normale Menschen: eigenwillig, ängstlich, schwach, einseitig begabt oder nur für einen Teilbereich ausgebildet.

(2) Die Möchtegerne, die Einseitigen und Kleinlichen sind es, die zunehmend das Feld in Industrie und Staat beherrschen. Ein Heer von immobilen Stuhlklebern, unelastisch und zukunftsfremd, behindert und verzögert die Durchführung jeder Entscheidung von oben, die ihre Situation zu verändern droht.

(3) Im Zwiespalt zwischen erzwungenem rationalem Denken und nicht zu verändernden Emotionen schwanken sie von einem Extrem zum anderen. Sie wechseln Rollen und Masken und können weder im Berufs- noch im Privatbereich ehrlich sein. Der Wunsch, Mensch zu sein, wird durch die Position Manager pervertiert.

(4) Der Eigennutz ist die ökonomische Triebfeder jedes Handelns. Das Selbstinteresse, das kurzfristig dem eigenen Vorteil dient, schadet auf die Dauer der Organisation.

(5) Der Manager ist meist nicht kreativ, weil er dazu keine Zeit hat. Kreatives Management bleibt ein Traum, solange Manager nicht bereit sind, Risiko als eine Unternehmensfunktion zu sehen. Und Risiko erfordert Kreativität.

(6) Vergangenheit ist ein Block, den man in die Zukunft schiebt. Wenn Führungsverhalten institutionalisiert wird und Managementprinzipien nicht als zeitbedingt angesehen werden, bleiben Manager und ihre Unternehmen vor dem Tor zur Zukunft stehen.

(7) Die Sozialleistungsära stellt Unternehmen vor Krisensituationen, die mit den veralteten Führungsstrukturen nicht mehr gemeistert werden können. Auf die Komplexität der Forderungen seitens der Gesellschaft vermag der Manager nicht mit Taten zu antworten, da er dafür nicht ausgebildet wurde. Des Managers Glaube an das Gleichbleiben wirtschaftlicher Abläufe heutiger Prägung ist ein Irrglaube.

(8) Manager neigen zur Simplifikation. Vereinfachende Modelle verschleiern jedoch die Wahrheit. Sie helfen nicht mehr, die schwierigen Entscheidungen, die heute die Führung eines Unternehmens erfordert, zu erleichtern. Marktverhalten läßt sich nicht logisch erklären. Die Intuition ist in vielen Fällen ein besserer Wegbegleiter. Aber – wer hat noch Intuition?

(9) Optimismus entwickelt Tatkraft, Pessimismus lähmt sie. Die Grundstimmung unserer Zeit ist pessimistisch und verhindert notwendige Initiativen, die vom Management kommen sollen. Nur wer den bisherigen Gang seines Wirtschaftssektors mit innovativen Entscheidungen durchkreuzt, hat die Chance, sein Unternehmen dynamisch zu erhalten. Gesucht ist der optimistische Manager mit Vorwärtsstrategie.

(10) Die gegenwärtige Situation zu ändern ist nicht Angelegenheit von Organisationen, sondern eine Frage der Persönlichkeitseinstellung der Manager. Der Manager muß seine Vorbildfunktion, die er in den letzten 30 Jahren abgelegt hat, wieder übernehmen. Gefordert ist der asketische Manager.

auseinanderzusetzen und dabei weiterführende Problemstellungen zu berücksichtigen. Diskussionswürdig erscheint vor allen Dingen der Einfluß einer Personalmarketingphilosophie auf die als zentral einzustufenden Wettbewerbsfaktoren Wertequalität (Umweltorientierung), Prozeßqualität (Mitarbeiterorientierung) und Ergebnisqualität (Kundenorientierung).

Unter Berücksichtigung dieser konzeptionellen Aspekte ergibt sich für das Personalmarketing die Frage nach einem integrierten Konzept, welches auch bei konjunkturellen Schwankungen Bestand hat und damit sowohl für eine offensive als auch für eine defensive Personalstrategie geeignet erscheint. Personalmarketing erfaßt, beschreibt und entwickelt Lösungsansätze und -möglichkeiten für Probleme, mit denen sich wahrlich nicht nur Personalmanager zukünftig auseinandersetzen müssen (Abb. 5). Zentraler Faktor und Bindeglied des Konzepts ist der Wettbewerbsfaktor Qualität, die Qualität des Unternehmens, wie sie sich nach innen und außen darstellt. Nur in dem Maße, in dem es gelingt, Mitarbeiter-, Kunden- und Umweltorientierung durch ein integriertes Personalmarketingkonzept zu realisieren, kann sich ein Unternehmen einen entscheidenden Wettbewerbsvorteil durch Qualität schaffen. Mitarbeiter, Kunden und Umwelt sind dabei die Einflußfaktoren, an denen sich Personalmarketing messen lassen muß.

Abb. 5: Konzeptionelle Aspekte des Personalmarketings

Die Berücksichtigung der Veränderung unterschiedlicher Bedürfnisstrukturen sowie die bewußte Marktbeeinflussung im Sinne der Unternehmensziele gehört längst zum Mußkatalog erfolgreichen unternehmerischen Handelns. Personalmarketing im weiten Sinne ist, dieser Sichtweise entsprechend, eine Philosophie, die das gesamte Unternehmen durchdringt und die Tätigkeit eines jeden im Unternehmen berührt.

Was heißt dies konkret? Bekanntermaßen steckt der Personalmarketingansatz, trotz verschiedener Praxiskonzepte und mittlerweile vieler Veröffentlichungen, noch in den Kinderschuhen. Die große Gefahr besteht darin, Personalmarketing als neues Etikett für eher altbackenes Personalmanagement zu verwenden. Aber die Veränderung eines Begriffs allein bewirkt noch keine Verbesserung. Spätestens dann, wenn sich Unternehmen in einer Schlechtwetterlage befinden, wird Personalmarketing gerne bis auf weiteres aufs Eis gelegt, und genau hierin liegt der strategische Fehler. Gerade in schwierigen Zeiten ist eine konsequente Marktorientierung, die alle Unternehmensbereiche durchdringt, mehr als notwendig. Qualifizierte Mitarbeiter sind dann der entscheidende Engpaßfaktor, um den sich jedes Unternehmen mit originellen Ideen und Konzepten bemühen muß.

Das hier diskutierte Konzept hat sich aus der Praxis entwickelt und ist theoretisch fundiert. Es versucht, die verschiedenen Teilaspekte des Personalmarketings in eine unternehmerisch-marktorientierte Systematik zu bringen und einen Rahmen zu schaffen, der ein erfolgreiches Personalmarketing ermöglicht. Alle dargestellten Instrumente, Methoden und Maßnahmen sind mehrfach in der Praxis eingeführt und haben sich dort nachweislich bewährt.

Grundsätzlich ergeben sich demnach folgende Anforderungen an ein Personalmarketing (*Dietmann*, 1993, S. 173):

- ○ Frühzeitige Erkennung von relevanten Entwicklungen
- ○ Positionierung und Pflege eines positiven Images
- ○ Zielgruppenorientierung personalpolitscher Aktivitäten
- ○ Dynamisierung und Flexibilisierung der Organisation
- ○ Qualifizierung zur Bewältigung von Veränderungen
- ○ Verstärkte Integration des Umweltgedankens

1.1 Der Personalmarketingbegriff

Personalmarketing ist sowohl nach seinem Inhalt als auch nach seinem Verständnis zu definieren. Es muß klar sein, was gemeint ist, wenn wir von Personalmarketing sprechen, und auch, was darunter nicht zu verstehen ist. In weiten Bereichen der Praxis und auch der Literatur wird Personalmarketing meist reduziert auf sehr spezielle Aspekte (Instrumente der Personalbeschaffung, Personalwerbung, Hochschulsponsoring oder Kommunikation mit Hochschulabsolventen). Diese rudimentäre Sichtweise vernachlässigt jedoch die bereits genannten Wettbewerbsfaktoren in sträflicher Weise. Im Gegensatz dazu stellen wir hier einen prozeßorientierten Personalmarketingbegriff in das Zentrum unserer Betrachtungen (Abb. 6).

Schlüsselbegriffe zum Personalmarketing

unternehmerisch-marktorientiert

Neuorientierung

Prozesse

Personalmarketing ist die
**unternehmerisch-marktorientierte
Neuorientierung**
der personalwirtschaftlichen **Prozesse**.

Abb. 6: Der Personalmarketingbegriff

Wenn von Personalmarketing und dessen praktischer Umsetzung gesprochen wird, ist primär der unternehmerisch-marktorientierte Aspekt von Bedeutung. Personalmarketing ist kein Selbstzweck, sondern ist zunächst Element der unternehmensbezogenen Marketingstrategie.

Personalmarketing so verstanden ist Grundlage der Umwelt-, Kunden- und Mitarbeiterorientierung des Unternehmens. Im Innenverhältnis spielt das Personalmarketing eine ähnliche Rolle wie das Marketing im Außenverhältnis zum Kunden. Auch und gerade die Mitarbeiter werden als Kunden wahrgenommen und behandelt. Ausgehend von diesen Gedanken, ist Personalmarketing nicht nur Funktion und Institution, sondern vor allem Idee, Konzept und Politik und damit eine das ganze Unternehmen durchdringende Denk- und Geisteshaltung.

Mit Blick auf das Personal orientiert sich der Personalmarketingbegriff an den Interessen und Erwartungen potentieller und faktischer Mitarbeiter. Das Grundlegende an dieser Sichtweise ist, daß der Mitarbeiter wirklich im Mittelpunkt der Betrachtungen steht. Diese Neuorientierung, nur den Mitarbeiter als Kunden und damit als Zielgruppe des Personalmarketings zu betrachten, geht uns jedoch noch nicht weit genug. Viele Unternehmen sehen sich heute einer Situation gegenüber, in der ihre in vielen Jahren erprobten Erfolgskonzepte nicht mehr greifen. Teilweise wurde dies auch rechtzeitig bemerkt, und man sucht angestrengt nach neuen Wegen, um mit den Herausforderungen und strukturellen Verwerfungen unserer Zeit zurechtzukommen. Ein wichtiger Aspekt der Managementkunst besteht darin, scheinbar Unvereinbares zusammenzuführen. Permanent müssen im Unternehmen Kompromisse zwischen Polaritäten gefunden werden. Dabei werden Prozesse zur Bewältigung der zunehmenden Innen- und Außenkomplexität in Unternehmen immer wichtiger. Für das Personalmarketing wird es mehr denn je darum gehen, keine isolierten, suboptimierenden Wege zu finden, sondern hinter dem scheinbaren Gegensatz das Komplementäre zu erkennen und dies in Sowohl-als-auch-Verhalten umzusetzen. Zentraler Leitgedanke ist es deshalb, das Aktionsportfolio möglichst weit zu fassen (Abb. 7, s. S. 20). Kriterien zur Einordnung in das Aktionsportfolio sind die Intensität der vertraglichen und emotionalen Bindung an das Unternehmen.

Den wichtigsten Bereich dieses Aktionsportfolios bilden nach wie vor die Mitarbeiter, zum einen faktische Mitarbeiter, d. h. solche mit einem unbefristeten oder befristeten Arbeitsvertrag, freie Mitarbeiter und Teilzeitmitarbeiter. Kennzeichnende Merkmale dieser Gruppe sind weitgehende vertragliche und in der Regel auch emotionale Bindungen. Die Gruppe der Praktikanten, Interessenten, Bewerber und Mitarbeiter in Vertragsverhandlungen können als potentielle Mitarbeiter charakterisiert werden.

Ein weiteres Feld im Aktionsportfolio bilden eventuelle Franchisingnehmer, Vertragshändler, Outsourcingpartner oder feste Handelspartner. Gerade diese Gruppe fordert bei einer weiterhin

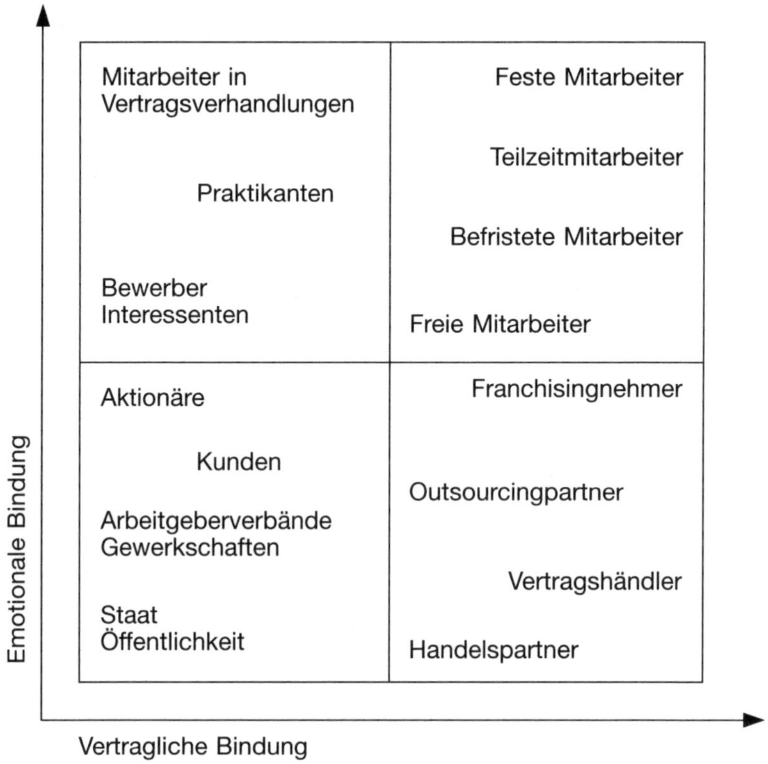

```
Emotionale Bindung ↑
┌─────────────────────────┬──────────────────────────┐
│ Mitarbeiter in          │ Feste Mitarbeiter        │
│ Vertragsverhandlungen   │                          │
│                         │ Teilzeitmitarbeiter      │
│       Praktikanten      │                          │
│                         │ Befristete Mitarbeiter   │
│ Bewerber                │                          │
│ Interessenten           │ Freie Mitarbeiter        │
├─────────────────────────┼──────────────────────────┤
│ Aktionäre               │ Franchisingnehmer        │
│                         │                          │
│       Kunden            │ Outsourcingpartner       │
│ Arbeitgeberverbände     │                          │
│ Gewerkschaften          │ Vertragshändler          │
│ Staat                   │                          │
│ Öffentlichkeit          │ Handelspartner           │
└─────────────────────────┴──────────────────────────┘
                                          Vertragliche Bindung →
```

Abb. 7: Aktionsportfolio des Personalmarketings

dynamischen Marktentwicklung das Interesse des Personalmarketings heraus. Man denke nur an Themen wie Händlerentwicklungsprogramme, Auswahlkonzepte für Franchisingnehmer oder ähnliches. Nicht zuletzt sind auch Aktionäre, Kunden, Arbeitgeberverbände, Gewerkschaften, Staat und Öffentlichkeit in das Aktionsportfolio zu integrieren.

Schwerpunkt der folgenden Betrachtungen sind die hier als faktische und potentielle Mitarbeiter bezeichneten Gruppen. Aus Gründen der begrifflichen Vereinfachung werden wir in Zukunft für diese beiden Gruppen ausschließlich den Begriff „Mitarbeiter" verwenden. Nur wenn es sich zukünftig um spezielle Thematiken (z. B. Bewerberauswahl) handelt, wird eine begriffliche Differenzierung weiterhin vorgenommen.

Die Ziele, Funktionen und Instrumente des Personalmarketings sind nicht immer neu. Sie stehen grundsätzlich aber in einem anderen Zusammenhang, werden anders kombiniert und immer prozeßorientiert eingesetzt (Abb. 8).

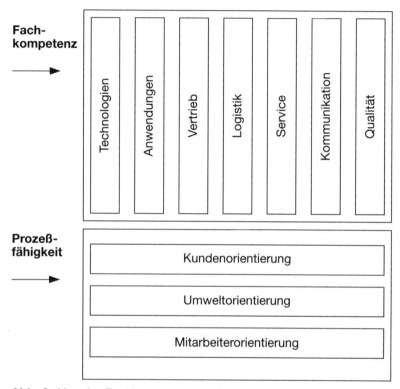

Abb. 8: Von der Fachkompetenz zur Prozeßfähigkeit

Personalmarketing erschöpft sich also nicht im Aufzeigen von Einzelalternativen, sondern integriert alle Funktionen und Instrumente zu einem in sich geschlossenen Prozeßkonzept. Das Personalmarketing übernimmt die Grundidee des Marketingdenkens, die Bedürfnisse der Kunden signifikant besser als der Wettbewerb zu befriedigen. Orientierung an dem, was der Markt fordert, ist gefragt. Die Mitarbeiter werden, wie bereits gesagt, als Kunden betrachtet. Dies impliziert, daß sie als Individuum gesehen werden und mit ihnen effektiv und effizient zusammengearbeitet wird mit dem Ziel, ein für alle Seiten besseres Resultat zu erreichen.

Zusammenfassend läßt sich das Personalmarketing wie folgt charakterisieren (*Wunderer*, 1991, S. 120):

Charakterisierung des Personalmarketings

Philosophie	Verantwortlichkeit	Instrumente
Personelle Wertschöpfung	Unternehmensleitung	Personalarbeit
Attraktive/effiziente Arbeitsbedingungen	Personalleitung	Rekrutierung
	Führungskräfte	Entwicklung
Bedarfsorientierte Entwicklung der Mitarbeiter		Vergütung
		Beurteilung
		Controlling

So verstanden eröffnet Personalmarketing neue Wege und Möglichkeiten bei einer grundlegenden Neuorientierung der personalwirtschaftlichen Prozesse. Das bedeutet auch, daß der Mitarbeiter seine berechtigten Erwartungen erfüllt bekommt. Nur so kann das Unternehmen auf motivierte, engagierte und unternehmerisch denkende Mitarbeiter zählen. Alle Aspekte zusammen fördern das personalpolitische Image des Unternehmens. Personalmarketing bietet also eine Reihe von direkt und indirekt wirksamen Möglichkeiten. Aber: Grundlegende Neuorientierung heißt nicht, alten Wein in neue Schläuche zu füllen.

Damit wird unbestreitbar auch laterales Denken angeregt. Aus vormals unabhängigen personalpolitischen Instrumenten werden durch Kombination völlig neue Sachverhalte geschaffen und neue Perspektiven eröffnet. Veraltete, behäbige und verkrustete Strukturen werden aufgebrochen. Notwendigkeiten für grundlegende Veränderungen im Personalmanagement werden erkannt und diskutiert und damit neue Lösungsansätze für aktuelle Probleme erarbeitet.

Dabei soll nicht außer acht bleiben, daß Personalmarketing nach wie vor noch in den Kinderschuhen steckt und gerade in der wissenschaftlichen Literatur oftmals kritisiert wird. So bezweifelt beispielsweise *Remer* (1978, S. 348), daß Personalmarketing überhaupt neue Sachverhalte in die Personalarbeit bringt, weil die

Instrumente die gleichen wie vorher sind und Personalmarketing auch keine eigenständigen, dem Personalwesen neue Perspektiven hervorbringt; eine sicherlich ältere Sichtweise, die unter den an dieser Stelle diskutierten Rahmenbedingungen nicht aufrecht erhalten werden soll und kann.

Eine weitere Kritik basiert vor allem auf negativen Assoziationen zum Begriff Marketing, der oftmals gleichgesetzt wird mit Vermarktung, Manipulation, Gewinnmaximierung und Rationalisierung. Nur allzu oft wird das Personalmarketing als rücksichtsloser und besonders manipulativer Eingriff in unsere Arbeitswelt abgestempelt: als korrumpierende Lehre von Habgier und Ausbeutung. Die Vertreter dieser Sichtweise gehen bei ihrer Bewertung des Personalmarketings oftmals von einer allgemeinen Marketingdefinition aus, die auch nicht gerade neueren Datums ist und aus der Epoche des Verkäufermarktes stammt (*Bleiss*, 1992, S. 139). Paradoxerweise sind aber gerade die Unternehmen am Markt besonders erfolgreich, die frühzeitig den qualitativen Zusammenhang zwischen Mitarbeiter- und Kundenorientierung erkannt haben.

Letztlich wird vielfach mit einer sehr eingeschränkten und reduzierten Definition des Personalmarketings als Synonym für Personalbeschaffung oder Personalwerbung gearbeitet.

Aber modernes Personalmarketing, wie wir es verstehen, ist vor allem Denk- und Geisteshaltung. Auf dem Weg von der Funktions- zur Prozeßorientierung ergibt sich die Notwendigkeit, Marketingprozesse ganzheitlich und nicht funktional zu sehen.

Bevor nun mit blindem Eifer das Thema angegangen wird, sollte man sich einige grundsätzliche Gedanken machen, was Personalmarketing ist, oder auch – und dies ist noch wichtiger – was es nicht ist. Personalmarketing soll ein Unternehmen wettbewerbsfähiger machen. Dabei bedeutet gestiegene Wettbewerbsfähigkeit Kundenorientierung, Mitarbeiterorientierung und Umweltorientierung. Das Ergebnis soll dem neuen (Schönheits-)Ideal des Managements entsprechen.

Erreicht wird dies durch Überdenken und Verändern von Prozessen im Personalbereich. Tabus darf es bei der Einführung nicht geben, ebensowenig wie man auf die Erbhöfe einzelner Führungskräfte Rücksicht nehmen kann. Wichtig ist außerdem, daß Personalmarketing letztendlich auch Abteilungs- oder Bereichsgrenzen überwindet und so Mitarbeiter aus allen Funktionsbereichen bei der Neuorientierung zusammenwirken. Schlagworte wie flache

Hierarchien, Dezentralisierung, Veränderung um Größenordnungen und Prozeßorientierung gehören im Kern (auch) zum Personalmarketing. Noch einmal: Personalmarketing ist nicht (nur) Personalwerbung.

1.2 Wer braucht Personalmarketing?

Zunehmender Wettbewerbsdruck und der Einsatz von Informationssystemen sowie die steigende Bedeutung der individuellen Kundenbetreuung machen allerorten den Qualitätsgedanken zum Hoffnungsträger von Erfolgsvisionen. Außerdem sind es insbesondere die kundenrelevanten Dienstleistungen, die immer mehr an Bedeutung gewinnen und die gesamte Wirtschaftsstruktur grundlegend verändern. Schon heute sind die meisten Unternehmen, Produzenten ebenso wie reine Dienstleister, im wahrsten Sinne des Wortes Serviceanbieter.

Klassische Wirtschaftssektoren werden von Dienstleistungselementen durchdrungen. Erfolgreiche Dienstleister tun dabei alles, um Kundengewinnung und Kundenbindung zu optimieren. Die Schnittstelle zum Kunden stellt dabei den Kern der Dienstleistungsbeziehung dar. Dabei sind folgende Faktoren für das hohe Niveau der Gesamtqualität maßgebend:

o das Qualitätsdenken der Führungskräfte,
o die hohe Qualifikation der Mitarbeiter,
o das Qualitätsbewußtsein der Mitarbeiter.

Qualität ist der einzige Weg zu anhaltendem Wachstum und Gewinn. Empirische Untersuchungen (*Little*, 1992, S. 37) zeigen, daß Unternehmen mit hohem Qualitätsniveau deutlich bessere Renditen erzielen als Unternehmen mit niedriger Qualität. Abb. 9 zeigt die Auswirkungen der Qualität eines Unternehmens auf den ROI bzw. den ROS. Zwischen Qualität und Rendite stellt sich eine eindeutige Korrelation heraus. Unternehmen mit einem deutlichen Qualitätsnachteil gegenüber ihren Wettbewerbern verdienen erheblich weniger als diejenigen mit Qualitätsvorteilen gegenüber dem Wettbewerb. Sie sind nach Steuern und Zinsen teilweise schon in der Verlustzone.

Dabei scheint sich zu beweisen, daß Qualitäts- und Personalmarketingstrategien sich miteinander verknüpfen lassen und mit dieser Strategie neue Märkte erobert werden können.

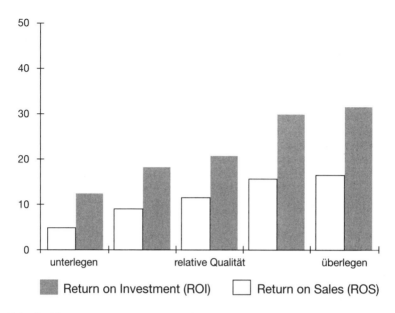

Abb. 9: Unternehmen mit hoher Qualität erzielen bessere Renditen (Quelle: PIMS)

Die Arbeits- und Tätigkeitsschwerpunkte des Personalmarketings lassen sich grundsätzlich in strategische und operative Bereiche trennen. Strategisch gesehen ist für die meisten Unternehmen die Qualitätsorientierung der lebensnotwendige Faktor zur Erhaltung und Verbesserung der Wettbewerbssituation geworden. Die Verteidigung des Erfolgspotentials Qualität wird jedoch zunehmend schwieriger, da immer mehr Unternehmen auf Qualität als Erfolgspotential setzen. Aber Qualitätsstrategien bleiben immer dann wirkungslos, wenn nicht eine motivierte Mannschaft und eine engagierte Führungscrew die Umsetzung im Alltag vorantreiben.

Der Wettbewerbsfaktor Qualität kann immer nur über die Mitarbeiter bewußt entwickelt und gefördert werden. Wer Qualität zum Ziel hat, braucht ein funktionsfähiges und ganzheitliches Personalmarketing. Personalmarketing wird zum kategorischen Imperativ in einer Zeit, in der Qualität immer stärker zum wichtigen strategischen Potential eines Unternehmens wird. Personalmanagement im technokratischen Sinne hat ausgedient. Modernes Personalmanagement wird mit und durch Personalmarketing zum dynamischen Innovationsmanagement (*Seghezzi/Jansen*, 1993, S. 10).

Es genügt nicht, sich als Unternehmen den Qualitätsgedanken auf die Fahnen zu schreiben, ohne daß Qualitätsorientierung im ganzen Unternehmen – nicht nur bei den klassischen Produktions- und Serviceaktivitäten – umgesetzt und spürbar wird. Besondere Bedeutung bei der Verwirklichung des Qualitätsgedankens erhält so auch der operative Bereich des Personalmarketings.

Viele Unternehmen, die sich über mangelnde Qualitätsorientierung ihrer Mitarbeiter beklagen, sollten zunächst ihr Personalmanagement einmal daraufhin untersuchen, ob nicht die Vorraussetzungen für ein qualitätsorientiertes Klima fehlen. Unternehmen können langfristig nur bestehen, wenn sie die folgenden Voraussetzungen erfüllen:

o Die Unternehmensleitung übernimmt eine Vorbildrolle bei der Realisierung von innovativen Konzepten.
o Veränderungen erfolgen durch bereichsübergreifende interdisziplinäre Projektarbeit ohne bürokratische Hürden.
o Entscheidungen werden auf kurzem Wege mit der geringstmöglichen Zahl von Hierarchiestufen gefällt.
o Die Ertragsorientierung ist nicht kurzfristig, sondern mittel- und langfristig ausgelegt.
o Mißerfolge werden nicht sanktioniert, sondern als notwendige Bausteine eines Bewußtseinsbildungsprozesses angesehen.

Darüber hinaus ist die Gestaltung der Personalarbeit, der Rekrutierung, der Entwicklung, der Vergütung, der Beurteilung und des Controllings – verstanden als Instrumente des Personalmarketings – von besonderer Bedeutung für das qualitätsfördernde Arbeitsklima eines Unternehmens (Abb. 10).

Erfolgreiches Personalmarketing zeichnet sich dadurch aus, daß es

o die Personalarbeit als strukturelles Führungsinstrument und -aufgabe begreift,
o das Rekrutierungssystem als Schlüsselinstrument für eine qualitätsorientierte Unternehmenskultur einsetzt,
o sich der qualitätsfördernden Wirkung einer modernen Personalentwicklung bewußt ist,
o mehr als nur finanzielle Vergütungsalternativen bietet,
o auch die psychologischen und motivationalen Aspekte eines Beurteilungssystems gut beherrscht und
o sein Controllingsystem so einfach und transparent wie möglich gestaltet.

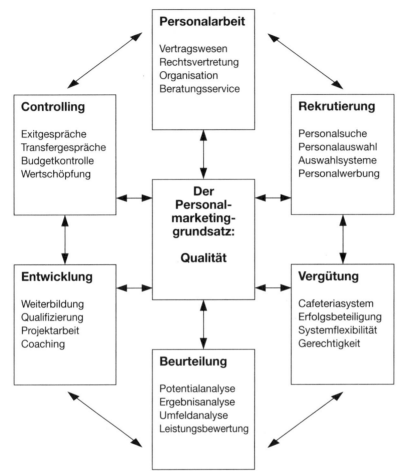

Abb. 10: Personalmarketing als Einflußgröße auf den Wettbewerbsfaktor Qualität

Wer ein qualitätsorientiertes und damit erfolgreiches Unternehmen will, muß unter Berücksichtigung der eben genannten Rahmenbedingungen sein gesamtes Personalmarketing in den Dienst dieser Idee stellen. Integriertes Personalmarketing muß dabei zwangsläufig auch Auswirkungen auf organisatorische Abläufe haben.

Auch im Personalmarketing müssen kundenorientiertes, partnerschaftliches Denken, Flexibilität und Anpassungsbereitschaft das klassische Kästchendenken ersetzen. Richtig verstandenes Personalmarketing ist kein marktpolitisches Instrument, das man anläßlich irgendwelcher Strategien einer kritischen Betrachtung unterzieht. Personalmarketing ist in allererster Linie eine Denk- und Geisteshaltung. Eine solche Haltung, konsequent angewandt, wird alle Entscheidungen nicht nur im Personalbereich, sondern sogar im Gesamtunternehmen in diesem Sinne prägen.

1.3 Personalmarketing und Unternehmensleitbild

Die Realisierung eines systematischen Personalmarketings bedarf eines bewußten Unternehmensleitbildes unter Berücksichtigung aller notwendigen Attraktivitätsfaktoren. Das Personalmarketing ist damit ein wesentlicher Teil einer marktorientierten Sichtweise und zugleich ein neuer Unternehmensgedanke mit den Themenschwerpunkten Umweltorientierung, Kundenorientierung und Mitarbeiterorientierung. Integriertes Personalmarketing muß ganz bewußt diese Faktoren unter dem Aspekt betrachten, wie sie sich auf den externen und internen Personalmarkt auswirken. Alle externen und internen Personalmarktbeziehungen sind genauso zu bewerten und zu pflegen wie diejenigen mit Kunden. Die Abstimmung der Programme, Instrumente und Funktionen sollte grundsätzlich unter diesem Beziehungsaspekt gesehen werden. Letztlich bedeutet dies eine integrierte und bedürfnisgerechte Entwicklung und Gestaltung.

Ziel ist es, eine Situation zu schaffen, in der das Unternehmen für seine Mitarbeiter jederzeit ein attraktiver Partner ist. Oftmals sind es weniger die großen Konzepte, sondern vielmehr die kleinen Ideen und Maßnahmen, die den Erfolg bringen. Es darf einfach nicht gleichgültig sein, wie die Mitarbeiter für sich die folgenden Fragen beantworten:

- Warum arbeite ich in diesem Unternehmen?
- Was tue ich wozu in meiner Funktion?
- Welche Bedeutung und welchen Wert hat meine Arbeit?
- Wo sind für mich hier Entwicklungsmöglichkeiten?
- Wie werde ich von meinem Chef gesehen?

Das Unternehmen personalmarketingorientiert zu betrachten, erfordert ein Umdenken hinsichtlich einer Vielzahl von Elementen des praktizierten Personalmanagements bis hin zur Behandlung von Reizthemen.

Die konsequente Umsetzung der Personalmarketingidee bedeutet vor allem Bewußtseinsbildung. Bewußtseinsbildung heißt nach unserer Definition, Perspektiven aufzeigen, auf die sich das Unternehmen hinentwickeln soll; diese Perspektiven den Mitarbeitern klar und plausibel sowie in ihren Konsequenzen für den Arbeitsbereich des einzelnen Mitarbeiters einsehbar zu machen. „Commitment schaffen", lautet die Devise, d. h. über die Einbindung der Mitarbeiter in Entscheidungsprozesse Identifikation mit dem Unternehmen und seinen Zielen zu vermitteln. Darüber hinaus müssen sich Kompetenz und Transparenz der Führung in konkreten Führungssituationen bewähren.

Die Sensibilität und die Erwartungen in bezug auf attraktive Arbeitsbedingungen haben sich erheblich erhöht. Damit werden Erwartungen zu Orientierungspunkten, an denen sich Engagement und Leistungsbereitschaft entwickeln können. Erwartungsorientierung des Unternehmens und insbesondere des Personalmarketings bedeutet dann, den Mitarbeitern Möglichkeiten zu schaffen und aufzuzeigen, ihre Bedürfnisse und Interessen in ihre Arbeit einzubeziehen, aber auch Mitarbeiter zu ermutigen, Eigenverantwortung und Selbstvertrauen zu entwickeln.

Die Formulierung eines langfristig ausgerichteten und transparenten Orientierungsrahmens ist die wesentliche Grundlage eines integrierten Personalmarketingkonzeptes. Ohne diese systematische Ausrichtung droht das Personalmarketing zu einem reaktiven Faktor zu degenerieren. Orientierungsrahmen bedeutet Leitbilder, Grundsätze, Strategien und Ziele zu haben. So gesehen impliziert ein konsequentes Personalmarketing ein neues Unternehmensleitbild, einen neuen Unternehmensgedanken.

Das Unternehmensleitbild, welches auch bestimmt, wie sich das Unternehmen als Teil der Gesellschaft und der Wirtschaft definiert, kann im weitesten Sinne als Unternehmenspersönlichkeit verstanden werden. Es beschreibt die Grundsätze, nach denen sich Handeln vollziehen soll. Das Leitbild produziert ein spezifisches Personalimage und wirkt kontinuierlich nach innen und nach außen (Abb. 11, s. S. 30).

Ein integriertes Personalmarketing muß die Gedanken des Leitbildes aufnehmen und widerspiegeln und ist somit bedingter und viel stärker bedingender Faktor. Aber unreflektierte Übernahme vielleicht veralteter Ideen und Leitbilder ist angesichts der hohen Veränderungsdynamik in Wirtschaft und Gesellschaft nicht mehr adäquat. Deshalb muß gerade im Rahmen des Personalmarketings detailliert analysiert werden, was die Stärken und Schwächen

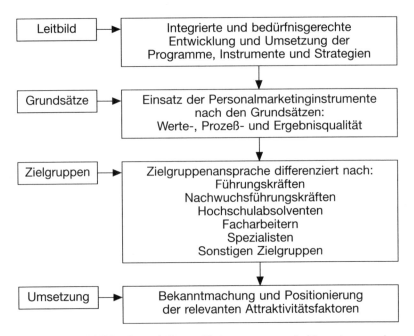

Abb. 11: Leitbild, Grundsätze, Zielgruppen und Umsetzung des Personalmarketings

(Engpaßfaktoren) sind, wie sie sich in der Identität des Unternehmens niederschlagen und welches Maß an Veränderung notwendig ist, um am Markt als Unternehmen attraktiv zu erscheinen.

Auf allen Ebenen ergibt sich die Notwendigkeit der Umsetzung des Leitbildes in konkrete Handlungen. Diese Umsetzungsstrategien stellen Orientierungs- bzw. Richtgrößen für das marketingstrategische Handeln dar. Sie sind zugleich Aussagen über angestrebte Zustände, die aufgrund dieser Strategien erreicht werden sollen.

In der Konzeption des Personalmarketings kommt somit zum Ausdruck, daß die Festlegung von Zielen in enger Beziehung zur Formulierung von Strategien steht. Strategien dienen einerseits zur Erreichung von gesetzten Zielen, andererseits kann die Festlegung von Zielen erst aufgrund einer differenzierten Situationsanalyse erfolgen.

Im Rahmen dieses Prozesses sind aktuelle gesellschaftliche Trends ebenso intensiv zu berücksichtigen wie organisations- und marktpolitische Entwicklungen. Wie ein dem hier aufgezeigten Schönheitsideal entsprechendes Leitbild des Personalmarketings aussehen kann, läßt sich treffenderweise durch sechs Faktoren (*Andreschak*, 1994, S. 8) kennzeichnen:

Umweltorientierung

Zweifelsohne stehen alle Unternehmen in einem sehr komplexen gesellschaftspolitischen Spannungsfeld. Kurzfristig angestrebte Gewinnmaximierung und die Nichtberücksichtigung umweltrelevanter Aspekte führen zwangsweise zu Konflikten mit gesamtgesellschaftlichen Zielvorstellungen. Die Sensibilisierung von Mitarbeitern und Öffentlichkeit gegenüber bestimmten Prozessen, Strukturen und Abläufen führt mittlerweile zu einer besonders differenzierten und kritischen Betrachtung von Unternehmen, ihren Aktivitäten, ihres Erscheinungsbildes. Damit erhält das Leitbild einen stark prägenden Charakter und kann zu einer zentralen Denkweise, aber auch zu einem kritischen Faktor werden.

Unter diesen Prämissen ist es die grundlegende Aufgabe des Personalmarketings, die Entscheidung des Mitarbeiters, im Unternehmen zu bleiben, sich für seine Arbeit zu engagieren und qualifizierte Ergebnisse zu erreichen, zu beeinflussen. Instrumente, Maßnahmen, aber vor allen Dingen das allgemeine Bewußtsein wirken sich auf das Unternehmensimage im Personalmarkt aus. Diese Wirkungen müssen aufgespürt, identifiziert und in ihren Dimensionen eingeschätzt werden.

Mitarbeiterorientierung

Ein erfolgreiches Unternehmen entwickelt ganzheitlich denkende, aufgeschlossene Mitarbeiter mit einem breiten Repertoire an Fähigkeiten und Fertigkeiten. Dieses Potential der Mitarbeiter, Kundenbedürfnisse, Kundenziele und Kundenanforderungen wahrzunehmen, ist entscheidend für den Erfolg des Gesamtunternehmens. Veränderte Zielperspektiven, Struktur- wie auch Kulturveränderungen sind immer mit Verhaltensveränderungen verbunden. Oft müssen vertraute Dinge und erreichte Positionen zugunsten veränderter Arbeitsformen in Frage gestellt werden. Führungskräfte und Mitarbeiter müssen auch angesichts dieser dynamischen Entwicklung bereit sein, Neuerungen einzuführen und durchzusetzen. Veränderte, bereichs- und abteilungsübergreifende Arbeitsformen bis hin zur reinen Prozeßorientierung haben mit traditionellen Formen gebrochen. Selbstkontrolle statt Fremdkontrolle, dynamische Arbeitszeiten, Bildung von Prozeßteams und ganzheitliches

Projektmanagement sind nur einige Aspekte dieser Entwicklung. Systematische und kontinuierliche Unternehmens- und vor allem Mitarbeiterentwicklung ist ein wesentlicher Bestandteil dieser marktkonformen Ausrichtung.

Kundenorientierung

Nicht eine Abteilung oder ein Bereich, sondern alle Mitarbeiter im Unternehmen sind für Kundenorientierung verantwortlich. Alle Mitarbeiter, Bereiche, Abteilungen und Funktionen prägen letztendlich das Gesamtbild des Unternehmens am Markt. Wenn sich die Ergebnisqualität und damit auch die Mitarbeiterqualität durch Kundenorientierung manifestiert, so dient die Definition von Aspekten der Kundenorientierung dazu, die Entwicklung in die gewünschte Richtung zu lenken. Ergebnisqualität muß immer kundenbezogen betrachtet werden, da nur so eine entscheidende Wettbewerbsdifferenzierung möglich wird. Jedermann in einem Unternehmen hat dabei seine eigenen Kunden. Der Gedanke der Kundenorientierung darf somit nicht an der Schnittstelle zum Unternehmen halt machen. Umfassendes Qualitätsmanagement kennt sowohl den internen als auch den externen Kunden.

Prozeßorientierung

Anstatt Funktionen oder Bereiche wie Service, Personal oder Vertrieb einzeln zu optimieren, stehen der Kunde und der Prozeß, wie sein Anliegen befriedigt wird, im Mittelpunkt aller Aufmerksamkeiten. Ganzheitliches Denken und Handeln ist hier gefragt.

Aber: Das Unternehmen ist eine „Lernende Organisation". Prozeß- und Strukturdesign sind nicht das Ergebnis eines einmaligen Krisenmanagements, sondern eine immerwährende Aufgabe.

Serviceorientierung

Serviceoptimierung statt Servicemaximierung. Wer seine Kernkompetenz definiert und seine Leistungen hierauf konzentriert, verstrickt sich nicht in langen Wertschöpfungsketten. Kostenführerschaft ist das Ziel.

Innovationsorientierung

Ein innovatives Unternehmen ist in der Lage, gerade in einem dynamischen Umfeld erfolgreich zu agieren und ebenso kurzfristig auf Bedürfnisse zu reagieren. Der Leitsatz lautet: Es gibt keine Probleme, sondern nur Lösungen.

Noch einmal: Personalmarketing ist insgesamt betrachtet ein Impuls, das Unternehmensleitbild grundsätzlich zu überdenken und zu modifizieren. Es gilt, Raum zu schaffen für einen neuen, identitätsbildenden Unternehmensgedanken.

1.4 Dezentralisierung des Personalmarketings

Die in Theorie und Praxis vorherrschende Sichtweise macht vor allem den Personalbereich oder die Unternehmensleitung für das Personalmarketing verantwortlich. In diesem Zusammenhang hat das Personalmarketing in vielen Unternehmen die Funktion, entsprechende Instrumente und Maßnahmen bereitzustellen. War das konventionelle Personalwesen noch weitgehend auf interne Verwaltungstätigkeiten beschränkt, so entwickelten sich in immer mehr Unternehmen eigenständige, nach außen orientierte Funktionsbereiche. Ergebnis waren Stabsabteilungen, die sich zunächst mit der externen Potentialgewinnung durch Hochschulkontakte und Personalmessen auseinandersetzten. Folgt man der mehrfach geäußerten These, wonach das Mitarbeiterpotential eines Unternehmens einen entscheidenden Einfluß auf die Wettbewerbfähigkeit hat, dann liegt es nahe, daß eine Person oder ein Team im Unternehmen die Personalmarketingaktivitäten integriert und professionell angehen muß. Nur so ist eine strategische Ausrichtung und Kontinuität der Maßnahmen zu gewährleisten. Darüber hinaus erfordert erfolgreiches Personalmarketing die Erfüllung eines breiten Aufgabenfeldes, was sicherlich nicht nebenher zu erledigen ist.

Um tatsächlich wirkungsvoll arbeiten zu können, braucht die Personalmarketingidee entsprechende Verantwortungs- und Handlungsfreiräume, die sich auch in Kompetenzen niederschlagen müssen. Wie kann ein Personalmarketing, das als Appendix unterhalb der Personalbeschaffung angesiedelt ist, für Führungskräfte und Unternehmensleitung ein ernst zu nehmender Gesprächspartner sein und wirklich strategieorientiert arbeiten? Die Personalmarketingidee setzt Mut zur Konfrontation und Standing voraus. Gerade deshalb ist es mehr als erstaunlich, daß viele Unternehmen Mitarbeiter für das Personalmarketing direkt von den Universitäten einstellen und dann oftmals schnell verheizen.

Parallel zur Etablierung des Personalmarketings in der Praxis zeigt sich auch eine Tendenz zur Dezentralisierung. Aufgaben des

Personalmarketings, die ursprünglich Führungsaufgabe waren, dann aber im Rausch der Zentralisierung an den Personalbereich delegiert wurden, kommen wieder auf die Führungskraft zu. So hält es *Wunderer* (1991, S. 127) für angebracht, konzeptionell, methodisch und instrumentell ein Personalmarketing als Handlungskonzept für Führungskräfte zu entwickeln. Dieses Konzept würde die dezentrale Verantwortung und die Kreativität einer jeden einzelnen Führungskraft herausfordern. Dies betrifft insbesondere die individuelle Personalentwicklung und den integrativen Einsatz der Führungsinstrumente. Eine verstärkte Dezentralisierung sieht also vor, wesentliche Führungsaufgaben mit unterstützenden und professionellen Instrumenten an die Führungskräfte zurückzugeben.

Sie haben schließlich die unmittelbare Verantwortung für die eigenen Mitarbeiter, sie kennen die Anforderungen aufgrund der Aufgaben und Tätigkeiten, die Leistungsfähigkeit und die Entwicklungsbereitschaft ihrer Mitarbeiter. Die Hauptaufgabe eines zentralen Personalmarketings ist darin zu sehen, funktionsfähige Rahmenbedingungen zu schaffen, Systeme und Instrumente bereitzustellen und koordinierend tätig zu sein (Abb. 12).

Die Parallelen zum Qualitätsmanagement liegen hier auf der Hand. Statt einer zentralen Qualitätssicherung übernehmen dort die Führungskräfte auf allen Ebenen die Verantwortung für die Qualität. Genauso bekommen im Rahmen eines dezentralisierten Personalmarketings die Führungskräfte die Verantwortung für die Attraktivität der Arbeitssituation zurück. In beiden Fällen wird aber nicht nur Verantwortung zurückgegeben, sondern es werden auch einfach handhabbare und praxistaugliche Instrumente zur Verfügung gestellt. Dies alles basiert auf einer systematischen Gestaltung der strukturellen und interaktionellen Führung.

Für Unternehmungen, die Personalmarketing integriert betreiben möchten, stellt sich die Frage, wo das Personalmarketing in der Praxis, d. h. innerhalb eines Unternehmens, angesiedelt sein sollte? Der Aufgabenkomplex der Personalbeschaffung und der Personalwerbung existiert schon seit längerer Zeit. Tendenziell ist zu beobachten, daß auch der Gedanke des Personalmarketings mittlerweile einen passablen Stellenwert im Personalbereich einnimmt. Die Aufbauorganisation von Unternehmen wird aber vielfach noch geprägt von der Funktionsteilung, die aus den Vorteilen der Spezialisierung erwächst. Je komplexer die Aufgabenstellungen im Personalmarketing, um so wichtiger wird die Suche nach Koordinationslösungen.

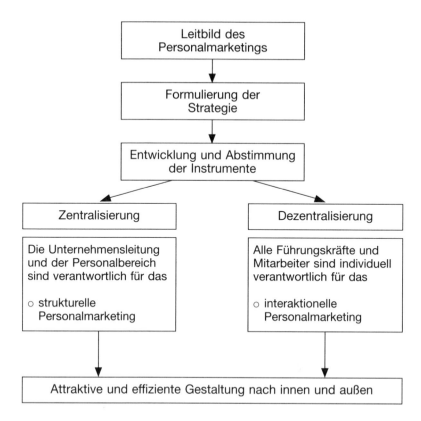

Abb. 12: Tendenz zur Dezentralisierung im Personalmarketing

Beratungsorientiertes Personalmarketing

Das Personalmarketing fungiert als Berater (Stab) des zentralen Personalwesens (Abb. 13, s. S. 36).

Aufgabe des Personalmarketings bei dieser Gliederung ist es, für die Personalleitung analytische und konzeptionelle Vorarbeiten zu leisten, während die Personalleitung durch ihre Weisungsbefugnis die Maßnahmen durchsetzt. Eine solche Organisationsstruktur ist jedoch problematisch, weil durch die Trennung von Fachpromotor und Machtpromotor die Verwirklichung innovativer Strategien nicht immer gewährleistet werden kann.

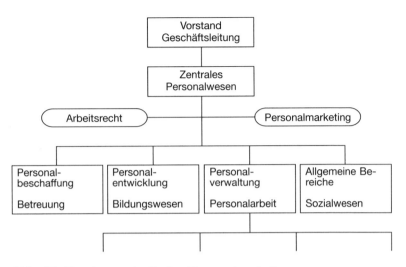

Abb. 13: Beratungsorientiertes Personalmarketing

Funktionsbezogenes Personalmarketing

Unterhalb des zentralen Personalwesens und auf der gleichen Ebene mit den verschiedenen funktionsbezogenen Personalbereichen (Abb. 14) wird das Personalmarketing integriert. Dies setzt jedoch voraus, daß die zu bearbeitenden Aufgabenkomplexe so bedeutsam sind, daß eine Aufteilung der Funktionsbereiche wirtschaftlich vertretbar ist. Eine konsequente Realisierung des Personalmarketinggedankens über alle Teilbereiche des Personalwesens ist so allerdings nicht möglich.

Schnittstellenorientiertes Personalmarketing

Als besondere Herausforderung für den Stellenwert des Personalwesens kann die Eingliederung des Personalmarketings in den Marketingbereich verstanden werden (Abb. 15). Durch Funktionsdiagramme und Kompetenzbeschreibungen wird festgelegt, in welchen Bereichen des Personalmarketings die einzelnen Personalreferenten Mitwirkungsrechte besitzen. Schnittstellenorientierung bedeutet hier, eine Unterscheidung zu treffen zwischen originären Aufgaben des Marketings (Kommunikation, Strategie, Instrumente etc.) auf der einen und originären Aufgaben des Personalwesens auf der anderen Seite.

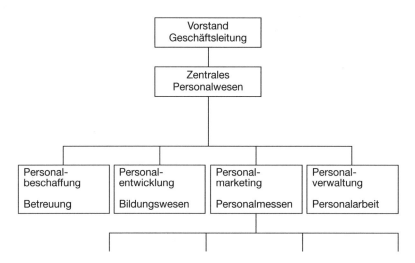

Abb. 14: Funktionsorientiertes Personalmarketing

Abb. 15: Schnittstellenorientiertes Personalmarketing

Prozeßorientiertes Personalmarketing

Eher noch die Ausnahme ist der Versuch, dem Personalmarketing eine zentrale Bedeutung beizumessen. Daraus erwächst das Bemühen, die engen Grenzen des Personalbereichs für das Personalmarketing zu sprengen (Abb. 16, s. S. 38).

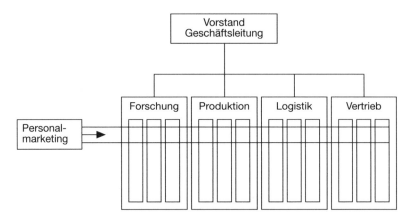

Abb. 16: Prozeßorientiertes Personalmarketing

Immer mehr Unternehmen geben sich flache Strukturen und arbeiten prozeßorientiert. Wer wem verantwortlich ist, kann dabei unterschiedlich sein. Mal ist der Fachvorgesetzte aufgrund seiner speziellen Kompetenz der Verantwortliche, mal der Personalreferent. Wer tatsächlich in einem Prozeßteam mitarbeitet, wird nicht mehr zentral angeordnet oder folgt einem starren Prinzip, sondern hängt auch von der Attraktivität des einzelnen für das Prozeßteam ab, das sich selbst konstituiert. Der einzelne Mitarbeiter wird dadurch zum engagierten Unternehmer im Unternehmen, der seine Marktnischen findet, aufbaut und systematisch weiterentwickelt, um im Wettbewerb der weiteren Anbieter zu bestehen und in möglichst interessante Prozeßteams integriert zu werden.

Neben Sach- und Methodenkompetenz wird ein hohes Maß an Sozialkompetenz wie Kooperations- und Kommunikationsfähigkeit gefordert. Führungskräfte sind in diesem Szenario nicht immer unbedingt die sachkompetentesten Experten, sondern die Mitarbeiter, die Kompetenzen zusammenbringen, koordinieren und zu Ergebnissen führen. Diese Vision der konsequenten Dezentralisierung, der Reorganisation und des Outsourcing offenbart, daß das Personalwesen nicht allein die gesamte Verantwortung für das Personalmarketing hat, aber gerade diese Situation als enorme Herausforderung betrachten kann. Zwangsläufig werden in diesem Prozeß aus Betroffenen Beteiligte. Jeder kann Initiative zeigen und aktiv werden. Personalmarketing wird so zum handlungsleitenden Gedanken. Dieses Modell ist eher die Ausnahme. Aber es gibt sie, die erfolgreichen Praxisbeispiele.

Noch sieht die Realität anders aus! Mitarbeiter werden beurteilt, trainiert, entwickelt, befördert und kultiviert. Man möchte fast sagen, sie werden zivilisiert. Es wird von unternehmerischem Handeln gesprochen, doch man meint in vielen Fällen Passivität und Anpassung. Inwieweit ein solches, wenig prozeß- und bezugsgruppenorientiertes Konzept den Namen Personalmarketing tragen kann, ist sicherlich noch eine diskussionswürdige Frage.

Betroffene zu Beteiligten machen, dieses Ziel wirklich und nicht nur vordergründig mit Inhalt zu füllen, ist in der traditionellen funktional gegliederten Organisation nicht so einfach. Erste Schritte auf diesem Wege sind:

o Die Schaffung offener Feedbacksysteme
o Die Etablierung von Prozeßteams
o Die Durchführung von Mitarbeiterhearings
o Die Honorierung von innovativen Ideen
o Die Chance der eigenen Höherqualifizierung
o Die Realisierung von Eigenverantwortung
o Die Umsetzung individueller Förder- und Karrierepläne

Ein solcher Anspruch stellt hohe Anforderungen an alle. Es ist ein langwieriger und mühsamer Prozeß der Neuorientierung und des Umdenkens, das Unternehmen in eine prozeßorientierte Organisation zu verwandeln. Doch ein Unternehmen mit einer solchen Organisationsform ist, die Erfahrung zeigt es, überdurchschnittlich wettbewerbsfähig.

1.5 Das Personalmarketingszenario

Wenn Unternehmen ihre Produkte oder Dienstleistungen nicht mehr verkaufen können, müssen sie Konkurs anmelden. Aus diesem Grunde stürzen sich viele Manager hinein in die Tagesarbeit und haben nur wenig Zeit für strategische Überlegungen, schon gar nicht, wenn es dabei um personalstrategische Überlegungen geht. Außerdem ist ihnen zu Recht vieles zu theoretisch, was in Lehrbüchern oder Fachmagazinen veröffentlicht wird.

Vielleicht wird es als unpassend, wenn nicht als schockierend empfunden, in einem Fachbuch für Studium und Praxis bildhaft und in einer sehr saloppen Form über ein Personalmarketingszenario zu referieren. Dennoch sei es getan. Denn erst die Visualisierung der Gegenwart schafft eine gewollte Zukunft, führt zu kritischer Einschätzung der Situation und zum Nachdenken über dringend erforderliche Veränderungen. So sollen die bisher angestellten

Überlegungen zum Thema zusammenfassend noch einmal visualisiert werden. Mit den nun folgenden drei Szenarien wird versucht, die relevanten Einflußfaktoren des Personalmarketings zu beschreiben und auch entsprechende strategische Vorschläge abzuleiten. Dies alles fängt an mit dem Bild von einem behäbigen Gorilla, einem gefräßigen Haifisch und einem kooperativen Delphin.

Szenario 1: Der behäbige Gorilla

Eine Sichtweise des Personalmarketings aus der Verwaltungsära. Personalmarketing ist, wenn überhaupt, ein reines Schönwetterthema. Das Ergebnis ein bedingter Reflex. Jede Investition, deren Rentabilität nicht jedem Studenten der Betriebswirtschaft im ersten Semester einleuchtet, wird beschnitten. Der Personalbereich ist ein beliebtes Opfer, weil die Erträge aus Investitionen in Mitarbeiter eher langfristig anfallen. Auf Fragen der Gegenwart wird stets mit Fakten von gestern geantwortet. Doch der behäbige Gorilla ist stark und groß und kann so viele Dinge aussitzen, aber er ist auch anpassungsunfähig und unflexibel.

Szenario 2: Der gefräßige Haifisch

So zeigt sich das Personalmarketing der Gegenwart: Für das Personalmarketing werden gern Lippenbekenntnisse abgelegt. Mitarbeiterorientierung ist die Hauptbotschaft der Imagewerbung der Unternehmen, der Leitgedanke der Geschäftsberichte und die Weisheit, die Unternehmensberater verraten. Der gefräßige Haifisch lebt nach dem Motto „Fressen und gefressen werden". Obwohl alle das Problem kennen und schöne Worte machen, gelingt es nur wenigen, wirklich Personalmarketing zu betreiben.

Szenario 3: Der kooperative Delphin

Sinnbild für ein konsequentes Personalmarketing in einer sich wandelnden Diensleistungsgesellschaft: Diese Gesellschaft setzt die Beweglichkeit, Dynamik und die Kooperationsfähigkeit eines Delphins voraus. Bedürfnisse werden frühzeitig erkannt und befriedigt. Der kooperative Delphin ist das Symbol für ein erfolgreiches und integriertes Personalmarketing der Zukunft.

Die Szenariotechnik als Analyse- und Prognoseverfahren kann helfen, zukünftige Veränderungen prägender Faktoren zu prognostizieren und interpretieren. Für das hier beschriebene Szenario wurde der in Abb. 17 dargestellte Ablauf zugrunde gelegt:

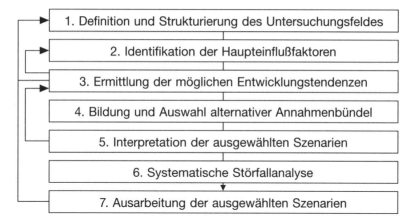

Abb. 17: Szenariotechnik (Quelle: *Umminger*, 1990, S. 113)

Da es methodisch nicht praktikabel ist, alle Einflußgrößen zu erfassen, wurden zur Beschreibung der drei Szenarien acht Selektionskriterien berücksichtigt (Tabelle 1).

Tabelle 1: Die Personalmarketingszenarien

Szenario	Behäbiger Gorilla	Gefräßiger Haifisch	Kooperativer Delphin
Ausrichtung	Produktion	Markt	Kunde
Führung	Autoritär	Partizipativ	Situativ
Personalarbeit	Zentral	Optional	Dezentral
Rekrutierung	Beschaffung	Hire and Fire	Interaktiv
Entwicklung	Fallweise	Programme	Individuell
Vergütung	Zeit	Umsatz	Qualität
Beurteilung	Leistung	Markt	Potential
Controlling	Produktivität	Umsatz	Wertschöpfung
Leitsatz	Bewährtes bewahren	Divide et impera	Neues bewirken

Ausrichtung: Was im Mittelpunkt unternehmerischen Denkens und Handelns steht, spiegelt sich in Leitsätzen, Konzepten und der Kultur des Unternehmens wider. Orientierung am Kunden ist einer der entscheidenden Wettbewerbsfaktoren für Unternehmen, die sich auch in Zukunft noch behaupten wollen. Kunden sind dabei letztendlich auch die Mitarbeiter.

Führung: Auch wenn es den idealen Führungsstil nicht gibt, muß es gelingen, ein Führungskonzept zu finden, das sich in der Praxis bewährt, d. h. den Erwartungen und Bedürfnissen der Mitarbeiter Rechnung trägt. Entwicklung, Eigenverantwortung, Unternehmertum sind hierbei die zentralen Begriffe.

Personalarbeit: Personalarbeit ist kein personalpolitisches Instrument, das man anläßlich irgendwelcher Strategien mal stark, mal weniger stark akzentuiert. Personalarbeit ist in allererster Linie als Dienstleistung zu betrachten. Ein solcher Ansatz, konsequent angewandt, wird alle Entscheidungen im Unternehmen aus dieser Sicht angehen. Das Leistungspotential der Mitarbeiter kann sich nur im Rahmen einer mitarbeiterorientierten Organisations- und Führungskultur entwickeln. Die Kooperation zwischen den Funktionsbereichen ist dabei ebenso von entscheidender Bedeutung wie eine offene Kommunikationspolitik zwischen den verschiedenen Hierarchiestufen.

Rekrutierung: Das primäre Ziel der Personalgewinnung besteht darin, engagierte Mitarbeiter mit anforderungsgerechter Qualifikation, für eine klar definierte Position, zur richtigen Zeit, am richtigen Ort zu finden. Die Frage, ob der Mitarbeiter zum Unternehmen paßt und das Unternehmen zu ihm, ist hier von zentraler Bedeutung.

Entwicklung: Vor dem Hintergrund einer sich immer schneller verändernden Organisationsumwelt steigt die Notwendigkeit, ein ganzheitliches Personalentwicklungskonzept für alle Mitarbeiter zu realisieren. Dabei sind nicht nur die wirtschaftlichen, sondern auch die gesellschaftlichen Veränderungen von eminenter Bedeutung. Erfolgreiche und zufriedene Mitarbeiter müssen vom Unternehmen befähigt werden, ihre Potentiale zu nutzen und zu entfalten.

Vergütung: Das Ziel einer anreizorientierten Vergütungspolitik besteht darin, daß jeder Mitarbeiter das Gefühl hat, erfolgsgerecht vergütet zu werden. Als Referenzgrößen können dabei die Leistung, der Unternehmenserfolg sowie fiktive Marktpreise dienen.

Beurteilung: Ein wesentlicher Prüfstand des erfolgreichen Personalmarketings ist die Anwendung einer auf alle personalpolitischen Instrumente abgestimmten Personalbeurteilung. Der Beurteilungsprozeß muß für den Mitarbeiter transparent sein, und die zugrundeliegenden Kriterien sind offenzulegen, so daß der Prozeß selbst kritikfähig wird. Beurteilung ist keine Einbahnstraße.

Controlling: Nur wer über die richtigen Informationen zum richtigen Zeitpunkt verfügt, kann optimal entscheiden und schnell reagieren. Die Effektivität und Effizienz eines erfolgreichen Personalmarketings steht und fällt mit der Güte des Controllingsystems. Entscheidend ist die Frage, welche Erfolgskriterien für den ganzheitlichen Unternehmenserfolg herangezogen werden. Nicht nur finanz- und betriebswirtschaftliche, sondern auch soziale und ökologische Faktoren spielen im Rahmen dieses Controllinggedankens eine entscheidende Rolle.

1.6 Checkliste: Erfolgreiches Personalmarketing

Personalmarketing findet immer mehr Beachtung. Nach wie vor besteht, wie bereits diskutiert, jedoch eine große Diskrepanz zwischen dem theoretischen Anspruch und der praktischen Anwendung. In der Mehrzahl der Unternehmen beschränkt sich Personalmarketing auch heute noch auf Hochschulmarketing und Personalwerbung ohne strategische Einbindung. Dennoch schmückt man sich gerne mit dem Etikett „Personalmarketing". Trotz der mittlerweile überstrapazierten Aussage, daß die Mitarbeiter das wichtigste Kapital des Unternehmens sind, sieht die Praxis meist ganz anders aus.

Wichtig für die betriebliche Praxis ist es, den Blick für das Wesentliche zu schärfen und kurzfristigen Aktionismus zu vermeiden. Hauptsächlich geht es darum, das Sinnvolle und Machbare konsequent zu realisieren, während die Befriedigung der theoretischen und akademischen Bedürfnisse eher untergeordnet sein sollte.

Denn Personalmarketing ist Wettbewerbsfaktor und kein Selbstzweck. Konzepte des Personalmarketings sind in der Praxis schon oft daran gescheitert, daß die Zeit für diese umfassende Idee noch nicht reif ist.

Jedes Unternehmen sollte klare und differenzierte Vorstellungen vom Sinn und Zweck eines solchen Konzeptes haben. Die Frage, was nun tatsächlich sinnvoll und zweckmäßig ist, läßt sich sicherlich nicht allgemeingültig beantworten. Personalmarketing soll sowohl dem Unternehmen dienen als auch den Mitarbeitern einen Nutzen stiften. Wenn Personalmarketing Teil einer gewollten Unternehmensentwicklung ist und dazu dient, Wertequalität, Prozeßqualität und Ergebnisqualität zu schaffen, ist es eine notwendige und mehr als nützliche Investition.

Die Führungskraft vor Ort beweist konkret und individuell, was Personalmarketing in ihrem Unternehmen ist, und vor allen Dingen, was es nicht ist. Personalmarketing als Abteilung oder Institution kann sich nur als Impulsgeber und Berater im Rahmen eines dynamischen Prozesses verstehen. Wie stark das Personalmarketing bei den Führungskräften akzeptiert und gelebt wird, ist eine Frage der Wertequalität. Müssen Führungskräfte jedes Jahr mehrfach zu einem marketingorientierten Führungsverhalten ermahnt werden, oder zeigen sie Motivation und Eigeninitiative bei allen erforderlichen Maßnahmen? Je nach Stellenwert des Personalmarketings und dem Selbstverständnis der Führungskräfte wird sicherlich der eine oder andere Aspekt stark oder weniger stark herausgehoben.

Die folgende Checkliste „Erfolgreiches Personalmarketing" eröffnet die Möglichkeit, den eigenen Status tendenziell einzuschätzen.

Die einzelnen Aussagen können jeweils mit „ja", „nein" oder „teilweise" beantwortet werden. Für jedes angekreuzte „ja" gibt es 6 Punkte, für jedes „nein" keinen Punkt und für jedes „teilweise" 3 Punkte. Um zu erfahren, welchen Reifegrad das jeweilige Personalmarketing hat, werden die erreichten Punkte zusammengezählt, und das Ergebnis kann in das folgende Auswertungsschema eingeordnet werden.

0–36 Punkte	Behäbiger Gorilla
39–66 Punkte	Gefräßiger Haifisch
69–84 Punkte	Kooperativer Delphin

Die Fragen der Checkliste orientieren sich an dem bereits dargestellten Personalmarketingszenario. Aufgrund der jeweiligen Einstufungen erkennt man den tendenziellen Status und den möglichen Reifegrad des Personalmarketings.

Checkliste: Erfolgreiches Personalmarketing

	ja	nein	teilweise
Sind in Ihrem Unternehmen die Wettbewerbsfaktoren Werte-, Prozeß- und Ergebnisqualität konkretisiert?	☐	☐	☐
Hat der Personalmarketinggedanke in Ihrem Unternehmen einen strategisch bedeutsamen Stellenwert?	☐	☐	☐
Können Sie mit Ihrer Personalpolitik auf veränderte Trends und Bedürfnisstrukturen reagieren?	☐	☐	☐
Gibt es in Ihrem Unternehmen ein modernes markt- und mitarbeiterorientiertes Führungskonzept?	☐	☐	☐
Wissen Sie, mit welchen Konzepten Sie potentielle Mitarbeiter in Zukunft aktiv ansprechen wollen?	☐	☐	☐
Haben Sie einen konkreten Maßnahmenplan für Personalanwerbung und Bewerberkommunikation?	☐	☐	☐
Haben Sie Ihre Personalentwicklungsmaßnahmen strategisch orientiert und bedarfsgerecht konzipiert?	☐	☐	☐
Werden in Ihrem Unternehmen Funktionen und Positionen nach Befähigung und Leistung vergeben?	☐	☐	☐
Sind in Ihrem Unternehmen die Aufgaben und Verantwortungen durch Funktionsbeschreibungen definiert?	☐	☐	☐
Gibt es in Ihrem Unternehmen ein leistungsförderndes und -gerechtes Vergütungs- und Förderungssystem?	☐	☐	☐
Hat Ihr Unternehmen ein modernes Instrument zur Zielvereinbarung und Mitarbeiterbeurteilung?	☐	☐	☐
Können Sie die Ergebnisqualität, die Ertragskraft und die Wertschöpfung Ihrer Mitarbeiter ermitteln?	☐	☐	☐
Haben Sie ein wirklich funktions- und aussagefähiges Controllingsystem für den gesamten Personalbereich?	☐	☐	☐
Ist Ihr Unternehmen für faktische und potentielle Mitarbeiter wirklich attraktiver als Ihre Wettbewerber?	☐	☐	☐

2. Den Ideen folgen Taten – Informationsbeschaffung

Informationen sind nicht alles. Aber ohne Informationen sind alle Taten nichts. Zum Thema Informationsbeschaffung im Personalmarketing reisen die meisten Wissenschaftler und Theoretiker in höhere Regionen und offerieren „absolute Wahrheiten" mit tausend Ratschlägen. Meist fehlt es aber an der praktischen Erfahrung. Praktiker referieren dagegen mit arroganter Sicherheit eigene Erfolgsformeln aus der Retrospektive. Kritische Distanz ist angebracht. Eine moderne Personalmarketingforschung muß eine Vielzahl von Informationen und Gestaltungsempfehlungen liefern und die Erkenntnisse beider Denkvarianten angemessen berücksichtigen. Ziel ist es, alle notwendigen Informationen zu beschaffen und auszuwerten, die für ein Design der eigenen Personalmarketingstrategie und die damit verbundenen Aktivitäten von Bedeutung sind.

Damit beschränkt sie sich nicht auf die normalerweise mit dem Begriff Personalforschung umschriebenen Inhalte und Tatbestände. Die Personalforschung ist ein Instrumentarium zur Erhebung personen- und unternehmensbezogener Informationen und Marktdaten, das den Umfang der Informationen schwerpunktmäßig auf Informationen über den Arbeitsmarkt und das Personal beschränkt. Personalmarketingforschung untersucht dagegen die Werthaltungen und die Einstellungen der faktischen und potentiellen Mitarbeiter, analysiert das Unternehmens- und Führungskonzept, betrachtet personalwirtschaftliche Instrumente wie Vergütung, Personalentwicklung, Beurteilung und Controlling. Informationen über die Zufriedenheit der Kunden, über kulturelle Veränderungen und Gegebenheiten auch außerhalb des Unternehmens sowie eine Analyse der relevanten Mitbewerber, auch als Benchmarking bezeichnet, runden die ganzheitliche Informationsbeschaffung ab. Personalmarketingforschung berücksichtigt stets alle für die zentralen Wettbewerbsfaktoren Mitarbeiter-, Kunden- und Umweltorientierung bedeutsamen Informationen.

Entscheidungen im Personalmarketing können nicht auf einer intuitiven Basis getroffen werden, sondern müssen auf quantitativen und vor allem qualitativen Informationen beruhen. Die Fragen, mit denen sich die Personalmarketingforschung beschäftigt, stehen oftmals in einem Spannungsfeld unterschiedlicher Interessen. Die Auseinandersetzung mit den Themenkomplexen Werte-, Ergebnis-

und Prozeßqualität offenbart oftmals ein hohes Konfliktpotential. Auch heute noch wird die Bedeutung der systematischen Informationsbeschaffung für Personalmarketingentscheidungen von vielen unterschätzt. Dabei ist es mehr als notwendig, Personalmarketinginformationen als Grundlage strategischer Entscheidungen in den verschiedensten Bereichen zu betrachten und zu berücksichtigen und sie unmittelbar mit langfristigen Personalentscheidungen zu verknüpfen. Die Informationsbeschaffung im Personalmarketing muß daher hohen methodischen Standards genügen. Die Qualität einer Datenerhebung offenbart sich durch die Beantwortung dreier fundamentaler Fragen:

o der Frage nach der Zielsetzung (normative Basis),
o der Frage nach der Vorgehensweise (Methodik),
o der Frage nach der Umsetzbarkeit (Praxisbezug).

Personalmarketingforschung kann primär oder sekundär erfolgen. Nicht in jedem Fall ist es notwendig, alle benötigten Daten selbst zu erheben. Für den Personalmarketingbereich stehen, zumindest teilweise, Informationen aus sekundärstatistischen Quellen zur Verfügung. Vielfach genügt zunächst deren Auswertung. Die Sekundärforschung bildet damit immer eine erste Informationsbasis und ist in vielen Fällen die Grundlage für eine eventuell notwendige Primärforschung. Sekundäre Personalmarketingforschung ist die Beschaffung und Auswertung von statistischen Unterlagen, die nicht eigens für die konkrete Fragestellung erstellt wurden, sondern die bereits für einen anderen Zweck und unter anderen Gesichtspunkten und Rahmenbedingungen vorliegen. Ein Problem der Verwendung schon vorhandener Daten liegt im Auffinden brauchbarer Informationsquellen. In der Personalmarketingforschung gilt: Informationen sind eine Holschuld. Informationen, die interpretiert werden, müssen richtig, vollständig und aktuell sein. Welche Daten benötigt werden, hängt von der jeweiligen Fragestellung und Zielsetzung ab. Folgende Fragen sind im Rahmen einer Sekundäranalyse zu klären:

o Welchen Zweck hat die Sekundäranalyse?
o Welche Informationen sind dazu notwendig?
o Welche Informationen werden nur am Rande gebraucht?
o Welche Informationsquellen stehen zur Verfügung?
o Welche Auswertungen sind möglich?

Bevor Primärerhebungen vorgenommen werden, sollten immer Sekundärdaten gesammelt, aufbereitet und interpretiert werden, weil Sekundärforschung meist erheblich preiswerter ist und die Daten zudem schneller beschafft werden können. Schwachstellen bei der Sekundärforschung, wie der Bezug von Doppelinformationen, zu allgemein gehaltener oder fehlerhafter Informationen, sollten durch eine eindeutige Definition von Beobachtungsfeldern vermieden werden.

Interne Informationsquellen des Personalmarketings

o Personalstatistiken
o Fluktuationsraten
o Krankenstand
o Personalplanung
o Funktionsbeschreibungen

Externe Informationsquellen des Personalmarketings

o Amtliche Arbeitsmarktstatistik
o Verbandsunterlagen
o Wirtschaftsinformationsdienste
o Berater und Institute
o Nachschlagwerke und Handbücher

Jede Quelle sollte sorgfältig auf ihre Brauchbarkeit hin geprüft werden. Es ist falsch, Daten vorbehaltlos als Tatsacheninformationen zu werten, auch wenn sie aus amtlichen Quellen stammen. Internstatistisches Material wird durch eine vergleichende Gegenüberstellung mit externen Daten noch aussagefähiger.

Daten aus Quellen, die schnell, periodisch und lückenlos berichten, bieten eine hohe Aktualität. Ist dagegen der Erhebungszeitpunkt unklar oder zu weit zurückliegend, sind Lücken in der Zeitreihe vorhanden oder liegt ein anderer Betrachtungszeitraum als benötigt den Daten zugrunde, können die sekundärstatistischen Daten nur als Zusatzinformation gelten. Die Qualität sekundärstatistischer Daten hängt immer vom ursprünglichen Zweck ab. Erhebungsmethode und Erfassungsort sind bei statistischen Unterlagen aus verschiedenen Quellen in der Regel nicht gleich. Deshalb sind die unterschiedlichen Informationsquellen immer zu analysieren, um gegebenenfalls Korrekturmaßnahmen ergreifen zu können (*Langer/Sand*, 1983, S. 78).

Erst wenn der Informationsbedarf tatsächlich umfangreicher ist, als durch Sekundärforschung erhältlich, oder die benötigten Daten auf sekundärstatistischem Weg gar nicht zu beschaffen sind, ist es notwendig, Primärforschung zu betreiben. Primärforschung ist die unmittelbare und direkte Erfassung und Auswertung von Personalmarketingdaten. Sie wird mit einem eigens dafür entwickelten Erhebungsinstrument entweder als Voll- oder als Teilerhebung durchgeführt. Vollerhebungen kommen im Personalmarketingbereich dann vor, wenn es sich z. B. bei einer Mitarbeiterbefragung um sehr spezielle Informationen mit einem überschaubaren Kreis von befragten Mitarbeitern handelt (Fluktuationsanalyse, Exitgespräche, Führungskräftebefragung).

Die Breite und Vielzahl marktrelevanter Informationen wie etwa im Rahmen einer Imageanalyse erfordert jedoch meistens Stichprobenerhebungen, d. h. es wird eine begrenzte repräsentative Auswahl befragt und von diesem Ergebnis auf die Gesamtverhältnisse geschlossen.

Klar ist, daß dabei ein vollkommen repräsentativer Querschnitt niemals zu erreichen ist. Die Ergebnisse der Personalmarketingforschung lassen sich deshalb nur innerhalb gewisser Grenzen auf die zugrundeliegende Grundgesamtheit übertragen.

Vor der eigentlichen Erhebung ist die Bestimmung der Zielgruppe, d. h. die Bestimmung der relevanten Informationsgeber und Informationsquellen, von zentraler Bedeutung (Abb. 18). Obwohl

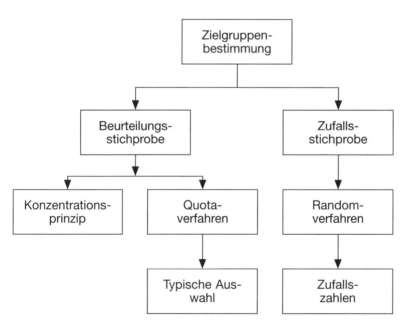

Abb. 18: Aspekte der Zielgruppenbestimmung

in der Personalmarketingforschung grundsätzlich alle bekannten Standardauswahlverfahren verwendet werden können, sind Beurteilungsstichproben oder Mischformen aus Zufalls- und Beurteilungsstichproben zu empfehlen. Dabei erfolgt die Auswahl zwar durch subjektive Entscheidungen, jedoch unter Bedingungen, die Willkür ausschließen, und zwar durch die Aufstellung intersubjektiv nachvollziehbarer Kriterien. Beurteilungsstichproben haben sich bei vielen praxisnahen Analysen empirisch bewährt und können ein der Vollerhebung ähnlich aussagekräftiges Instrument sein.

Gemeinsam ist den so ermittelten Stichproben, daß eine subjektive, jedoch kriteriengestützte Entscheidung über die für den Untersuchungszweck relevanten Merkmale der Grundgesamtheit getroffen wird, die die Stichprobe widerspiegeln soll. Im Gegensatz zur Zufallsstichprobe haben demnach nicht alle Elemente die gleiche Chance, gewählt zu werden.

Dem Konzentrationsprinzip kann dabei in der Personalmarketingforschung besondere Bedeutung zugemessen werden. Aus dem Unbehagen bei der unreflektierten Anwendung herkömmlicher Erhebungsverfahren hat sich der Gedanke entwickelt, nur wenige zu befragen und sich auf Kerngruppen zu konzentrieren, Kerngruppen, die qualitativ hochwertige Informationen liefern können. Bei dieser pragmatischen Methode werden demnach alle Zielgruppenelemente weggelassen, die das Befragungsergebnis ohnehin nur unwesentlich beeinflussen würden.

Bei dem Quotaverfahren, einem Verfahren der bewußten Auswahl, werden die Stichproben gezielt und überlegt nach relevanten und bedeutsamen Merkmalen gebildet. Sind alle Merkmale und ihre Ausprägungen einer Grundgesamtheit erfaßbar und bekannt, so kann eine Stichprobe als verkleinertes Modell dieser Grundgesamtheit entwickelt werden, die in allen betrachteten Merkmalen für die Grundgesamtheit repräsentativ ist. Dazu ist die Kenntnis der Quoten in der Grundgesamtheit und ihre Übertragung auf die Stichprobe erforderlich, unabhängig vom Zufallsprinzip. In der Praxis arbeitet man beim Quotaverfahren mit einigen wenigen Merkmalen, von denen man annimmt, daß sie für den Untersuchungszweck signifikant sind. Charakteristisch für das Quotaverfahren ist, daß die Auskunftspersonen, in der Summe der Interviews gesehen, den vorgegebenen Quoten voll entsprechen. Bei der typischen Auswahl, einer der gängigen Vorgehensweisen für eine Auswahl nach dem Quotaverfahren, werden aus Grund- oder Teilgesamtheiten solche Zielgruppenelemente bestimmt, die als besonders charakteristisch und typisch gelten.

Dem Randomverfahren liegt zugrunde, daß jedes Element einer Grundgesamtheit die gleiche Chance hat, in die Stichprobe zu gelangen. Zufallsstichproben haben dann Sinn, wenn die Grundgesamtheit relativ homogen ist. Diese Situation ist jedoch selten gegeben. Voraussetzung für die praktische Anwendung zufallsgesteuerter Auswahlverfahren ist, daß alle Elemente der Grundgesamtheit vollständig erfaßt und manipulierbar vorliegen und daß die Gesamtheit gut durchmischt ist, so daß die Auswahlchancen der einzelnen Elemente auch tatsächlich gleich sind. Aus dieser Grundgesamtheit wird dann die Stichprobe gezogen, deren Umfang vorher berechnet worden ist. Die Ziehungen erfolgen nach Zufallszahlen oder systematisch mit Zufallsstart. Bei der Zufallsauswahl ist die Kenntnis der Struktur und der Merkmale einer Grundgesamtheit nicht erforderlich.

Zufallsstichproben sind wahrscheinlichkeitstheoretisch fundiert und erlauben eine genaue Berechnung der Stichprobenfehler. Bei der Zufallsauswahl muß die Grundgesamtheit vollständig vorliegen – eine Bedingung, die vielfach nicht erfüllt werden kann. Voraussetzung für ein repräsentatives Ergebnis ist eine hundertprozentig ausgeschöpfte Stichprobe. Praktisch ist diese Forderung nicht erfüllbar. Die statistische Sicherheit bezüglich der Repräsentativität ist durch nachgeschobene Anschriften in vielen Fällen nicht mehr gegeben.

Die Primärforschung wird nicht in allen Fällen voll anwendbar sein. Ein Nachteil ist der hohe Zeit- und Kostenaufwand im Vergleich zur Sekundärforschung. Eine Kosten/Nutzenanalyse in Kombination mit einer Analyse der Möglichkeiten, sekundärstatistisches Material zu nutzen, kann helfen, eine zwingend notwendig erscheinende Primärerhebung im Vorfeld zu relativieren.

2.1 Die integrierte Personalmarketinganalyse

Begriffe wie „ganzheitlich" und „integriert" fungieren neuerdings als gängige Vokabeln und werden gern als Attribute herangezogen, wenn es um aktuelle unternehmerische Konzepte geht. Die Forderung nach einer integrierten Personalmarketinganalyse kommt jedoch auch vermehrt aus der Praxis. Sie wird heute von vielen Seiten erhoben mit Blick auf neuartige Konstellationen, mit denen sich Unternehmen inzwischen konfrontiert sehen. Gemeinsam ist all diesen Betrachtungen die Erkenntnis, daß ein Unternehmen ganzheitlich ist, komplex und vernetzt, dynamisch und offen. Erfolg ist nicht Ergebnis technischer Leistungsfähigkeit oder persönlichen Engagements, sondern Ergebnis eines ganzheitlichen Prozesses.

Herkömmliche Personalforschung ist für den Umgang mit solch komplexen und dynamischen Umweltbedingungen denkbar ungeeignet. Das einfache lineare Denkschema, das der eher als quantitative Forschung zu bezeichnenden Analyse zugrunde liegt, setzt eine Ursache-Wirkungsbeziehung voraus, eine Kausalität zwischen Meßgrößen, die so nicht vorhanden ist.

Der zentrale Einwand gegen die ausschließliche Verwendung sogenannter quantitativer Verfahren zielt darauf ab, daß durch standardisierte Instrumente das soziale Feld in seiner Vielfalt eingeschränkt und nur sehr ausschnittweise erfaßt wird. Komplexe Strukturen werden so zu sehr vereinfacht und zu reduziert dargestellt. Während die konventionelle Methodologie eher darauf abzielt, Aussagen über Häufigkeiten, Lage-, Verteilungs- und Streuungsparameter zu machen, Maße für Sicherheit und Stärke von Zusammenhängen zu finden und theoretische Modelle zu überprüfen, so konzentriert sich eine qualitativ ausgerichtete Methodologie auf die wichtigen Zusammenhänge und deren innere Struktur, vor allem aus der Sicht der jeweils Betroffenen (*Lamnek*, 1988, S. 4).

Aus diesen Gründen werden hier für die Erhebung Instrumente vorgeschlagen, die sowohl dem quantitativen als auch dem qualitativen Aspekt Rechnung tragen. Hier wird also von einer Methode ausgegangen, die versucht, Inhalte zu erfassen, zu messen und zu interpretieren.

Die integrierte Personalmarketinganalyse liefert die wesentlichen Grundlagen und Entscheidungshilfen für ein aktives Personalmarketing. Auch bei sich ständig ändernden Rahmenbedingungen garantiert diese integrierte und dynamische Vorgehensweise die Bereitstellung aktueller Informationen und ermöglicht so eine frühzeitige Prozeßbeeinflussung.

Die dynamische Analyse ist als kontinuierlicher, nichtzeitpunktbezogener Erhebungsprozeß zu verstehen. Die als bedeutsam erachteten Dimensionen Wertequalität (Umwelt), Prozeßqualität (Mitarbeiter) und Ergebnisqualität (Kunde) werden kontinuierlich bei verschiedenen und periodisch wechselnden Teilgruppen (z. B. Kundengruppen, Mitarbeitergruppen) gemessen und interpretiert. Diese Interpretation erfolgt dabei stets im Hinblick auf ihre Wirkung auf die zentralen Erfolgsfaktoren des Unternehmens: Mitarbeiterorientierung, Kundenorientierung und Umweltorientierung. Abbildung 19 verdeutlicht diese Zusammenhänge.

Die Analyse und der Vergleich mit dem relevanten Mitbewerbsumfeld, also die Identifikation und Definition von Wettbewerbsfaktoren im Arbeitsmarkt, ist gleichzeitig als Bindeglied und Kern zu verstehen. Denn die Qualitätsdimensionen Werte-, Ergebnis- und Prozeßqualität sind Teil der Qualität des Unternehmens. Im Zusammenhang mit der systematischen und gezielten Betrachtung der Mitbewerber (Benchmarking) ist definitiv zu entscheiden, bis zu welchem Grade mit aussagefähigen Sekundärdaten (Informationsmaterial des und über den Mitbewerb, z.B. in Form von Broschüren) und bis zu welchem Grad mit Primärdaten gearbeitet werden soll.

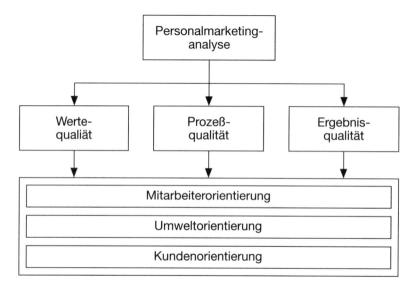

Abb. 19: Kernbereiche der Personalmarketinganalyse

Für die Planung und Durchführung des Erhebungsprozesses (*Büschges/Lütke-Bornefeld*, 1977, S. 46) ist von besonderer Bedeutung, daß die Problemsituation systematisch diskutiert wird und dabei auch vordergründig unwichtig erscheinende Gesichtspunkte in die Analyse aufgenommen werden können. Unabhängig von der Frage, wie komplex eine solche Analyse tatsächlich durchgeführt wird, sind Arbeitshypothesen zu definieren, die die Grundlage des Untersuchungsprozesses bilden. Im Anschluß daran ist zu entscheiden, mit welchen Methoden und Mitteln die Informationsbeschaffung realisiert werden soll.

Das Analyseziel wird immer darauf gerichtet sein, eine aktuelle Situation zu erheben. Dieses Ziel ist nicht mit der einmaligen Ergebnisbewertung erreicht. Im Rahmen eines kontinuierlichen Prozesses gibt es eine Dynamik zwischen Untersuchungsergebnissen und den daraus abgeleiteten Maßnahmen als Basis neuer Entwicklungen und Fragestellungen.

Ausgangspunkt der dynamischen Analyse ist die Informationserhebung durch frei kombinierbare, standardisierte und praxiserprobte Erhebungsinstrumente im Rahmen der Personalmarketingforschung. Auf der Basis der gewonnenen Informationen werden dann Strategien und Maßnahmen entworfen, die die Entwicklung des Personalmarketings skizzieren und fördern. Führungskräfte und Mitarbeiter können von den als richtig erkannten Zielen und Maßnahmen überzeugt werden. Die Effizienz aller Maßnahmen ist zu überprüfen und die Wirtschaftlichkeit sicherzustellen.

Die Frage nach dem praktischen Sinn und dem Erfolg der integrierten Personalmarketinganalyse ist identisch mit der Frage nach ihren Ergebnissen. Aussagefähige Ergebnisse dienen als Grundlage für Entscheidungen im Personalmarketing. Die generellen und speziellen Themenstellungen sind deshalb aus dem personalwirtschaftlichen Entscheidungsprozeß abzuleiten. Personalwirtschaftliche Entscheidungen müssen dabei primär im Hinblick auf Auswirkungen auf Mitarbeiter, Kunden und Umwelt betrachtet und analysiert werden. Insofern dient die integrierte Personalmarketinganalyse als Informations-Feedback zwischen Umwelt, Mitarbeiter und Kunde. Auf allen Stufen des Entscheidungsprozesses kann so die Ungewißheit von Entscheidungen reduziert werden, gleichzeitig können immer wieder aktuelle Informationen über Entwicklungen transparent gemacht werden, damit frühzeitig erkennbar wird, wann und zu welchem Zeitpunkt Maßnahmen und Aktivitäten erforderlich sind.

Die zentralen Analysedimensionen Werte-, Prozeß- und Egebnisqualität und die Beobachtung der relevanten Mitbewerber sind jetzt näher zu umschreiben.

Wertequalität: Menschliches Handeln wird durch Werte und Normen bestimmt. Veränderte individuelle, gesellschaftliche und unternehmensbezogene Wertvorstellungen wirken sich auf die Situation und das Klima im Unternehmen aus. Ob ein Mitarbeiter eher monetäre oder eher ideelle Werte verfolgt, eher Wert auf Anerkennung legt oder nicht, ob er karriereorientiert agiert oder seine Erfüllung eher in anderen Bereichen oder Zielen findet, prägt entscheidend sein Verhalten im Unternehmen. Die Analyse der Wertequalität muß Indikatoren umfassen, deren Bedeutsamkeit empirisch nachgewiesen wurde. Dazu gehören u. a. Normenunabhängigkeit, Materialismus, Meinungsführung oder Karriereorientierung.

Durch eine abgestufte Vorgehensweise können unterschiedliche Wertestrukturen identifiziert und hinsichtlich Größe und Verteilung im Unternehmen beschrieben werden. Die Ergebnisse bilden eine solide Basis für die Gestaltung des Personalmarketings. Langfristiges aktives Handeln ersetzt dann kurzfristiges Reagieren auf aktuelle Krisen. Es lassen sich Schlußfolgerungen zur Gestaltung von Anreiz- und Führungssystemen, Personalentwicklung und -beurteilung oder Modelle sozialer Absicherung ableiten.

Die Wertequalität beeinflußt entscheidend die Ergebnis- und Prozeßqualität und damit auch die Arbeitszufriedenheit, die Produktivität, das Arbeitsklima, die Fluktuation und die Fehlzeiten. Deshalb muß die Analyse zusätzlich die Akzeptanz der Strukturen, die wahrgenommenen Möglichkeiten zur Partizipation und das steigende Umweltbewußtsein erfassen. So werden beispielsweise Unternehmen durch steigendes Umweltbewußtsein öffentlich bewertet. Im Rahmen der Analyse werden Schwachstellen sichtbar und Hinweise und Lösungen zur Einflußnahme gefunden.

Prozeßqualität: Eine positive Einstellung ist eine notwendige Voraussetzung für die Identifikation mit dem Unternehmen. Die Prozeßqualität umfaßt die verhaltenswirksame Existenz von Einstellungen und Meinungen der Mitarbeiter zum Unternehmen. Die Basisthese besagt, daß die Motivation der Mitarbeiter nur dann gewährleistet ist, wenn sie von den Unternehmenszielen überzeugt sind und aktiv zur Erreichung dieser Ziele beitragen. Die Motivation und das Engagement der Mitarbeiter wiederum bestimmt die Qualität der Prozesse, d. h. auch die Qualität der Leistungserstellung für den Kunden. Zwischen Prozeß- und Ergebnisqualität als der vom Kunden wahrnehmbaren Qualität der Leistungserstellung besteht ein direkter und interaktiver Zusammenhang. In Kenntnis dieser Zusammenhänge lassen sich interne Konflikte schneller erkennen und dementsprechend eher beeinflussen.

Die Analyse zeigt aus der Sicht der Mitarbeiter, inwieweit Mitarbeiterorientierung realisiert ist, die bestimmt wird durch Einstellungen, Meinungen und Einschätzungen relevanter Personen und Gruppen. Führungskonzepte, Strukturen und die Art der Kommunikation sind die entscheidenden Parameter des Unternehmens, die Mitarbeiterorientierung zu prägen und zu gestalten. Dabei werden sowohl die gegenwärtige Situation als auch die zukünftigen Zielvorstellungen der Mitarbeiter für das Unternehmen erfaßt. Vor allem potentielle Mitarbeiter haben ihre spezifische Bedeutung für ein Unternehmen. Das Angebot wirklich qualifizierter Mitarbeiter ist begrenzt, gerade um unternehmerisch denkende Mitarbeiter gibt es einen immer härteren Wettbewerb. Für die Personalmarketingstrategie sind deshalb Informationen über die Wichtigkeit und Zufriedenheit mit personalpolitischen Instrumenten von zentraler Bedeutung. Die Analyse ermöglicht es, konkret erkannte Imagedefizite aufzuarbeiten und durch gezielte Personalmarketingmaßnahmen die Zukunft des Unternehmens weiträumig abzusichern.

Ergebnisqualität: Die aktuellen Marktbedingungen sind durch den Wandel und dessen Tempo bestimmt. Zukünftige Erfolge hängen entscheidend davon ab, wie schnell konsequente Kundenorientierung realisiert werden kann. Unternehmen, die sich zukünftig behaupten und profilieren wollen haben ihre Position kritisch zu überdenken und neu zu formulieren. Entscheidende Bestimmungsfaktoren der Ergebnisqualität sind vor allem die Qualität der für den Kunden wahrnehmbaren Prozesse, die Produkte und auch der Service, den ein Unternehmen seinen Kunden bietet.

Zur Triebkraft des Unternehmenserfolgs wird immer stärker die Kundenorientierung. Wirkliche Kundenorientierung geht alle Mitarbeiter an und kann nur realisiert werden, wenn Bewußtsein, Motivation und Engagement der Mitarbeiter eine hohe Prozeßqualität garantieren. Alle Entscheidungen aus der Sicht des Kunden zu treffen, erfordert ein dementsprechendes Konzept. Die Analyse versucht diesbezüglich, Risiken im Entscheidungsprozeß einzugrenzen und Chancen für die Zukunft sichtbar zu machen.

Mitbewerbsbeobachtung: Nur eine kontinuierliche Beobachtung der relevanten Mitbewerber gibt fortlaufend und rechtzeitig Aufschluß über Veränderungen, Entwicklungen und Trends. Die Beobachtung der Mitbewerber ist ein wichtiges Instrumentarium zur Differenzierung zwischen Selbst- und Fremdbild. Frühzeitige Mitbewerbsbeobachtung eröffnet natürlich auch die Möglichkeit, ein Image aufzubauen und personalpolitische Positionen wahrzunehmen, die von den Mitbewerbern noch nicht erkannt werden. Insbesondere im Bezug auf internationale Arbeitsmärkte sind hier eindeutige Strategien zu definieren. Neue Chancen können frühzeitig erkannt und Risiken entsprechend abgewogen werden.

Die Mitbewerbsbeobachtung wirkt sich damit auch als Intelligenzverstärker im Entscheidungsprozeß aus und trägt zur Objektivierung der Sachverhalte bei. Im Rahmen der Analyse sind zudem personalspezifische Trends, die Entwicklung arbeitsrechtlicher Bestimmungen und auch technische Innovationen von Interesse.

Alle drei zentralen Analysedimensionen prägen gleichermaßen und nachhaltig den Erfolg des Unternehmens. Nur zufriedene Kunden, engagierte Mitarbeiter, eine mitarbeiterorientierte Wertestruktur und die richtige Positionierung im Vergleich zu den Mitbewerbern garantieren eine langfristige Qualität. Durch die angemessene Berücksichtigung und entsprechende Analyse im Rahmen der hier beschriebenen Personalmarketinganalyse werden also Umweltorientierung, Kundenorientierung und Mitarbeiterorientierung zu einem ganzheitlichen Analysesystem integriert. Kern und Bindeglied zugleich ist die kontinuierliche Beobachtung des Wettbewerbs. Eine zusammenfassende Darstellung der hier beschriebenen Zusammenhänge zeigt Abb. 20.

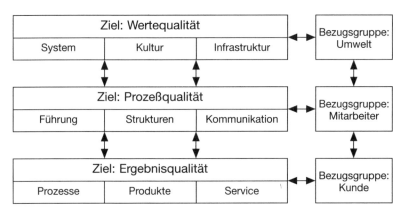

Abb. 20: Ziele und Bezugsgruppen der Analyse

Die angewandten Untersuchungsmethoden sind für den Nutzen und die praktische Umsetzung der Ergebnisse von zentraler Bedeutung. Im folgenden wird deshalb zunächst eine pragmatische Vorgehensweise dargestellt. Dabei soll bei den jeweils als relevant erachteten Erhebungsmethoden auf wesentliche Vorzüge und Schwächen hingewiesen werden. Schließlich wird auch die Problematik der Aufbereitung und Verarbeitung der Daten behandelt. Erhebungen haben das Ziel, möglichst authentische Aussagen über relevante

Sachverhalte zu bekommen. Um den erforderlichen Aufwand auch wirtschaftlich vertretbar zu halten, sind die folgenden methodischen Varianten sinnvoll:

o Explorative Fallstudien (Hypothesenbildung)
o Delphi-Methode (Business Clearing)
o Befragung (Mitarbeiter)
o Befragung (Kunden)
o Tiefeninterview (als Ergänzung)
o Dokumenten- oder Inhaltsanalyse (Mitbewerb)

Damit wird hier nur eine unter wirtschaftlichen Aspekten als sinnvoll erachtete Auswahl intensiver diskutiert. Einen allgemeinen Überblick über Methoden in der Personalmarketingforschung gibt Abb. 21.

Die explorativen Fallstudien stellen den Ausgangspunkt des hier präferierten und entwickelten Instrumentenmix (Tabelle 2, s. S. 60) dar. Die besondere Bedeutung der vorbereitenden Fallstudien ergibt sich aus ihrem Einfluß auf die gesamte Steuerung des Prozesses. Sie dienen vor allem dazu, das Primärwissen zu erweitern, Sensibilität für bestimmte Probleme zu schaffen und bestimmte Problem- bzw. Fragestellungen auszudehnen und fortzuentwickeln. Die Fallstudie hat damit den Zweck, vor der eigentlichen Feldarbeit die grundsätzliche Verwendbarkeit und die technische Durchführbarkeit des präferierten Instrumentariums zu überprüfen. Die vielfach angeführten Begrenzungen im Anwendungsbereich von Fallstudien dürften in unserem Zusammenhang nur von geringer Bedeutung sein, da die Fallstudien lediglich vorbereitenden Charakter haben.

Vor allem das explorative Potential und die relativ große Flexibilität von Fallstudien erscheinen als besondere Vorteile. Die Erhebungsproblematik kann dadurch großflächiger angegangen werden. Dies führt letztendlich gerade im Vorbereitungsstadium zu einer wesentlich realistischeren Formulierung der Fragestellung und eröffnet gleichzeitig die Möglichkeit einer praxisnahen Interpretation.

Im Rahmen der Delphi-Methode werden bestimmte Personen ausgewählt, von denen angenommen werden kann, daß sie aufgrund ihrer Position innerhalb oder außerhalb eines Unternehmens für die Zielsetzung und Fragestellung entsprechende Problemfelder aufzeigen, darstellen und beurteilen können. Diese Experten werden gebeten, eine persönliche Einschätzung einer zuvor formulierten Problemstellung abzugeben, entweder schriftlich anonym oder in einer offenen Gruppendiskussion. Die in dieser

Bedarf \ Methode	Befragung	Beobachtung	Inhaltsanalyse
Prozeßqualität	Exitinterview	Interaktions-analyse	Auswertung von:
	Zufriedenheits-analyse	Feld-Coaching	Funktionsbe-schreibungen
	Klimaanalyse	Arbeitsanalyse	Sitzungsproto-kollen
	Mitarbeiterge-spräch	Leistungs-bewertung	Bewerbungsun-terlagen
(Mitarbeiter)	Soziogramm	Personal-marketing-Audit	Schriftverkehr
Ergebnisqualität	Kundenzufrie-denheitsanalyse	Testkäufe	Auswertung von:
	Imageanalyse	Markttests	Außendienstpro-tokollen
		Experimente	
(Kunde)	Werbewirksam-keitsanalyse		Reklamationsvor-gängen
Wertequalität	Meinungsfor-schung	Beobachtung des Arbeitsmarktes	Auswertung von:
	Einstellungsfor-schung	Experiment am Arbeitsmarkt	Veröffentlichun-gen der Arbeits-marktforschung
(Umwelt)	Delphi-Methode	EU-Öko-Audit	
Unternehmens-qualität	Wettbewerbsbe-fragung	Benchmarking	Auswertung von:
			Fallstudien
	Imageanalyse am Arbeitsmarkt		
(Mitbewerb)			Unternehmens-profilen

Abb. 21: Erhebungsmethoden der Personalmarketingforschung

strukturierten Gruppenbefragung gewonnenen Erkenntnisse können als wesentliche Grundlage des weiteren methodischen Vorgehens betrachtet werden. Es darf jedoch nicht unberücksichtigt bleiben, daß die Teilnehmer einer Delphi-Runde die jeweils relevanten Einschätzungen des Forschungsprojektes nur aus ihrer Organisationsperspektive, aus ihrem persönlichen Erfahrungshintergrund und aus ihren individuellen Werthaltungen heraus – und damit subjektiv – abgeben können. Ein weiterer Problempunkt des Delphi-Verfahrens ist die Auswahl der richtigen Experten.

Tabelle 2: Vor- und Nachteile ausgewählter Erhebungsmethoden

Vorteile: o Bessere Stichprobenauswahl o Kein Interviewereinfluß o Überlegtere Antworten o Geringere Kosten o Anonymität **Nachteile:** o Geringe Rücklaufquote o Keine Stichtagsbefragung möglich o Frageumfang ist limitiert o Mißverständnisse können entstehen o Keine Spontanantworten	**Vor- und Nachteile der schriftlichen (anonymen) Befragung**
Vorteile: o Klärung von Verständnisfragen möglich o Bessere Interviewkontrolle o Systematische Nachfaßmöglichkeiten o Grundlegende Stichprobenausschöpfung o Spontanantworten möglich **Nachteile:** o Interviewereinfluß auf die Fragestellung o Höhere Kosten	**Vor- und Nachteile der persönlichen Befragung**
Vorteile: o Fragethematik grundsätzlich unbeschränkt o Befragungstaktik voll anwendbar o Großer Frageumfang möglich o Kontrollierte Befragungssituation o Hohe qualitative Erfolgsquote **Nachteile:** o Interviewereinfluß auf die Fragestellung o Hohe Kosten	**Vor- und Nachteile des Tiefeninterviews**
Vorteile: o Thematik grundsätzlich unbeschränkt o Moderationstechnik anwendbar o Prozeßorientierte Analyseform o Direkte Einbindung der Mitarbeiter o Element der Unternehmensentwicklung **Nachteile:** o Labelingprozeß (Teilgruppenausgrenzung) o Sehr hohe Kosten	**Vor- und Nachteile der Delphi-Methode**

Als primäres Erhebungsinstrument für die Mitarbeiter und die Kunden bietet sich die schriftliche (anonyme) oder direkte (persönliche) Befragung an – aus methodischer Sicht immer noch das wichtigste, am weitesten entwickelte, systematischste und am universellsten einsetzbare Datenerhebungsinstrument. Die Problematik der Befragung liegt vor allem in der Übermittlung von Informationen. Allein durch Verständnisprobleme können sich eine Reihe von Verzerrungseffekten ergeben. Da die in diesem Zusammenhang erhobenen Daten die Bewertung einer Einstellung und eines Gefühls darstellen, bietet sich eine vierstufige bipolare Beurteilungsskala (*Büschges/Lütke-Bornefeld*, 1977, S. 214) mit numerischer und verbaler Umschreibung an. Im Gegensatz zu den meisten Befragungen präferieren wir eine gerade Skala, um die oftmals vorhandene Tendenz zu einem unentschiedenen mittleren Wert zu vermeiden. Die vierstufige Skala wird für die Einschätzung von Gefühlen und Einstellungen als mehr als ausreichend angesehen, da feinere Abstufungen in der Realität nicht vorgenommen werden und zudem keinerlei zusätzliche Erkenntnisse liefern.

Als ergänzende Vorgehensweise bieten sich qualitative Tiefeninterviews an. Gemäß der Entwicklung in den Sozialwissenschaften ist es erforderlich, daß es sich bei den qualitativen Tiefeninterviews um ein Verfahren handelt, das eine subjektive Analyse mit einer rationalen Basis verbindet und damit die Auswertung der erhobenen Daten in einen unternehmensbezogenen Kontext stellt und analysiert. Rational im Sinne von intersubjektiv kontrollierbar und nachvollziehbar sind bei der qualitativen Erhebung u.a. die Ermittlung und Bestimmung der Gesamtthematik, die Trends der erhobenen Daten und die Verknüpfung der verschiedenen Inhalte und Inhaltselemente miteinander im Rahmen einer dynamischen Betrachtung. Subjektiv sind hingegen Interpretationen, Beurteilungen und Bewertungen der ermittelten Inhalte, ihres Ursprungs und ihrer Auswirkungen. Diese lassen natürlich vielfältige Schlußfolgerungen auf Gedanken, Wahrnehmungen, Bedürfnisse und Zielsetzungen zu.

Vor allem bietet sich die qualitative Analyse in der Phase der Vorbereitung und Neuentwicklung von Personalmarketingprojekten sowie bei der Gestaltung des Erhebungsdesigns an. Aussagefähige Daten sind jedoch nur bei einer sehr seriösen Zielgruppenauswahl und durch Kombination mit anderen Erhebungstechniken möglich und wahrscheinlich.

Die Dokumenten- oder Inhaltsanalyse (*Lisch/Kriz*, 1978, S. 29) als Mitbewerbsanalyse bietet sich sowohl als Querschnitt- als auch als

Längsschnittanalyse an. Bevorzugte Analysedokumente sind Unternehmensprofile oder vergleichbare Broschüren. Bei einer Querschnittanalyse könnenTeilaspekte des Unternehmensangebots verschiedener Unternehmen verglichen werden. Bei einer Längsschnittanalyse – welche von besonderem Interesse sein dürfte – besteht die Möglichkeit, den Wandel im Zeitablauf zu analysieren. Analog könnte bei einer Ausweitung der Fragestellung die Analyse auch auf andere relevante Veröffentlichungen ausgedehnt werden. Die Zuverlässigkeit der Dokumentenanalyse hängt vor allem von der Qualität des Meß- und Kategoriensystems ab. Im Meß- und Kategoriensystem müssen die Unternehmensprofile in Kategorien erschöpfend abgebildet bzw. erfaßt werden können, die Definition der einzelnen Kategorien vorgenommen und die Regeln der Zuordnung von Dimensionen und Kategorien festgelegt werden. Dies bedeutet für Kategoriensysteme, daß die einzelnen Kategorien überschneidungsfrei im Sinne von unabhängig, erschöpfend, d. h. alle relevanten Aspekte widerspiegelnd, und eindeutig sein müssen.

Die Auswahl verschiedener Erhebungstechniken und die bereits dargestellte Festlegung relevanter Zielgruppen sind Gegenstand von grundlegenden Entscheidungen. Bei spezifischen Entscheidungssituationen ergeben sich trotz der Einzigartigkeit der konkreten Untersuchungssituation generelle Anforderungen, die zu berücksichtigen sind.

Grundsätzlich angestrebt wird die Verbesserung des Informationsstandes der Führungskräfte und der Unternehmensleitung sowie eine höhere Entscheidungsqualität bezüglich künftiger Personalmarketingentscheidungen. Dabei kann und soll es nicht Ziel sein, alle nur denkbaren Informationen aus dem Themenkomplex Personalmarketing zu gewinnen, sondern nur die entscheidungsrelevanten Informationen.

Wenn von Zielgruppenauswahl gesprochen wird, ergeben sich neben den bereits genannten Gesichtspunkten zwei weitere wichtige Entscheidungsfelder. Zunächst einmal ist von Bedeutung: Welche Ansprechpartner werden angesprochen? und zweitens: Welche Ansprechpartner auf welchen Ebenen werden angesprochen? Im Rahmen einer umfassenden Informationsbeschaffung wird hier befürwortet, auf den verschiedensten Hierarchieebenen unterschiedliche Ansprechpartner auszuwählen, die in einem rollierenden Verfahren wiederholt befragt werden können. Als besondere Vorteile sind die dynamische Handhabung und die kontinuierliche Zielgruppensubstitution zu nennen.

Die Aussagefähigkeit der Analyseergebnisse hängt entscheidend von der methodischen Qualität der Erhebungsinstrumente ab (Abb. 22).

Abb. 22: Gütekriterien der Personalmarketingforschung

Ein Befragungsinstrument ist dann zuverlässig, wenn es so exakt mißt, daß bei einer Wiederholung unter gleichen Bedingungen das gleiche Ergebnis erzielt wird (formale Genauigkeit). Die Gültigkeit des Instruments ist gegeben, wenn das Instrument mißt, was es messen soll (materielle Genauigkeit). Unter Unabhängigkeit wird hier die einstellungsunabhängige Erfassung verstanden. Das Problem der Unabhängigkeit besteht z.B. bei der Befragung darin, daß sich Wahrnehmungen und Einstellungen über die relevante Fragestellung mit individuellen Wunschvorstellungen über bestehende Kausalitäten verknüpfen. Als unbewußte Verfälschung soll eine Situation charakterisiert werden, bei der Kausalitäten wahrgenommen und interpretiert werden, die de facto nicht vorhanden sind.

Bei Interviews gehört zur Qualifikation des Interviewers, daß er aufgrund seines persönlichen Auftretens und seiner intellektuellen Auffassungsgabe von den Auskunftspersonen, oft leitenden Mitarbeitern, als Gesprächspartner akzeptiert wird und seine fachlichen Kenntnisse ausreichen, um den Befragten die anstehende Problematik und den Zweck seiner Tätigkeit zu erläutern. Das Interview kann mit einem Fragebogen, der in Wortlaut und Reihenfolge alle Fragen verbindlich enthält (vollstrukturierter Fragebogen), als standardisierte Befragung durchgeführt werden oder mit einem Frageleitfaden (teilstrukturierter Fragebogen) in mehr oder weniger freier Diskussion abgewickelt werden. Für den strukturierten Fragebogen spricht, daß die Genauigkeit und Vergleichbarkeit der Antworten beeinträchtigt werden kann, wenn jeder Interviewer eigene Frageformulierungen wählen würde. Andererseits lassen sich neue Erkenntnisse während der Befragung durch flexible Fragegestaltung unmittelbar und leicht für das weitere Gespräch nutzen. Das Gespräch kann sich dann zu einem höherem Niveau hin entwickeln, mit weniger Redundanz und weniger Informationsverlust.

Beim Tiefeninterview sollte im Interesse einer möglichst weitgehenden Vergleichbarkeit und Kontrolle in einem detaillierten Interviewleitfaden der Ablauf des Erhebungsprozesses vorstrukturiert werden. Zuverlässigkeit, Gültigkeit und Unabhängigkeit der Ergebnisse des Interviews sind in etwa den gleichen Restriktionen unterworfen wie die Ergebnisse der schriftlichen Befragung. Hinzu kommt jedoch die Problematik, daß das Interview kein neutrales Erhebungsinstrument ist, welches ohne externe Einflüsse bleibt. Eine vollständig „keimfreie" Interviewsituation wird es nicht geben.

2.2 Die Qualität der Informationsbeschaffung

Werte-, Prozeß- und Ergebnisqualität sind Erfolgsfaktoren auf immer komplexeren Märkten. Ein unzufriedener Kunde spricht in der Regel mit vielen anderen über seine Unzufriedenheit. Ein unzufriedener Mitarbeiter stellt sein Unternehmen nicht positiv dar und beeinflußt auch die Kundenzufriedenheit negativ. Nach außen getragene Werte prägen das Personal- und Unternehmensimage. So ist es eminent wichtig, bei einer ganzheitlichen Analyse Mitarbeiter, Kunden, die Umwelt und die relevanten Mitbewerber gleichermaßen als Informationsquellen zu nutzen. Nur so lassen sich die Potentiale des Unternehmens bezüglich Mitarbeiter-, Kunden- und Umweltorientierung entdecken und ausschöpfen, die langfristig die Qualität prägen und einen entscheidenden Wettbewerbsfaktor darstellen.

Der sachliche Rahmen für die Anwendung der Analyseinstrumente ist grundsätzlich unter den folgenden Gesichtspunkten zu sehen. Ziel ist es, einen strukturierten Leitfaden zu bekommen und die Fragestellung verbindlich festzulegen. Dadurch wird bei der Durchführung der Analyse, gleichgültig mit welcher Variante, Verständnis- und Interpretationsschwierigkeiten und damit unkorrekten Ergebnissen vorgebeugt.

Da eine solche Analyse sich mit Phänomenen beschäftigt, die rein quantitativ in ihrer Komplexität und Bedeutung für das Unternehmen nicht zu erfassen sind, empfiehlt sich eine ausgewogene Balance zwischen quantitativen und qualitativen Methoden, wobei

– wie schon gesagt – der Nutzen der Ergebnisse qualitativer Methoden für die Erklärung sozialer Phänomene weitaus größer ist.

Die Analyseergebnisse als Dialogbrücke erhöhen die Leistungsbereitschaft aller Mitarbeiter, wenn sie gleichzeitig auch als Basis und Informationsquelle für das Handeln genutzt werden. Wichtig für die Einschätzung der Ergebnisse ist es zu erkennen, daß sich die Analyse aus den Komponenten Wahrnehmung und Erwartung, Wichtigkeit und Zufriedenheit zusammensetzt. Zu analysieren, was tatsächlich wahrgenommen wird, ist für die Gestaltung des Personalmarketings von entscheidender und grundlegender Bedeutung. Wahrnehmung und Leistung können, aber müssen nicht übereinstimmen. Wahrnehmungsinterpretation und bestimmte selektive Wahrnehmungen von Leistungen sind auch hier Grundlage einer zu beachtenden Auswertungsproblematik.

Soll das Qualitätsniveau gemessen und erhöht werden, so sind diese Faktoren und Meßgrößen dementsprechend zu definieren und in das Konzept zu integrieren. Meßgrößen sind:

1. Wichtigkeit als Bedürfnis
2. Zufriedenheit als Wahrnehmung
3. Erwartung als Standard
4. Subjektive Einschätzung

Bedeutsam für die Interpretation der Ergebnisse ist nicht der Kennziffernvergleich, sondern die Abweichung (GAP-Analyse) zwischen Wichtigkeit und Zufriedenheit. Während die GAP-Analyse bei der Kundenzufriedenheitsforschung mittlerweile schon als obligatorisch gilt, ist sie bei Mitarbeiterbefragungen eher noch die Ausnahme. Wichtig erscheinen vor allen Dingen auch die langfristigen Trendveränderungen im Rahmen eines dynamischen kontinuierlichen Erhebungsprozesses. Eine kontinuierliche qualitative Analyse des Qualitätsniveaus hilft bei der Einschätzung von Frühindikatoren und ermöglicht es, auf neuartige Situationen dementsprechend frühzeitig zu reagieren. Das Ziel jeder Analyse ist immer eine möglichst hohe Einschätzung durch die entsprechende Zielgruppe. Qualität im eigentlichen Sinne ist nicht meßbar.

Wie Mitarbeiter- und Kundenbefragungen, Business Clearing oder Benchmarking in der Praxis aussehen können, zeigen die folgenden Abschnitte.

2.3 Analyse der Umweltorientierung – Wertequalität

Unternehmen haben klar umrissene Ziele, und sie gestalten und entwickeln ein eigenes Wertesystem, das sich sowohl nach innen als auch nach außen richtet. Durch dieses Wertesystem sind sie bedingte (also beeinflußte) und bedingende (also beeinflussende) Elemente der Umwelt. Sich rasch verändernde Umwelt- und Rahmenbedingungen des Personalmarketings wie ökologische Veränderungen, technologischer und ökonomischer Wandel sollten einen Prozeß der Anpassung unternehmenseigener Wert- und Qualitätsvorstellungen durch ein kontinuierliches Business Clearing als Teil des unternehmerischen Handlungskonzeptes in Gang setzen (Abb. 23).

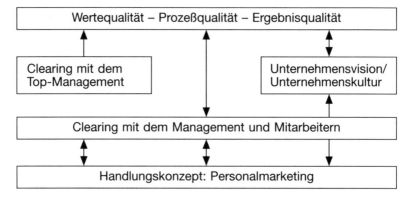

Abb. 23: Business Clearing als Teil des Handlungskonzeptes

Diese veränderten Bedingungen machen eine veränderte Qualität des Denkens und Handelns erforderlich. Mitarbeiter orientieren sich an Werten und Normen. Das bedeutet, sie arbeiten vielleicht nicht nur für Geld, sondern auch für Anerkennung und Akzeptanz, sie wollen mit anderen Kollegen kommunizieren, sie suchen Perspektiven und möchten dabei eigene Wertvorstellungen einbringen. Die Erfahrung zeigt, daß gerade in wirtschaftlich problematischen Zeiten ein vorhandenes und gelebtes Wertesystem ein Unternehmen trägt und stützt.

Aber die Werte eines Unternehmens, auch im Bezug zum gesellschaftlichen Wertesystem, müssen klar definiert und in sich widerspruchsfrei sein. Erfolgreiche und überdauernde Wertsysteme haben in der Regel wenige, aber dafür grundsätzliche Werte. Eine Überarbeitung des Wertesystems im Rahmen eines Business Clearing sowie die Planung geeigneter Maßnahmen können nachhaltige Auswirkungen auf die Dimensionen Prozeß-, Werte-, und Ergebnisqualität haben und als notwendige Reaktion auf Veränderungen des Handlungsrahmens des Personalmarketings für das Unternehmen von existentieller Bedeutung sein (Abb. 24).

Maßnahmen:	Welche Maßnahmen sind konkret erforderlich?	▲
Wertesystem:	Welches Wertesystem werden wir gemeinsam vertreten?	▲
Umfeld:	Welche Veränderungen und Entwicklungen sind zu erwarten?	▲
Gegenwart:	Worauf sind wir besonders stolz? Was bedauern wir?	▲
Vergangenheit:	Wo kommen wir her? Wer sind wir?	▲

Abb. 24: Inhalte eines Business Clearing

Für die Analyse und prozeßorientierte Weiterentwicklung der Wertequalität eignet sich das Delphi-Verfahren (*Umminger*, 1990, S. 83). Als Business Clearing ist das Delphi-Verfahren sowohl ein qualitatives Analyse- als auch ein Prognoseverfahren (Abb. 25, s. S. 68). Im Rahmen einer wiederholten Befragung interner und externer Experten zeigt sich auch, welche Grundsätze zu handlungsleitenden Prinzipien werden und welche nur für den Papierkorb formuliert sind. Das Business Clearing kann dann auch die Grundlage der Unternehmensvision und der Unternehmensmission sein.

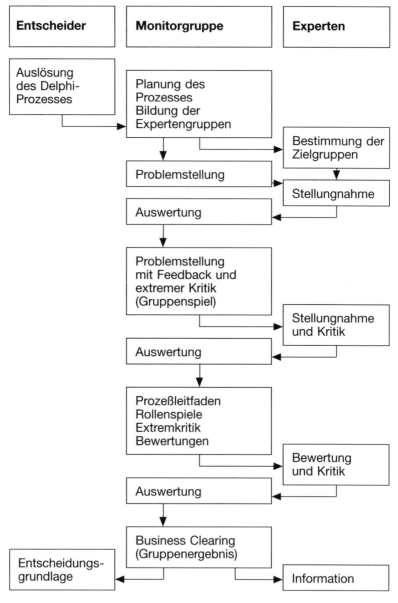

Abb. 25: Ablauf eines Business Clearing mittels Delphi-Verfahren

2.4 Analyse der Mitarbeiterorientierung – Prozeßqualität

Je stärker man sich bewußt macht, daß Mitarbeiter den entscheidenden Qualitäts- und Wettbewerbsfaktor darstellen, um so notwendiger ist es, sich mit den Erwartungen und Bedürfnissen der Mitarbeiter auseinanderzusetzen. Die Analyse der Prozeßqualität mit dem Ziel der Erfassung der Mitarbeiterorientierung hat also in diesem Zusammenhang einen besonderen Stellenwert. Mitarbeiterorientierung kann vor allem Arbeitsmotivation, Arbeitszufriedenheit, persönliches Wohlbefinden, Arbeitsleistung, aber auch und insbesondere Kundenzufriedenheit bedeuten. Ein unzufriedener Mitarbeiter hat selten zufriedene Kunden.

Die Mitarbeiterbefragung zur Analyse der Prozeßqualität eröffnet die Möglichkeit, die relevante Situation zu erfassen und differenziert zu bewerten. Es ist aber auch wichtig zu wissen, daß damit nur ein erster Schritt getan ist. Die Analyse weckt bei allen, Mitarbeitern und Beteiligten, Vorstellungen, daß nun konkret etwas passiert. Es werden keine großen Sprüche erwartet, sondern gezielte Veränderungen. Es muß klare Zielsetzung sein, auch problematische Themen anzupacken und Schwachstellen zu beseitigen sowie gemeinsam mit Führungskräften und Mitarbeitern systematische Veränderungsprozesse einzuleiten.

Vor der Durchführung einer Befragung muß den Mitarbeitern das Ziel der Untersuchung erläutert werden. Es muß klargestellt werden, daß die Analyse kein Selbstzweck ist, sondern daß beabsichtigt wird, wirklich etwas zu verändern. Das Thema Mitarbeiterbefragung wird nach wie vor sehr kontrovers diskutiert und verursacht bei vielen Führungskräften noch immer Magenschmerzen. Wenn die Aussage, Mitarbeiter sind strategischer Wettbewerbsfaktor und das wichtigste Kapital, kein Lippenbekenntnis ist, dann kann es keinen Zweifel an der Bedeutung einer Mitarbeiterbefragung geben.

Mitarbeiter müssen jedoch motiviert werden, sich zu ihrem eigenen Nutzen korrekt – und wenn gewünscht anonym – zu beteiligen. Das Bewußtsein der Mitarbeiter ist der entscheidende Faktor, um das Qualitätsniveau des Unternehmens zu erhöhen und damit auch nach außen attraktiv zu erscheinen. Eine systematische Mitarbeiterbefragung ist die wesentliche Grundlage eines sich daraus ableitenden Maßnahmenkonzeptes. Außerdem erhöhen Mitarbeiterbefragungen das Engagement im Unternehmen, wenn, wie schon gesagt, auf die Ergebnisse angemessen reagiert wird und alle Themen offen angesprochen werden. Erfolgreiche Unternehmen brauchen heute den ganzheitlich denkenden, aufgeschlossenen Mitarbeiter mit einem breiten Repertoire an Fertigkeiten und Fähigkeiten, Mitarbeiter, die auch angesichts einer dynamischen Zukunft bereit sind, Neuerungen einzuführen und durchzusetzen.

Es gilt, mit dem Trugschluß aufzuräumen, man könnte dies alles durch die Teilnahme an Führungs- und Verhaltenstrainings, Workshops oder Seminaren erreichen. Immer muß ein unternehmensspezifischer Entwicklungsprozeß eingeleitet werden, der die Umsetzung des dort Gelernten ermöglicht. Wichtige Voraussetzung ist auch die Bereitschaft, strategische Aktionsfelder in Angriff zu nehmen. Angestrebte Innovationsschübe können nur durch leistungsorientierte und motivierte Mitarbeiter erreicht werden. Investitionen in die Mitarbeiter sind notwendiger als je zuvor, vor allem vor dem Hintergrund der gesellschaftspolitischen Entwicklungen.

Noch weniger als bisher reicht es aus, in raffinierter Weise Strukturen zu definieren und Kästchen zu zeichnen. Wichtig ist ein sich entwickelndes, qualitätsorientiertes und dynamisches Unternehmen, welches gewährleistet, daß sich die Mitarbeiter voll entfalten können. Trotz Leanomanie, Business Reengineering und virtueller Organisation, oftmals als Geheimtip verstanden, ist der spezifischen Situation eher mit individuellen Lösungen zu begegnen denn mit allgemeingültigen und vereinfachenden Konzepten. Kurze und offene Kommunikationswege bilden hier eine einfache, aber sichere Basis. Es gibt keine von den individuellen Erfolgsfaktoren unabhängige beste Organisationsform.

Bei einer Mitarbeiterbefragung werden vor allen Dingen die folgenden Inhalte zu behandeln sein: Was erwarten die Mitarbeiter vom Unternehmen im Hinblick auf die Personalarbeit, auf das Führungskonzept, auf die Personalentwicklung, die Vergütung und die Personalbeurteilung? Es geht auch um die Frage nach der tatsächlichen Einbeziehung der Mitarbeiter in Entscheidungsprozesse und ob das nach außen dargestellte Bild mit der internen Realität übereinstimmt. Eine ausführlichere Darstellung möglicher Inhalte zeigt Tabelle 3.

Die Mitarbeiterbefragung (*Domsch/Schnäble*, 1990, S. 6) ist Analyse- und Diagnoseinstrument zugleich. Eine unter den Aspekten Einstellungen und Erwartungen, Wichtigkeit und Zufriedenheit durchgeführte Mitarbeiterbefragung leistet einen entscheidenden Beitrag zur verstärkten Integration der Mitarbeiterorientierung als

Tabelle 3: Inhalte einer Mitarbeiterbefragung
(Quelle: *Domsch/Schnäble*, 1990, S. 6)

1.	Arbeitsorganisation	Art der Tätigkeit Art der Arbeitsorganisation Arbeitsbelastung
2.	Arbeitsbedingungen	Umweltbedingungen Arbeitsplatzgestaltung Arbeitszeitgestaltung Verbesserungsvorschläge
3.	Entgelt und Sozialleistungen	Höhe des Entgelts im Vergleich zur Leistung, zu Kollegen, zu anderen Unternehmen Bedeutung der zusätzlichen Sozialleistungen Verbesserungsvorschläge zu einzelnen Sozialleistungen
4.	Kommunikation/Information	Informationen über das Gesamtunternehmen Informationen über die Arbeit i.e.S. Gewünschte Zusatzinformationen Informationsquelle, -medien Vorschlags- und Beschwerdewesen
5.	Zusammenarbeit	o mit unmittelbaren Kollegen o mit anderen Abteilungen o im Gesamtunternehmen
6.	Möglichkeit zur Umsetzung eigener Leistungsfähigkeit und -bereitschaft	Eignungs- und neigungsadäquater Arbeitseinsatz Einsatz- und Entfaltungsmöglichkeiten Wichtigkeit der Arbeit Arbeit als Motivator
7.	Entwicklungsmöglichkeit (Weiterbildung, Aufstieg)	Weiterbildungsangebot, gewünschte Erweiterung Möglichkeiten zur Nutzung Schwierigkeiten bei Nutzung Möglichkeiten und Hindernisse des Aufstiegs
8.	Vorgesetztenverhalten/Beziehung zum Vorgesetzten	Fachliche Fähigkeiten des Vorgesetzten, Informationsverhalten, Motivation, Berücksichtigung der eigenen Meinung, Gerechtigkeit, Hilfe bei beruflichen und privaten Schwierigkeiten, persönliche Beziehungen zum Vorgesetzten

Tabelle 3: Inhalte einer Mitarbeiterbefragung (Fortsetzung)

9. Unternehmensimage Arbeitsplatzsicherheit	Einschätzung der Sicherheit des eigenen Arbeitsplatzes, der Beschäftigung im Unternehmen; Gesamtzufriedenheit mit der Arbeit beim Unternehmen, allgemeines Ansehen des Unternehmens beim Befragten, beim Kunden, in der Gesellschaft
10. Statistik	Alter, Geschlecht, Betriebszugehörigkeit, Betriebsteil/Abteilung, Hierarchie/Rang, Einkommensform, Einkommenshöhe, Arbeitszeitform

Leitmaxime des Personalmarketings in die Unternehmenskonzeption. Mitarbeiterorientierung bedeutet konkret:

o Die Lernende Organisation als Managementkonzept
o Personaleinsatz nach Neigung und Fähigkeiten
o Frühzeitige und umfassende Information aller Mitarbeiter
o Konstruktiver Meinungsaustausch auf allen Ebenen
o Partizipation und Einbindung in Entscheidungsprozesse
o Variable und leistungsabhängige Vergütungssysteme
o Individuelle und systematische Personalentwicklung
o Potential- und zielorientierte Personalbeurteilung

Aufgrund des empirisch nachweisbaren Zusammenhangs zwischen Kundenzufriedenheit und Mitarbeiterorientierung sollte gleichzeitig auch erfragt werden, was die Mitarbeiter tatsächlich über die vorhandenen Kundenbedürfnisse und Kundenerwartungen wissen und inwieweit dieses Wissen in Einklang steht mit der Informationspolitik im Unternehmen. Ein weiterer Punkt kann auch die Ermittlung der Einstellung der Mitarbeiter in bezug auf Kundenorientierung und ihre Bedeutung für den langfristigen Unternehmenserfolg sein. Ein standardisierter und anwenderfreundlicher Mitarbeiterfragebogen, der primär durch Ankreuzen beantwortet wird, ist beigefügt (Beispiel 1). Auf die Auswertung im Zusammenhang mit den Parametern Wichtigkeit und Zufriedenheit bei den einzelnen Variablen wird noch ausführlich eingegangen.

Beispiel 1: Mitarbeiterfragebogen s. S. 73–76.

Beispiel 1: Mitarbeiterfragebogen

Ihre Meinung hat für uns höchste Priorität

Wir sind an Ihrer Meinung sehr interessiert. Sie wissen, wo unsere Stärken und Schwächen liegen. Um unsere gemeinsamen Erfolge zukünftig weiter ausbauen zu können, möchten wir gerne von Ihnen erfahren, ob wir Ihre heutigen und zukünftigen Ziele, Erwartungen und Vorstellungen erfüllen und wie wir sie sogar übertreffen können.

Sie helfen uns, dieses Ziel zu erreichen, indem Sie den beiliegenden Fragebogen beantworten. Deshalb unsere Bitte um 10 Minuten Ihrer Zeit. Länger dauert es bestimmt nicht, um die wenigen Fragen zu beantworten. Bitte beantworten Sie alle Fragen, falls Sie mit dem jeweiligen Bereich Erfahrung haben. Jede Antwort ist wichtig, um das Ziel dieser Studie zu erreichen. Die meisten Fragen oder Kriterien sollen von Ihnen nach der Wichtigkeit und der Zufriedenheit beurteilt werden. Ihre Beurteilung erfolgt auf einer Skala von 1–4.

Wichtigkeit: 1 = sehr wichtig
2 = wichtig
3 = weniger wichtig
4 = unwichtig

Zufriedenheit: 1 = sehr zufrieden
2 = zufrieden
3 = weniger zufrieden
4 = unzufrieden

Bei Ihrer Beurteilung kreuzen Sie einfach die für Sie zutreffende Ziffer an. Bitte bearbeiten Sie in jedem Fall zuerst die Fragen nach der Wichtigkeit, die die Kriterien für Sie haben. Anschließend bewerten Sie bitte den Grad Ihrer Zufriedenheit. Bitte senden Sie den ausgefüllten Fragebogen möglichst innerhalb einer Woche in dem beigefügten Umschlag an den Bereich Personalmarketing zurück.

Herzlichen Dank für Ihre Mitarbeit.

---

1. *Welche der nachfolgend genannten Gelegenheiten führten in den letzten zwölf Monaten zu einem Gespräch mit dem Personalbereich?*

    Laufbahnberatung ☐
    Weiterbildungsberatung ☐
    Besuch eines Seminars ☐
    Informationsgespräch ☐
    Beschwerde ☐

Beispiel 1: Mitarbeiterfragebogen (Fortsetzung)

2. *Wie wichtig sind Ihnen die folgenden Aspekte in Ihrem Aufgaben- und Funktionsbereich?*

	1	2	3	4
Arbeitsklima	☐	☐	☐	☐
Vergütung	☐	☐	☐	☐
Teamarbeit	☐	☐	☐	☐
Personalentwicklung	☐	☐	☐	☐

3. *Wie zufrieden sind Sie mit diesen Aspekten in Ihrem Aufgaben- und Funktionsbereich?*

	1	2	3	4
Arbeitsklima	☐	☐	☐	☐
Vergütung	☐	☐	☐	☐
Teamarbeit	☐	☐	☐	☐
Personalentwicklung	☐	☐	☐	☐

4. *Wie wichtig sind Ihrer Meinung nach die folgenden personalpolitischen Instrumente in Ihrem Aufgaben- und Funktionsbereich?*

	1	2	3	4
Funktionsbeschreibung	☐	☐	☐	☐
Mitarbeiterbeurteilung	☐	☐	☐	☐
Mitarbeitergespräch	☐	☐	☐	☐
Zielvereinbarung	☐	☐	☐	☐

5. *Wie zufrieden sind Sie mit den vorhandenen personalpolitischen Instrumenten?*

	1	2	3	4
Funktionsbeschreibung	☐	☐	☐	☐
Mitarbeiterbeurteilung	☐	☐	☐	☐
Mitarbeitergespräch	☐	☐	☐	☐
Zielvereinbarung	☐	☐	☐	☐

6. *Wie wichtig ist Ihnen ein Informationsaustausch zu folgenden Themenbereichen?*

	1	2	3	4
Informationen zur Unternehmensphilosophie	☐	☐	☐	☐
Informationen zur Unternehmenspolitik	☐	☐	☐	☐
Informationen zur Unternehmensdarstellung	☐	☐	☐	☐
Informationen zur Ertragslage	☐	☐	☐	☐

7. *Wie zufrieden sind Sie mit der tatsächlichen Informationspolitik zu folgenden Themen?*

	1	2	3	4
Informationen zur Unternehmensphilosophie	☐	☐	☐	☐
Informationen zur Unternehmenspolitik	☐	☐	☐	☐
Informationen zur Unternehmensdarstellung	☐	☐	☐	☐
Informationen zur Ertragslage	☐	☐	☐	☐

Beispiel 1: Mitarbeiterfragebogen (Fortsetzung)

8. *Wie wichtig sind Ihnen die folgenden Punkte?*

	1	2	3	4
Kommunikation	☐	☐	☐	☐
Kooperation	☐	☐	☐	☐
Information	☐	☐	☐	☐
Vertrauen	☐	☐	☐	☐

9. *Wie zufrieden sind Sie mit diesen Punkten?*

	1	2	3	4
Kommunikation	☐	☐	☐	☐
Kooperation	☐	☐	☐	☐
Information	☐	☐	☐	☐
Vertrauen	☐	☐	☐	☐

10. *Wie wichtig sind Ihnen die folgenden Aspekte in Ihrem Arbeitsumfeld?*

	1	2	3	4
Arbeitsbedingungen	☐	☐	☐	☐
Aufstiegschancen	☐	☐	☐	☐
Mitspracherecht	☐	☐	☐	☐
Arbeitsklima	☐	☐	☐	☐

11. *Wie zufrieden sind Sie in Ihrem Fall mit den tatsächlichen Aspekten?*

	1	2	3	4
Arbeitsbedingungen	☐	☐	☐	☐
Aufstiegschancen	☐	☐	☐	☐
Mitspracherecht	☐	☐	☐	☐
Arbeitsklima	☐	☐	☐	☐

12. *Welche der folgenden Aussagen über unseren Kommunikationsstil treffen zu?*

Er ist funktionsorientiert ☐
Er ist zielorientiert ☐
Er ist problemorientiert ☐

13. *Welche Kriterien sind Ihrer Meinung nach für ein erfolgreiches Unternehmen maßgebend?*

Offene Kommunikation ☐
Innovative Produkte ☐
Qualifizierte Mitarbeiter ☐

Beispiel 1: Mitarbeiterfragebogen (Fortsetzung)

14. *Wenn Sie an Ihre bisherigen Erfahrungen denken, welche Problemfelder sehen Sie im Unternehmen?*

    Unmoderne Produkte ☐
    Schlechte Kommunikation ☐
    Demotivierte Mitarbeiter ☐
    Hohes Konfliktpotential ☐

15. *Ihre Anregungen, Hinweise und Wünsche sind uns sehr willkommen. Wir sind an Ihren Vorschlägen zu weiteren Verbesserungen oder auch an neuen Ideen besonders interessiert.*

    _____
    _____
    _____
    _____
    _____

16. *Bitte geben sie uns noch einige Informationen:*

    In welchem Bereich sind Sie tätig?

    Produktion ☐
    Kundendienst ☐
    Verwaltung ☐
    Verkauf ☐

    Wie viele Mitarbeiter hat Ihre Abteilung? ☐

    Nennen Sie uns bitte Ihren Namen, Ihre Funktion und Ihre Abteilung (Angaben sind freiwillig):

    _____
    _____
    _____

    Wären Sie auch zu einem persönlichen Gespräch/ Interview bereit?

    Ja ☐
    Nein ☐

2.5 Analyse der Kundenorientierung – Ergebnisqualität

Der gesellschaftliche und wirtschaftliche Wandel und dessen Tempo sind zur entscheidenden Herausforderung unserer Zeit geworden. Zukünftige Erfolge hängen oftmals davon ab, wie schnell konsequente Kundenorientierung realisiert werden kann. Kundenzufriedenheit durch Kundenorientierung ist zum Muß auf immer komplexeren Märkten geworden. Ein unzufriedener Kunde spricht in der Regel mit vielen anderen Kunden über seine Unzufriedenheit. Der zufriedene Kunde tut dies in der Regel nicht. Außerdem ist es wesentlich teurer, einen neuen Kunden zu gewinnen, als einen vorhandenen Kunden zu halten. Unternehmen, die sich behaupten und profilieren wollen, haben ihre Position kritisch zu überdenken und neu zu formulieren. Noch einmal: Engagierte Mitarbeiter und zufriedene Kunden sind zwei Seiten derselben Medaille. Denn die Triebkraft des Unternehmenserfolgs sind die Mitarbeiter. Eine ganzheitliche Personalmarketinganalyse eröffnet die Möglichkeit, langfristig und gezielt diese Erfolgspotentiale zu nutzen. Entscheidungen aus der Sicht des Personalmarketings zu treffen, erfordert ein dementsprechendes Konzept. Risiken im Entscheidungsprozeß einzugrenzen und Chancen für die Zukunft sichtbar zu machen, lautet die Devise.

Die Analyse der Kundenzufriedenheit ist damit ein Teil der hier betrachteten Unternehmensqualität. Eine Befragung der Kunden erfaßt nicht nur die Kundenzufriedenheit und Kundenorientierung, sondern erlaubt Rückschlüsse auf das im Unternehmen herrschende Qualitätsbewußtsein. Kundenzufriedenheit als Dialogbrücke erhöht die Kundenbindung, wenn sie als Basis und Informationsquelle für das Handeln genutzt wird. Wichtig für die Bewertung ist es zu erkennen, daß sich auch Kundenzufriedenheit aus den Komponenten Wahrnehmung und Erwartung, Wichtigkeit und Zufriedenheit zusammensetzt. Zu verstehen, was der Kunde als Unternehmensleistung tatsächlich wahrnimmt, ist für den Unternehmenserfolg von entscheidender und grundlegender Bedeutung.

Von zentraler Bedeutung ist auch, die langfristigen Trendveränderungen der Kundenaussagen im Rahmen eines rollierenden Erhebungsprozesses zu erfassen. Bedeutsam für die Wahrnehmung und Beurteilung des Kunden sind Leistungsparameter wie Betreuungsqualität, Liefertreue, Zuverlässigkeit, Auftreten und Erscheinungsbild. Einen eigenen Stellenwert haben Interviews bei Reklamationen und ähnlichen Beschwerden. Eine Analyse der Kundenzufriedenheit hilft auch, Veränderungen bei der Motivation der

Mitarbeiter frühzeitig wahrzunehmen und eröffnet die Möglichkeit, rechtzeitig zu reagieren (*Batz*, 1991, S. 5).

Kundenzufriedenheit ist das Ergebnis eines langfristigen Prozesses. Auch hier zeigt die Erfahrung, daß Einzelaktionen wenig sinnvoll und wirksam sind. Voraussetzung für die geforderte Integration in das Personalmarketing ist die Entwicklung von korrespondierenden Meßgrößen als Indikatoren für die Unternehmensqualität, die erst durch kontinuierliche Anwendung ihre Bedeutung für das Unternehmen voll entfalten können. Das Ziel aller Maßnahmen ist eine möglichst hohe Zufriedenheit durch die erfolgreiche Befriedigung von Bedürfnissen und Anforderungen. Zufriedenheit im eigentlichen Sinne ist nicht meßbar.

Kundenbefragungen dienen ähnlich wie Mitarbeiterbefragungen nicht nur der Informationsgewinnung, sondern senden gleichzeitig ein eindeutiges Signal, und zwar: „Ihre Meinung als Kunde ist uns wichtig." So ist die Kundenbefragung auch Instrument zur Kundenbindung. Doch die Befragung allein ist wertlos, wenn die gesammelten Informationen nicht als Basis für konkrete, vom Kunden wahrnehmbare Veränderungen genutzt werden. Erst durch die Umsetzung in Maßnahmen gelingt es, Erfolgspotentiale im Bereich Kundenorientierung auch wirklich zu realisieren.

Als Beispiel 2 wird ein standardisierter und anwenderfreundlicher Kundenfragebogen beigefügt, der primär durch Ankreuzen beantwortet wird. Dabei ist zu beachten, daß je nach Branche unterschiedliche Themen für den Kunden von Bedeutung sind und dementsprechend Schwerpunkte gesetzt werden müssen. Auf die Interpretation und Auswertung im Zusammenhang mit den Parametern Wichtigkeit und Zufriedenheit wird noch eingegangen.

Beispiel 2: Kundenbefragung s. S. 79–82.

Beispiel 2: Kundenbefragung

Ihre Meinung hat für uns höchste Priorität

Wir sind an Ihrer Meinung über unsere gemeinsame Geschäftsbeziehung sehr interessiert. Sie wissen, wo unsere Stärken, aber auch wo unsere Schwächen liegen. Um Ihr Vertrauen auch zukünftig wieder zu rechtfertigen, möchten wir gerne von Ihnen erfahren, ob wir Ihre heutigen und zukünftigen Erwartungen erfüllen und wie wir sie sogar übertreffen können.

Sie helfen uns, dieses Ziel zu erreichen, indem Sie den beiliegenden Fragebogen beantworten. Deshalb unsere Bitte um 10 Minuten Ihrer Zeit. Länger dauert es bestimmt nicht, um die wenigen Fragen zu beantworten. Bitte beantworten Sie alle Fragen, falls Sie mit dem jeweiligen Bereich Erfahrung haben. Jede Antwort ist wichtig, um das Ziel dieser Studie zu erreichen. Die meisten Fragen oder Kriterien sollen von Ihnen nach der Wichtigkeit und der Zufriedenheit beurteilt werden. Ihre Beurteilung erfolgt auf einer Skala von 1–4.

Wichtigkeit: 1 = sehr wichtig
2 = wichtig
3 = weniger wichtig
4 = unwichtig

Zufriedenheit: 1 = sehr zufrieden
2 = zufrieden
3 = weniger zufrieden
4 = unzufrieden

Bei Ihrer Beurteilung kreuzen Sie einfach die für Sie zutreffende Ziffer an. Bitte bearbeiten Sie in jedem Fall zuerst die Fragen nach der Wichtigkeit, die die Kriterien für Sie haben. Anschließend bewerten Sie bitte den Grad Ihrer Zufriedenheit. Bitte senden Sie den ausgefüllten Fragebogen möglichst innerhalb einer Woche in dem beigefügten Umschlag an uns zurück.

Herzlichen Dank für Ihre Mitarbeit.

---

1. *Welche der nachfolgend genannten Gelegenheiten führten in den letzten zwölf Monaten zu einer Kontaktaufnahme mit unserem Unternehmen?*

   Erwerb eines neuen Produktes ☐
   Erwerb von Produktzubehör ☐
   Informationsgespräch ☐
   Betreuung durch den Service ☐
   Reklamationsgespräch ☐

Beispiel 2: Kundenbefragung (Fortsetzung)

2. *Wie wichtig sind Ihnen die folgenden Aspekte bei Verkaufs- oder Beratungsgesprächen?*

                                                   1 2 3 4

   Erscheinungsbild des Verkäufers   ☐ ☐ ☐ ☐
   Problemverständnis des Verkäufers   ☐ ☐ ☐ ☐
   Engagement des Verkäufers   ☐ ☐ ☐ ☐
   Produktkompetenz des Verkäufers   ☐ ☐ ☐ ☐

3. *Wie zufrieden sind Sie mit diesen Aspekten bei Verkaufs- oder Beratungsgesprächen?*

                                                   1 2 3 4

   Erscheinungsbild des Verkäufers   ☐ ☐ ☐ ☐
   Problemverständnis des Verkäufers   ☐ ☐ ☐ ☐
   Engagement des Verkäufers   ☐ ☐ ☐ ☐
   Produktkompetenz des Verkäufers   ☐ ☐ ☐ ☐

4. *Wie wichtig sind Ihnen die folgenden Serviceleistungen für den wirtschaftlichen Einsatz der erworbenen Produkte?*

                                                   1 2 3 4

   Systematische Bedarfsanalyse   ☐ ☐ ☐ ☐
   Planung und Projektierung   ☐ ☐ ☐ ☐
   Inbetriebnahme und Einweisung   ☐ ☐ ☐ ☐
   Schulung und Training   ☐ ☐ ☐ ☐

5. *Wie zufrieden sind Sie mit den Ihnen von uns angebotenen Serviceleistungen?*

                                                   1 2 3 4

   Systematische Bedarfsanalyse   ☐ ☐ ☐ ☐
   Planung und Projektierung   ☐ ☐ ☐ ☐
   Inbetriebnahme und Einweisung   ☐ ☐ ☐ ☐
   Schulung und Training   ☐ ☐ ☐ ☐

6. *Wie wichtig ist Ihnen ein Informationsaustausch zu folgenden Themen?*

                                                   1 2 3 4

   Informationen über Produktneuheiten   ☐ ☐ ☐ ☐
   Informationen über Anwendungen   ☐ ☐ ☐ ☐
   Informationen über Dienstleistungen   ☐ ☐ ☐ ☐
   Informationen über Produktzubehör   ☐ ☐ ☐ ☐

7. *Wie zufrieden sind Sie mit der tatsächlichen Informationspolitik zu folgenden Themen?*

                                                   1 2 3 4

   Informationen über Produktneuheiten   ☐ ☐ ☐ ☐
   Informationen über Anwendungen   ☐ ☐ ☐ ☐
   Informationen über Dienstleistungen   ☐ ☐ ☐ ☐
   Informationen über Produktzubehör   ☐ ☐ ☐ ☐

Beispiel 2: Kundenbefragung (Fortsetzung)

8. *Wie wichtig sind Ihnen die folgenden Punkte?*

	1	2	3	4
Verhalten und Klima am Telefon	☐	☐	☐	☐
Einhaltung der Termine/Termintreue	☐	☐	☐	☐
Reparaturdauer/Ersatzteilbeschaffung	☐	☐	☐	☐
Qualität der Arbeitsausführung	☐	☐	☐	☐

9. *Wie zufrieden sind Sie mit diesen Punkten?*

	1	2	3	4
Verhalten und Klima am Telefon	☐	☐	☐	☐
Einhaltung der Termine/Termintreue	☐	☐	☐	☐
Reparaturdauer/Ersatzteilbeschaffung	☐	☐	☐	☐
Qualität der Arbeitsausführung	☐	☐	☐	☐

10. *Wie wichtig sind Ihnen die folgenden Service- und Dienstleistungsangebote?*

	1	2	3	4
Erweiterte Garantieleistungen	☐	☐	☐	☐
Service rund um die Uhr	☐	☐	☐	☐
Leasing oder Finanzierung	☐	☐	☐	☐
Praxisnahe Seminare und Schulungen	☐	☐	☐	☐

11. *Wie zufrieden sind Sie in Ihrem Fall mit dem tatsächlichen Angebot?*

	1	2	3	4
Erweiterte Garantieleistungen	☐	☐	☐	☐
Service rund um die Uhr	☐	☐	☐	☐
Leasing oder Finanzierung	☐	☐	☐	☐
Praxisnahe Seminare und Schulungen	☐	☐	☐	☐

12. *Welche Aspekte sind für Sie für eine intensive Zusammenarbeit von besonderer Bedeutung?*
    Produkt ☐
    Service ☐
    Ökologie ☐

13. *Welche der folgenden Aussagen über Ihren Ansprechpartner in unserem Hause treffen zu?*
    Er ist flexibel und stets um mich bemüht. ☐
    Er ist da, wenn ich ihn brauche. ☐
    Er nimmt sich Zeit für meine Probleme. ☐

14. *Wenn Sie an Ihre bisherigen Erfahrungen denken, würden Sie uns weiterempfehlen?*
    ja, uneingeschränkt ☐
    ja, im großen und ganzen ☐
    eher nicht ☐
    bestimmt nicht ☐

Beispiel 2: Kundenbefragung (Fortsetzung)

15. *Ihre Anregungen, Hinweise und Wünsche sind uns sehr willkommen. Wir sind an Ihren Vorschlägen zu weiteren Verbesserungen oder auch zu neuen Dienstleistungen besonders interessiert.*

   _____
   _____
   _____
   _____
   _____

16. *Bitte geben sie uns noch einige Informationen:*

   In welcher Branche sind Sie tätig?

   Produzierendes Gewerbe ☐
   Dienstleistung ☐
   Öffentliche Verwaltung/Verbände ☐
   Handel ☐

   Wie viele Mitarbeiter hat Ihr Unternehmen? ☐

   Nennen Sie uns bitte Ihren Namen und Ihre Adresse (diese Angaben sind freiwillig):

   _____
   _____
   _____
   _____

   Wären Sie auch zu einem persönlichen Gespräch in Ihrem Hause bereit?
   Ja ☐
   Nein ☐

2.6 Analyse der Mitbewerber – Benchmarking

Auch für das Personalmarketing gilt, daß es sich im Vakuum unternehmenseigener Ideen nicht weiterentwickeln kann. Klare Signale für Erfolg oder Mißerfolg sind auch durch externe Informationen nur schwer zu empfangen. Dennoch gibt es keinen

Ersatz für den systematischen internen und externen Vergleich mit Mitbewerbern. Ausgehend von einer Analyse und Bewertung der vorhandenen Personalinstrumente und Maßnahmen können vorhandene Prozesse verstanden und eigene Bezugspunkte definiert werden. So ist es möglich, die eigenen Aktivitäten im Vergleich zum Wettbewerb zu bemessen oder zu beurteilen.

Diese auch als Benchmarking bezeichnete Analyse ist ein Blick auf externe Konzepte, Instrumente und Maßnahmen, um eigene Verbesserungen zu realisieren. Ein solches Benchmarking läßt sich auf jeder Ebene des Personalmarketings realisieren. Ergebnis ist die „Kunst, attraktive und effiziente Arbeitsbedingungen zu analysieren, zu gestalten und zu kommunizieren" (*Wunderer*, 1991, S. 119).

Dem Prozeß des Benchmarking (*K.H.J Leibfried/C.J. McNair*, 1993, S. 25) kommt demnach im Rahmen der Informationsbeschaffung für das Personalmarketing eine zentrale Bedeutung zu, denn die Analyse des Verhaltens der relevanten Mitbewerber ist Bindeglied und Kern zugleich. Die Objektivierung der Einschätzung eigener Stärken und Schwächen ist das Ziel. Nur wer den eigenen Horizont erweitert, hat langfristige und strategische Vorteile.

Jeder Mitarbeiter hat andere Bedürfnisse, deren Erfüllung er erwartet. Ein grundsätzlicher Ausgleich dieser Ansprüche ist kaum möglich ohne Informationen über die tatsächliche Bedürfnisstruktur und die Möglichkeiten, das gegenwärtige Leistungsniveau zu erhöhen. Solche Fragen können nicht am grünen Tisch oder aus dem Elfenbeinturm beantwortet werden, sondern nur in einer agilen und realen Welt. Veränderungsprozesse einzuleiten bedeutet, über den Zaun, also über das eigene Unternehmen, hinauszublicken, Leistungsvergleiche mit anderen Unternehmen durchzuführen und so von ihnen zu lernen.

Ziel ist nicht das Kopieren von bereits Bestehendem, sondern die Bestleistung im Bezug auf Kunde, Mitarbeiter und Umwelt. Differenzierung heißt die Devise. Dies zu erreichen bedeutet, weit über die altbewährten Dinge hinauszugehen und nach neuen Wegen zu suchen. Eine große Herausforderung liegt in der Entscheidung für einen Weg, der unbequem ist. Benchmarking stellt die nötigen Hilfsmittel bereit; über die Zuteilung von Ressourcen und die strategische Ausrichtung des Personalmarketings ist damit noch nicht entschieden.

Anhand des als Beispiel 3 (s. S. 84) beigefügten Fragenkataloges werden einige Grundüberlegungen für ein personalwirtschaftlich orientiertes Benchmarking herausgearbeitet.

Beispiel 3: Analyse der Mitbewerber (Benchmarking)

1. **Wie sind die einzelnen Elemente des Personalmarketings der relevanten Mitbewerber gestaltet?**

   o Welches Managementkonzept wird realisiert?
   o Gibt es eine offene und sanktionsfreie Kommunikation?
   o Welches Führungskonzept ist vorgesehen?
   o Wie wird die Personalgewinnung realisiert?
   o Wie intensiv ist die Öffentlichkeitsarbeit?
   o Welchen Umfang hat die Personalentwicklung?
   o Gibt es leistungsabhängige Vergütungssysteme?
   o Wie wird die Personalbeurteilung durchgeführt?
   o Gibt es das Instrument des Mitarbeitergesprächs?
   o In welcher Form wird das Personalcontrolling umgesetzt?

2. **Welche Besonderheiten zeigt das Personalmarketing des Mitbewerbers im Vergleich zum eigenen?**

3. **Welche Vorzüge offeriert der relevante Mitbewerb faktischen und potentiellen Mitarbeitern?**

4. **Welche Mitbewerber haben ein besonders innovatives Personalmarketingkonzept?**

5. **Welche „modernen" Instrumente der Personalarbeit setzt der Mitbewerb tatsächlich in die Praxis um?**

6. **Welche Mitarbeitergruppen werden vom relevanten Wettbewerb intensiv umworben?**

7. **Welchen Stellenwert hat das Personalmarketing in der Unternehmensstrategie des Mitbewerbs?**

8. **Welche Strukturen hat das Personalmarketing bei den relevanten Wettbewerben?**

9. **Welche Personalmarketingkonzepte sind in der aktuellen Diskussion?**

2.7 Ergebnisauswertung und -umsetzung

Die dargestellten Analyseinstrumente sind, wie Abb. 26 zeigt, als Teil eines Prozesses zu verstehen, welcher von der Formulierung des Problems über die Interpretation der Daten bis zur Umsetzung in Strategien, Maßnahmen und Aktivitäten reicht.

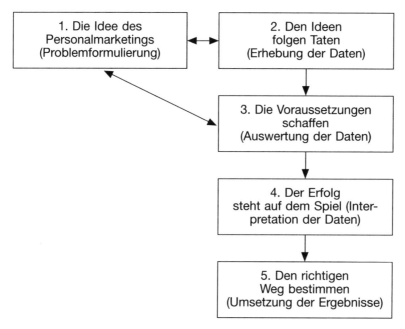

Abb. 26: Informationsbeschaffung als Impulsgeber für die Personalmarketingkonzeption

Die Auswertung der standardisierten Fragebogen zur Mitarbeiter- und Kundenbefragung sollte mittels Standardsoftware, beispielsweise SPSS (*Brosius*, 1988, S. 26) erfolgen. Bei einem sehr kleinen Stichprobenumfang kann die Auswertung auch manuell durchgeführt werden. Dann sollten die folgenden Phasen eingehalten werden:

Phase 1: Die ausgefüllten Fragebogen werden nach für den Untersuchungszweck sinnvollen Kategorien gruppiert. Nur so lassen sich später signifikante Unterschiede ermitteln.

Phase 2: Bei Fragen ohne Skalierung ist eine einfache Häufigkeitsermittlung vorzunehmen. Zur besseren Darstellung sollten Sie die Ergebnisse im Anschluß in Prozentwerte umrechnen.

Phase 3: Bei den Variablen zur Wichtigkeit entspricht der Index der durchschnittlichen Wichtigkeit bei manueller Häufigkeitsauszählung dem gewogenen arithmetischen Mittel.

Phase 4: Bei den Variablen zur Zufriedenheit entspricht der Index der durchschnittlichen Zufriedenheit bei manueller Häufigkeitsauszählung dem gewogenen arithmetischen Mittel.

Phase 5: Die Abweichungsanalyse zwischen beiden Größen (Differenz zwischen Wichtigkeit und Zuriedenheit) zeigt den möglichen Handlungsbedarf auf (GAP-Analyse).

Damit die Analyseergebnisse so präsentiert werden können, daß sie als Handlungsempfehlungen umsetzbar sind, ist eine anschauliche Darstellung notwendig. Die Ergebnisse der GAP-Analyse können wie in den Abb. 28 und 29 dargestellt werden. Dabei gibt die Größe des GAP (Differenz zwischen Wichtigkeit und Zufriedenheit) die jeweilige Situation an. Ist das GAP negativ, so ist die Wichtigkeit größer als die Zufriedenheit mit diesem Aspekt. Je größer ein negatives GAP, desto akuter ist der Handlungsbedarf. Negative GAPs sind aber auch als Chance und Möglichkeit zu interpretieren im Sinne von Bereichen, in denen man sich zukünftig profilieren kann. Hingegen zeigt ein positives GAP eine Situation an, in der nicht nach Alternativen gesucht wird.

Dem Grundsatz, daß der Analyse und der Diagnose eine wirksame Therapie folgen muß (Abb. 27), soll in den folgenden Kapiteln Rechnung getragen werden.

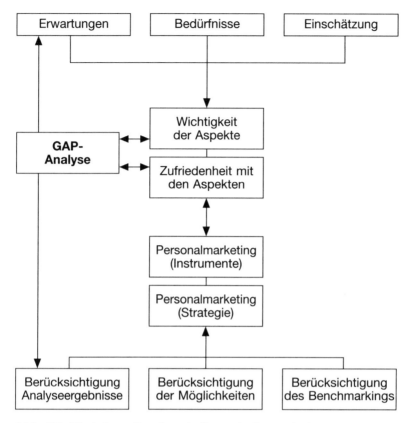

Abb. 27: Die Informationsbeschaffung als Strategieelement

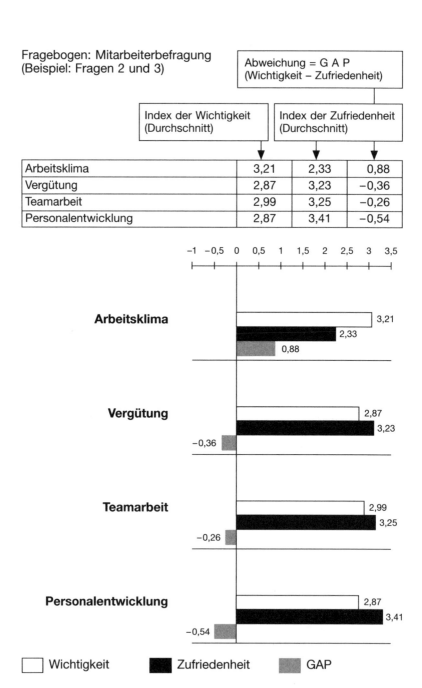

Abb. 28: Auswertungsbeispiel Mitarbeiterbefragung

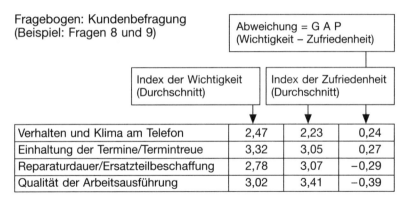

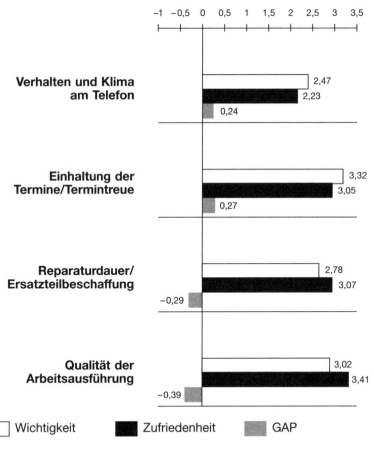

Abb. 29: Auswertungsbeispiel Kundenbefragung

3. Qualität statt Quantität – die Personalmarketingstrategie

Schon seit langem wird von einem allgemeinen Wertewandel in der Gesellschaft gesprochen. Die gravierenden technologischen Veränderungen erhöhen den Wettbewerbsdruck und die Dynamik im Markt. Neue Wertevorstellungen werden entwickelt, und die Bedürfnisstrukturen werden differenzierter. Die Dimensionen Arbeit und Berufstätigkeit, Leben und Freizeit, Umwelt- und Wirtschaft befinden sich in einem tiefgreifenden Wandlungsprozeß. Mitarbeiter erwarten eine Partizipation an Entscheidungsprozessen und fragen nach dem Sinn und Zweck ihrer Arbeit. Sie fordern stärkere Rücksichtnahme auf den Schutz von Mensch und Umwelt. Gleichzeitig steigt auch das Qualitäts- und Umweltbewußtsein der Kunden. Qualität muß nicht nur definiert, nicht nur gesichert, sondern auch ständig verbessert werden.

Die Herausforderung für das Personalmarketing liegt in einem Prozeß der Bewußtseinsbildung, denn es geht um einen ganzheitlichen Reifungsprozeß und ein neues Verständnis für Personalverantwortung. Die Situation für das Management hat sich sehr gewandelt. Heute sind die Anforderungen an die Führung viel, viel anspruchsvoller geworden. Der Qualitätsgedanke ist Teil der allgemeinen Führungsaufgabe. Die Qualität und damit auch der Erfolg eines Unternehmens hängen in hohem Maße vom Engagement der Führungskräfte und vom Mitmachen der Belegschaft ab. Aus diesem Grunde läßt sich die Vorbildfunktion der Unternehmensleitung durch kein noch so ausgefeiltes System ersetzen. Diese Überlegungen bilden eine wichtige Grundlage der Personalmarketingstrategie. Sie müssen in allen Bereichen des Personalmarketings in Planungen und Maßnahmen umgesetzt werden und dürfen nicht auf dem Papier stehenbleiben. Die hier zugrunde gelegte Qualitätsdefinition ist sehr komplex und bedarf daher zunächst einiger Erläuterungen.

Nicht ein Produkt oder Service allein, sondern die Summe aller am Markt angebotenen und wahrnehmbaren Einzelleistungen (Produkte, Informationen, Services, Know-how und Interaktionen zwischen Mitarbeitern und Kunden) konstituieren die Qualität im Unternehmen. In diesem Zusammenhang sei darauf hingewiesen, daß ein Unternehmen nicht mit einer einzigen Qualitätsdefinition auskommen kann, sondern im Verlauf der Wertschöpfungskette die Qualität differenziert betrachten muß. Qualität als Wettbewerbsfaktor ist gemäß der hier vertretenen Sichtweise nur durch eine Realisierung von Werte-, Prozeß-, und Ergebnisqualität zu erreichen. So wird die Qualität innerhalb des Unternehmens erst durch die Ermittlung von Soll- und Istgrößen für Werte, Prozesse und Ergebnisse definierbar, wobei man die Sollqualitäten als Entwurfsqualität, die tatsächlichen Qualitäten als Ausführungsqualität bezeichnet.

Für die Realisierung von Wettbewerbsvorteilen durch Qualität ist zudem von entscheidender Bedeutung, wie die Qualität außerhalb und auch innerhalb des Unternehmens wahrgenommen wird und welche Erwartungen an Qualität bestehen. Zu verstehen, was als Qualität tatsächlich wahrgenommen wird, ist für den Unternehmenserfolg deshalb von entscheidender und grundlegender Bedeutung. Die Wahrnehmung der Qualität beruht auf vier Faktoren:

o der tatsächlichen Qualität,
o den Kenntnissen über die Qualität,
o dem Qualitätsprofil, das nach außen hin verbreitet wird,
o dem marktüblichen Qualitätsniveau.

Wahrnehmung und Leistung können, aber müssen nicht übereinstimmen. Die Erwartungen basieren ebenfalls auf vier Faktoren:

o dem Qualitätsniveau, das zwingend erforderlich ist,
o dem Qualitätsniveau, das man für erforderlich hält,
o dem Qualitätsniveau, das versprochen wurde,
o dem Qualitätsniveau, worauf man Anspruch zu haben glaubt.

In bezug auf das Verhältnis des einzelnen Mitarbeiters zum Unternehmen hat in den letzten Jahren ein grundlegender Wandel stattgefunden. Es wird zunehmend darauf geachtet, ob das Verhältnis von Leistung und Gegenleistung gerecht ist, der individuelle Einsatz wird dementsprechend stärker abgewogen dosiert. Das Unternehmen wird oftmals als ein aus sich selbst heraus bestehendes Gebilde betrachtet – Organisation als Selbstzweck – dem der einzelne Mitarbeiter mehr oder weniger fremd gegenüberstehen kann. Dabei gerät allzuleicht in Vergessenheit, daß das Unternehmen in allererster Linie die Summe aller Mitarbeiter darstellt. Und diese Mitarbeiter schaffen die Grundlage für den Erfolg des Unternehmens und damit die Basis für die Chancen des einzelnen, daß sein Engagement für Qualität auch wieder zurückwirkt auf die Qualität seiner eigenen individuellen Entwicklung und seiner Arbeitszufriedenheit. Diese Wechselwirkungen bilden den Kern der Integration von individuellem Bekenntnis zu Leistung und Qualität und individueller Erwartung an Entwicklung. Das eine ist ohne das andere nicht denkbar. Diese Zusammenhänge sind jedoch noch recht wenig erforscht.

Eine gewisse Orientierung zur Bewertung der Unternehmensqualität ermöglichen die Kriterien (deutsche Übersetzung) des Malcolm Baldrige National Quality Award oder des European Quality Award (Tabelle 4 und Abb. 30). Unternehmen können diese Kategorien aufgreifen, wenn sie sich für die entsprechenden Auszeichnungen bewerben oder sie auch unabhängig davon für die Eigenbewertung benutzen.

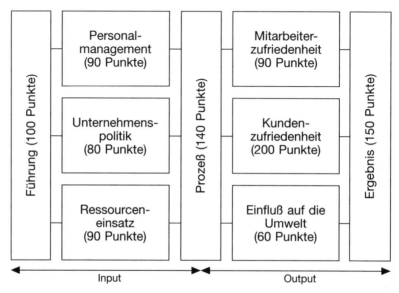

Abb. 30: Der Europäische Qualitätspreis (Kriterien 1996)

Anhand einer solchen Bewertung gemäß dieser oder anderer Kriterien kann man überprüfen, inwieweit die Verteilung der Bewertungspunkte dem eigenen Istkonzept und den daraus abgeleiteten Zielsetzungen entspricht und ob entsprechende Korrekturen erforderlich sind. Die Zertifizierung nach ISO 9000 ff bietet dagegen für die hier vertretene Sichtweise wenige oder keine Orientierungspunkte. Denn was da zertifiziert wird, ist das Qualitätsmanagement als Dokumentation. Das Ganze natürlich streng hierarchisch aufgebaut, von der Unternehmensleitung bis zum Pförtner. Der Begriff Mitarbeiter kommt übrigens in kaum einer Norm explizit vor.

Tabelle 4: Malcolm Baldrige National Quality Award
(Kategorien der Unternehmensqualität)

Qualitätskategorien	Maximalpunkte
1.0 Führung	**100**
1.1 Führungsqualität der Unternehmensleitung	40
1.2 Qualitätsstandards der Führung	15
1.3 Qualitätsmanagement	25
1.4 Verantwortung gegenüber der Öffentlichkeit	20
2.0 Information und Analyse	**70**
2.1 Management von Qualitätsinformationen	20
2.2 Wettbewerbsvergleiche und Benchmarks	30
2.3 Analyse von Qualitätsdaten und -informationen	20
3.0 Strategische Qualitätsplanung	**60**
3.1 Strategischer Qualitätsplanungsprozeß	35
3.2 Qualitätsziele und -pläne	25
4.0 Mitarbeiterorientierung	**150**
4.1 Personalmanagement und -arbeit	20
4.2 Mitarbeiterintegration und -partzipation	40
4.3 Aus- und Weiterbildung, Training	40
4.4 Mitarbeiter- und Leistungsbeurteilung	25
4.5 Arbeitsklima und Mitarbeitermotivation	25
5.0 Qualitätssicherung bei Produkten und Dienstleistungen	**140**
5.1 Qualitätsdesign von Produkten und Dienstleistungen	35
5.2 Kontrolle der Prozeßqualität	20
5.3 Kontinuierliche Verbesserung der Prozeßqualität	20
5.4 Qualitätsbewertung und -überwachung	15
5.5 Dokumentation	10
5.6 Geschäftsprozeßqualität und Servicequalität	20
5.7 Qualitätsstandards	
6.0 Qualitätsergebnisse	**180**
6.1 Erreichte Produkt- und Leistungsqualität	90
6.2 Erreichte Geschäftsprozeß- und Servicequalität	50
6.3 Qualitätsergebnisse	40
7.0 Kundenzufriedenheit	**300**
7.1 Bestimmung der Kundenerwartungen	30
7.2 Kundenorientiertes Beziehungsmanagement	50
7.3 Servicestandards	20
7.4 Verantwortlichkeit gegenüber dem Kunden	15
7.5 Beschwerdemanagement zur Qualitätsverbesserung	25
7.6 Bestimmung der Kundenzufriedenheit	20
7.7 Ergebnisumsetzung der Kundenzufriedenheit	70
7.8 Kundenzufriedenheitsvergleiche	70
Gesamtpunktzahl:	**1000**

Die hier bisher angestellten Überlegungen in bezug auf die Qualität eines Unternehmens können nicht ohne Auswirkungen auf strategische Überlegungen im Rahmen des Personalmarketings bleiben. Denn: Mit der Strategie soll eine langfristige und dauerhafte Existenzsicherung des Unternehmens erreicht werden. Dabei ist die Erkennung und Beseitigung von zukünftigen Engpässen genauso wichtig wie die optimale Nutzung aller Potentiale und Ressourcen zur Erreichung der Sach- und Formalziele. Wer sich Qualität auf seine Fahnen schreibt, muß seine Strategie auch danach ausrichten.

Strategien lassen sich charakterisieren durch Umwelt- und Zukunftsorientierung, Ganzheitlichkeit sowie Ziel- und Mittelorientierung. Sie sind eine Perspektive, ein Handlungsmuster und Plan und umfassen demnach sowohl Ziele als auch Mittel und Wege zu deren Erreichung. Vor allem aber muß die Strategieentwicklung Antworten auf folgende Fragen liefern:

o Welches sind die aktuellen Herausforderungen?
o Haben wir Konzepte für die Zukunftsbewältigung?
o Welche Zukunftsqualifikationen sind erforderlich?
o Welche neuen Anforderungen sind zu erwarten?
o Wie gestaltet sich die Nachwuchsplanung?
o Wie prägt der Qualitätsgedanke unser Handeln?
o Wie sieht die Personalbedarfsplanung aus?
o Welche Innovationen sind zu erwarten?
o Welche Führung ist für den Erfolg erforderlich?
o Ist das Managementsystem zeitgemäß und effizient?
o Wie läßt sich der Entwicklungsbedarf zusammenfassen?
o Welche Entwicklungsmaßnahmen sind notwendig?

Auf den folgenden Seiten sollen nun Denkanstöße zur Beantwortung dieser Fragen gegeben werden.

3.1 Prozeßorientierung als Herausforderung

Wie kommen Spitzenleistungen zustande, und wie können sie erhalten werden? Der Schlüssel für Spitzenleistungen liegt in einem prozeßorientierten Unternehmenskonzept. Erfolgreiche Unternehmen unterscheiden sich von weniger erfolgreichen durch eine ganzheitliche Betrachtungsweise. Ganzheitlich heißt, alle Maßnahmen und Aktivitäten entlang der Wertschöpfungskette werden auf das gemeinsame Ziel der Qualität ausgerichtet. Die Wertschöpfungskette geht dabei über Unternehmensgrenzen hinaus und integriert Lieferanten und Kunden. Im Mittelpunkt stehen der

Kunde und der Prozeß, wie sein Anliegen befriedigt wird. Kunden finden sich sowohl innerhalb als auch außerhalb des Unternehmens. Die funktionale Organisation wird überlagert von einer flexiblen Prozeßorganisation, deren Prozeßverantwortliche priorisierte Kompetenzen und Verantwortungen haben. Eine solche Sichtweise führt zu dem folgenden normativen Orientierungsrahmen der Personalmarketingstrategie:

Der interne Kunde bestimmt die Anforderungen

Die Wertschöpfungskette wird in überschaubare Prozeßphasen gegliedert, deren Ergebnis die Mitarbeiter vollständig inhaltlich erarbeiten und als abgeschlossene meß- und bewertbare Ergebnisse an die nachfolgende Prozeßstufe – als Kunden im Unternehmen – weitergeben.

Qualität ist Bewußtseinsprozeß

Es gilt, das Qualitätsbewußtsein eines jeden Mitarbeiters so zu entwickeln, daß jeder eigenständig oder im Team eine ganzheitliche Leistung im Sinne des Qualitätsgedankens vollwertig und ohne Kontrolle durch Vorgesetzte erbringen kann.

Die Beteiligung aller Mitarbeiter ist der Weg zum Ziel

Alle Mitarbeiter werden kontinuierlich über die Ziele und Ergebnisse des Unternehmens sowie die ihrer eigenen Arbeit im Vergleich zum relevanten Wettbewerber informiert und durch entsprechende materielle und immaterielle Anreize dazu ermutigt, Wege zum Erreichen höhergesteckter Ziele zu finden.

Information und Vertrauen spielen eine Schlüsselrolle

Die Information der Mitarbeiter ist der Schlüssel zum Erfolg. Ein zentraler Faktor ist dabei die umfassende Verfügbarkeit aller operativ relevanten Informationen auf allen Stufen und Funktionen und deren gezielter Einsatz als Entscheidungsgrundlage.

Führung als Dienstleistung – ein neues Verständnis

Nur wenn jeder im Unternehmen die Führungsstrukturen kennt, ist eine abteilungsübergreifende, laterale und vertikale Zusammenarbeit möglich. Führung ist Dienstleistung, nur so werden Entscheidungen transparent und können schnell und unbürokratisch ausgeführt werden.

Ausgehend von dem Gedanken, daß Personalmarketing im Rahmen einer Prozeßorientierung nicht Funktion oder Institution, sondern Denk- und Handlungskonzept ist, ergeben sich die grundlegenden Aufgabenstellungen. Programme und Instrumente des Personalmarketings sind für das betriebliche Personalmanagement nicht immer neu. Sie stehen jedoch grundsätzlich in einem anderen, prozeßorientierten Zusammenhang, werden anders akzentuiert und effizienter eingesetzt. Personalmarketing bleibt also nicht beim Aufzeigen von Einzelalternativen stehen, sondern integriert alle Elemente zu einem in sich geschlossenen Gesamtkonzept.

Erreicht wird dies durch Überdenken und Verändern von Prozessen im Personalbereich. Tabus darf es bei der Durchführung nicht geben, ebensowenig wie man auf die Erbhöfe einzelner Manager Rücksicht nehmen sollte. Wichtig ist außerdem, daß Personalmarketing letztendlich auch Abteilungs- oder Bereichsgrenzen überwinden muß, als Entwicklungsprozeß verstanden wird und so Mitarbeiter aus allen Funktionsbereichen bei der Neuorientierung zusammenwirken.

3.2 Aspekte eines dynamischen Managementsystems

Dynamische Märkte, technischer Fortschritt und beruflicher Wandel sind eng miteinander verbunden. Die wachsenden Anforderungen als Folge der immer schneller werdenden Wissensentwicklung erfordern klare Wert- und Orientierungsmaßstäbe. Neue Führungsstrukturen und Managementsysteme zeichnen sich ab, vieles muß aber erst erarbeitet werden. Führungskräften und Mitarbeitern fällt dabei eine gravierende Rolle zu. Ein dynamisches Managementsystem (Abb. 31) bildet die Grundlage einer marktorientierten Personalverantwortung.

Gemeinsame Entwicklungsprozesse über längere Zeiträume führen bei den Mitarbeitern zu vielen Gemeinsamkeiten, z. B., wie man Unternehmensqualität definiert, wie man Know-how entwickelt und auch, wie man miteinander umgeht. Dies alles sind Dinge, die sich bewährt haben und die im Rahmen der Entwicklung zu einer gewissen Selbstverständlichkeit geworden sind, es sind Denk- und Verhaltensweisen, die man verinnerlicht hat und die in der Regel nicht mehr hinterfragt werden. Dieses ganze System aus Denkwei-

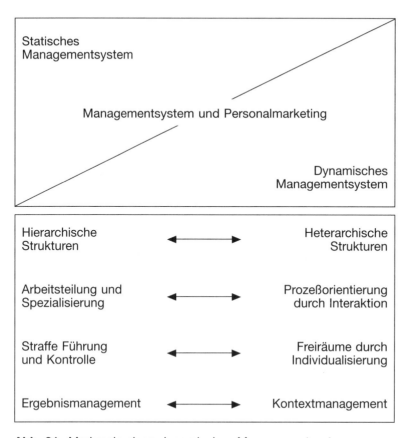

Abb. 31: Merkmale eines dynamischen Managementsystems

sen und Philosophien, Grundsätzen, Handlungsprogrammen und Instrumenten, das die eigentliche Erfolgsbasis eines Unternehmens ausmacht, soll hier als Managementsystem bezeichnet werden.

Es wird immer wichtiger, Veränderungen der Forderungen und Erwartungen von seiten der Mitarbeiter frühzeitig zu erkennen und darauf zu reagieren. Mitarbeiter mit hohem Ausbildungsniveau setzen sich ehrgeizige Leistungs-, Entwicklungs- und Karriereziele. Das stellt verantwortungsbewußte Führungskräfte vor die Aufgabe, den Mitarbeitern im Unternehmen über transparente Strukturen und persönliche Entwicklungsmöglichkeiten die vorhandenen Zukunftschancen aufzuzeigen. Qualifizierte und erfolgreiche Mitarbeiter wollen offen informiert sein. Zielgruppenorientierte Kommunikation verhilft zu erfolgreicher Führung, unzureichende Kommunikation führt dagegen zu Attraktivitäts- und Akzeptanzverlusten.

Die zwingende Notwendigkeit der Dynamisierung des Managementsystems ist keine zeitlich beschränkte Entwicklung. Vielmehr muß die strategische Ausrichtung des Personalmarketings einer generellen Tendenz zum Wandel vieler herkömmlicher Muster entsprechen. Nichts ist beständiger als der Wandel. Veränderungen werden zunehmend zur Konstante des beruflichen Alltags in allen Bereichen. Sich diesem Zeichen der Zeit zu öffnen bedeutet auch, externe Einflüsse und Tendenzen zu berücksichtigen.

Im Rahmen des Personalmarketings ist grundsätzlich die interne Potentialerhaltung (Entwicklung, Vergütung, Beurteilung) mindestens ebenso bedeutsam wie die externe Potentialgewinnung (Rekrutierung). Der vielfach überbetonte externe Aspekt (*Wunderer*, 1991, S. 124) bildet somit sicherlich nicht die alleinige Basis für einen ganzheitlichen Personalmarketingansatz und reduziert die Diskussion auf ein reines Beschaffungs-(Personal-)marketing. Die Schwierigkeit, die Personalmarketingphilosophie auch auf den internen Arbeitsmarkt zu übertragen oder gar anzuwenden, ist sicherlich ein Indiz dafür, daß immer noch in Kategorien des Ergebnismanagements und nicht in Kategorien des Kontextmanagements gedacht wird. Viele Unternehmen sind nach wie vor in ihren Strategien zu einseitig ausgerichtet. Dabei liegt der Erfolg gerade in den Gegensätzen, im „sowohl als auch, statt entweder oder". Insgesamt ist also zu fordern, Aspekte des internen Personalmarketings noch stärker zu beachten und zu diskutieren. Nur so kann Personalmarketing auch glaubhaft kommuniziert und umgesetzt werden.

Ein modernes Demokratieverständnis und gesteigertes Selbstbewußtsein haben tradierte Handlungsnormen und Verhaltensweisen verändert. Das äußert sich vor allem in dem Streben nach einer sinnvollen Tätigkeit unter attraktiven Arbeitsbedingungen in einem motivationsfördernden Arbeitsklima. Mit diesem Streben geht immer die Erwartung einer individuellen Behandlung und Respektierung der Person einher. Der Wunsch nach Handlungsfreiräumen, in denen die berufliche Entfaltung zugleich die Persönlichkeit entwickeln kann, ist größer geworden.

Diese allgemeinen Vorstellungen, die einerseits auch auf den Wert- und Normvorstellungen der zu den Willensbildungszentren gehörenden Personen beruhen, und andererseits beeinflußt sind durch gesamtgesellschaftliche Entwicklungstendenzen und deren Einschätzung, sollen als Personalmarketingphilosophie bezeichnet werden (Abb. 32). Grundsätzlich gehören dazu auch Wertvorstellungen ethischer und moralischer Art, die als Rahmenbedingungen der Politik zu charakterisieren sind. Die Entscheidungen über das allgemeine Zielsystem und die einzuhaltenden Verhaltensnormen stellen eine wesentliche Basis für die sukzessive Ableitung der Politik dar. Probleme dürften sich immer dann ergeben, wenn die Personalmarketingphilosophie und das zugrundeliegende Menschenbild nicht erkennbar werden, so daß in der allgemeinen Diskussion um angestrebte Werte, Normen und Verhaltensweisen nichtssagende Begriffe vorherrschen und das Menschenbild, aus welchen Gründen auch immer, zwischen den Zeilen abgehandelt wird.

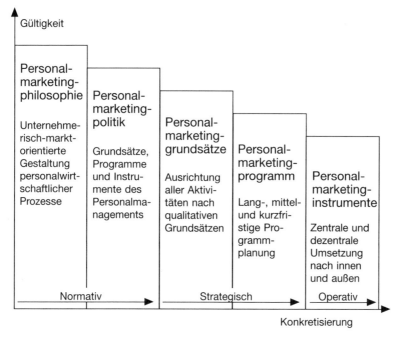

Abb. 32: Normative, strategische und operative Elemente eines Managementsystems (nach *Ulrich*, 1970, S. 328)

Die Personalmarketingphilosophie symbolisiert eine Denkhaltung, die idealerweise ihre Verwirklichung im Umgang mit den Mitarbeitern erfährt. Die Mitarbeiter werden sensibilisiert für die eigentlichen Prioritäten. Dies beeinflußt alles, was im Unternehmen geschieht. Die aus der Personalmarketingphilosophie abgeleitete

Politik beinhaltet die normativen Anforderungen an die Grundsätze, Programme und Instrumente. Auf der Basis einer umfassenden und systematischen Analyse von Motiven und Bedürfnissen sind diese normativen Anforderungen zu formulieren. Diese könnten beispielsweise Integration, Interaktion oder Individualisierung lauten. Konkrete strategisch orientierte Handlungsempfehlungen lassen sich den aus der Politik abgeleiteten Programmen und Instrumenten entnehmen. Grundsätze und Programme eines Managementsystems können niemals dezentrale Entscheidungsprozesse ersetzen. Sie sollen diese aber vor allem unterstützen und erleichtern.

Besondere Bedeutung dürfte die Frage haben, bis zu welchem Grad die Mitarbeiter bei der systematischen und planmäßigen Herausbildung unternehmenspolitischer Vorstellungen beteiligt werden. Die Alternative, die sich aus personalmarketingorientierter Sicht als sinnvoll herauskristallisiert, ist gekennzeichnet durch eine offene Kommunikation mit allen Mitarbeitern bei allen für die Gesamtorganisation folgenreichen Entscheidungen, so daß das Unternehmen im weitesten Sinne zu einer gesellschaftlichen Veranstaltung wird.

Viele Managementsysteme gehen ausschließlich von der Einschätzung der Marktchancen und der Erstellung eines Stärken-Schwächen-Profils aus, um daraus abgeleitet die zukünftigen Aktionsfelder und strategischen Schwerpunkte zu definieren. In dieses Konzept gehen oftmals nur Marktdaten und fachspezifische Gesichtspunkte ein, die als sogenannte harte meßbare Faktoren erkennbar sind. Mentalitäten und Einstellungen der Mitarbeiter, ihre Fähigkeit und Bereitschaft, strategische Herausforderungen anzunehmen und mitzutragen, bleiben zumeist außerhalb der Diskussion. Die Betrachtung erfolgreicher Unternehmen zeigt, daß ihre Überlegenheit meist auf der Einbeziehung beider Arten von Faktoren basiert. Das heißt, erfolgreiche Unternehmen weisen zwar vielleicht bessere Produkte, einen hervorragenden Service, vor allen Dingen aber ein besseres und dynamischeres Managementsystem auf. Diese Unternehmen sind so in der Lage, eine hohe Entscheidungsqualität zu realisieren. Diese Entscheidungsqualität kann durch schriftlich formulierte Leit- oder Grundsätze, die die grundsätzliche Ausrichtung aller Aktivitäten reflektieren und anzeigen, unterstützt werden. Das wichtigste aber ist, daß sie im Bewußtsein aller Führungskräfte und Mitarbeiter verankert ist.

Herkömmliche Managementsysteme mit einfachen linearen Denkschemata sind für den Umgang mit komplexen und dynamischen Rahmenbedingungen denkbar ungeeignet. In der Vergangenheit reichten Effizienz und Problemlösungskompetenz aus, um erfolgreich zu sein. Effizienz kann durch Methodik, Disziplin und Motivation sichergestellt werden. Problemlösungskompetenz erreicht man mit analytischen Instrumenten. Diese Fähigkeiten lassen sich verfeinern und verbessern. Aber genau dasselbe nur besser zu machen, reicht nicht mehr. Es wird darauf ankommen, das Richtige zur richtigen Zeit zu tun und dort Möglichkeiten zu erkennen, wo andere nicht einmal suchen. Gemeinsam ist all diesen Betrachtungen die Erkenntnis, daß ein solcher (Lern-)Prozeß ganzheitlich ist: komplex und vernetzt, dynamisch und offen. Hier wird also von einem Personalmarketingkonzept ausgegangen, das versucht, Prozesse zu erfassen und zu interpretieren. Bei allen Überlegungen sollte man sich bewußt sein, daß ein erfolgreicher Veränderungsprozeß nicht per Richtlinien, sondern nur unter Einbeziehung aller Betroffenen zu bewerkstelligen ist.

Die Erarbeitung eines dynamischen Managementsystems erfolgt analog zur Vorgehensweise bei der Entwicklung von Unternehmens- oder Geschäftsfeldstrategien. Je stärker die eigene Wettbewerbsposition, desto größer ist sicherlich der Spielraum für entsprechende Optionen. Ein starkes Unternehmen in einer Wachstumsbranche kann z. B. wählen, ob es durch ein attraktives Managementsystem Branchenführer in diesem Bereich werden möchte, indem es gezielt qualifiziertes Personal von Wettbewerbern abwirbt oder indem es durch systematische Personalentwicklung im eigenen Unternehmen für entsprechendes Potential sorgt. Schwache Wettbewerber verfügen dagegen über weniger Auswahlmöglichkeiten und müssen ihren eigenen kreativen Weg suchen, um dennoch wettbewerbsfähiges Personalmarketing zu betreiben.

Die Gestaltung und Realisation eines dynamischen und umfassenden Managementsystems kostet viel Zeit. Sie muß auf eine breite Basis gestellt und partizipativ entwickelt werden. Personalmarketingphilosophie, -politik und -grundsätze sind wesentliche Bestandteile dieses umfassenden Konzepts, die nicht nur auf dem Papier, sondern vor allem in den Köpfen der Mitarbeiter festgeschrieben sein müssen. Ein dynamisches Managementsystem kann jedoch nie losgelöst von allgemeinen unternehmensstrategischen Überlegungen entwickelt und implementiert werden, die auch in die Richtung gehen können, Personalmarketing als neuen Unternehmensgedanken zu etablieren. Ebenso ist Kompatibilität über das gesamte Zielsystem des Unternehmens anzustreben.

Die Abstimmung aller zentralen Unternehmensfunktionen in einem dynamischen Managementsystem hat in der Unternehmensleitung zu erfolgen, in der auch das Personalwesen gleichberechtigt vertreten sein muß. Die konzeptionelle Ausrichtung der Grundsätze, Programme und Instrumente gehört sicherlich zum Aufgabengebiet der zentralen Personalabteilung. Sie kann auch bei einem stark dezentralisierten Personalmarketingkonzept nicht der Linie überlassen werden. Im Kern sind dabei die folgenden Funktionen von Bedeutung:

o **Personalfunktionen**
   z. B.: Rekrutierung, Vergütung, Entwicklung
o **Führungsfunktionen**
   z. B.: Kommunikation, Kooperation, Delegation
o **Managementfunktionen**
   z. B.: Information, Organisation, Disposition

Das Personalmarketing versteht sich dabei auch als Dienstleister für Mitarbeiter- und Führungskräfte (Kundenorientierung) sowie als Wertschöpfungseinheit für die Humanressourcen.

3.3 Personalmarketing als (Lern-)Prozeß

Die Strategiebestimmung stellt das Bindeglied zwischen Informationsbeschaffung und der konkreten Umsetzung der Programme und Instrumente dar. Im Kern geht es dabei, unter Berücksichtigung möglicher Konsequenzen und Einflußfaktoren, die mit der Umsetzung dieser Aktivitäten verbunden sind, um die Bestimmung des Personalmarketingzwecks (*Ulrich*, 1970, S. 114) und die Operationalisierung der Personalmarketingziele (*Poth/Poth*, 1986, S. 21). Neben der Formulierung von Grundsätzen bildet dabei die Beschreibung von Programmen und Instrumenten einen praxisorientierten Schwerpunkt.

Am Anfang des Entwicklungsprozesses der Personalmarketingstrategie (Abb. 33) steht die bereits ausführlich dargestellte Informationsbeschaffung und -auswertung. An diese Personalmarketingforschung schließt sich die Zweck- und Zielplanung an. Unter Zweck soll eine Funktion oder Aufgabe verstanden werden, die das Personalmarketing erkennbar nach innen und außen ausübt oder ausüben soll. Eine sinnvolle Zweckzuschreibung ist aber nur möglich, wenn die ausgeübten Funktionen und Aufgaben auch empirisch nachweisbar sind. Zweckorientiertes Personalmarketing erfüllt die Interessen der Mitarbeiter (Prozeßqualität), der Kunden (Ergebnisqualität) und der Umwelt (Wertequalität).

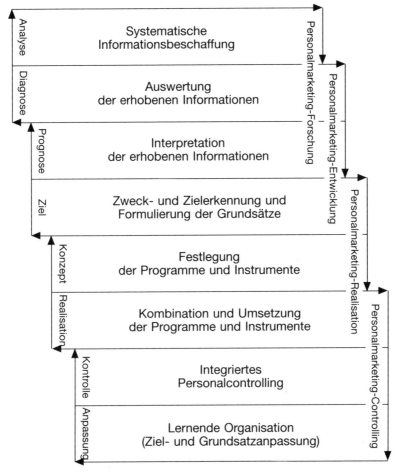

Abb. 33: Personalmarketing als Strategieentwicklung (in Anlehnung an *Poth*, 1976, S. 20)

Ziele des Personalmarketings sind dagegen die angestrebten Verhaltensweisen oder operationalisierbare Outputgrößen. Bei der Zielerkennung geht es sowohl um die Planung strategischer als auch operativer oder taktischer Personalmarketingziele. Die strategischen Ziele bestimmen die langfristigen Maßnahmen, aus denen sich taktische und operative Ziele ableiten lassen. Diese Überlegung beinhaltet, daß das gesamte Zielsystem der Unternehmung die gleiche Stoßrichtung haben muß, also auch die Personalmarketingziele. Die klassische Unterscheidung in Sach- und Formalziele

103

sollte deshalb auch auf die Personalmarketingziele übertragen werden. Sachziele beschreiben die zu erbringende Leistung, und Formalziele beschreiben die formalen Kriterien, die Rahmenbedingungen, denen die anzustrebende Leistung genügen muß.

Zwischen dem Zweck und den Sach- und Formalzielen besteht eine intensive Wechselwirkung. Formalziele bestimmen einerseits den Rahmen, der durch die Sachziele mit Inhalt gefüllt wird, andererseits ziehen Veränderungen bei den Sachzielen eine Anpassung des Rahmens nach sich. Formalziele fungieren zudem als Meßgröße für die Zwecksetzung. Die letztgenannte Funktion ist für die Realisierung des Personalmarketingkonzepts von erheblicher Bedeutung. Jedes Sachziel muß daran gemessen werden, inwieweit es in konkrete, operative Zielgrößen umgesetzt und zufriedenstellend, d.h. dem Zweck entsprechend, realisiert werden kann (Tabelle 5).

Damit Personalmarketingziele quantifizierbar und operational sein können, sollten sie folgende Bedingungen erfüllen:

o Das Ziel muß konkret formuliert und nachvollziehbar sein
  = **Zielinhalt**
o Die Zielerreichung muß durch Zahlen, Daten und Fakten überprüft werden können
  = **Zielniveau**
o Das Ziel muß einen festen zeitlichen Bezug aufweisen und mit Fristen und Terminen planbar sein
  = **zeitlicher Bezug**
o Das Ziel muß auch realistisch sein, sonst bleibt es unerreichbar und damit eine Utopie mit Frustration
  = **Zielrealität**
o Das Ziel muß überprüfbar sein und empirischen Meßvorschriften genügen
  = **Zielmaßstab**

Unter Bedingungen partizipativer Führung kann sich so ein allgemeines und weitgehend akzeptiertes Zielsystem entwickeln, welches neben Effektivitätskriterien auch Effizienzkriterien enthält. Im Idealfall ergibt sich aus dem Zielbildungsprozeß ein kompatibles und relativ widerspruchfreies Zielsystem, wobei davon auszugehen ist, daß Prioritätsentscheidungen zwischen verschiedenen Dimensionen des Zielsystems getroffen werden müssen.

Im Anschluß an die Zweck- und Zielerkennung werden langfristig die Programme und Instrumente zur Zielerreichung festgelegt. Dazu ist es notwendig, Alternativen zu finden, die eine konsequente

Tabelle 5: Ziele des Personalmarketings (in Anlehnung an *Staehle*, 1989, S. 408)

	Sachziel des Personalmarketings	Personale Formalziele	Ökonomische Formalziele
Zielinhalt	z. B.: Optimierung der Wertschöpfung durch eine effiziente und attraktive Gestaltung der Arbeitssituation	z. B.: Beurteilung und Entwicklung als Maßstab zur Gestaltung der Personalarbeit	z.B.: Produktivität und Rentabilität als Maßstab zur Gestaltung der Personalarbeit
Zielniveau	z. B.: Entwicklung der Mitarbeiter zu Mitunternehmern in qualitativer und quantitativer Hinsicht	z. B.: Meßbare Verbesserung des Klimas in quantitativer oder qualitativer Hinsicht	z. B.: Steigerung von Produktivität und Rentabilität um x %
Zeitbezug	z. B.: Innerhalb des nächsten Jahres (Meilensteindefinition)	z. B.: Innerhalb des nächsten Jahres (Meilensteindefinition)	z. B.: Innerhalb des nächsten Jahres (Meilensteindefinition)
Zielrealität	z. B.: Sind Zielinhalt und -ausmaß innerhalb der geplanten Zeit realisierbar?	z. B.: Sind die formulierten Zielbedingungen realisierbar?	z. B.: Sind die formulierten Zielbedingungen realisierbar?
Zielmaßstab	z. B.: Instrumente und Bedingungen zur Mitarbeiterbeurteilung	z. B.: Instrumente zur korrekten Messung des Arbeitsklimas	z. B.: Instrumente zur korrekten Messung mittels Kennzahlen

Vorgehensweise ermöglichen. Eine prozeß-, werte- und ergebnisbezogene Vorgehensweise kann sich aus Produkt-, Preis-, Promotions- und Plazierungsvariablen zusammensetzen. Die kombinatorische Verknüpfung dieser Variablen führt im Personalmarketingmix zur einer strategischen Optimierung. Praktisch ist damit der strategische und operative Personalmarketingplan festgelegt. Entscheidend für die Langfristigkeit ist jedoch immer die Konsistenz von Problemdefinition, Zweck- und Zielsetzung und Entwicklungsprogramm.

In der Praxis scheitern dennoch viele Entwicklungen daran, daß im Zeitablauf Widersprüche zwischen der Zielerkennung und den Langfristplanungen auftreten. Dies sind dann die Fälle, in denen durch eifriges Agieren versucht wird, Fehler oder Unsicherheiten zu kaschieren, meist jedoch ohne Erfolg. Die Fehlerquelle liegt meist in einer unzulänglichen Informationsbeschaffung und Auswertung. Typische taktische Fehler dieser Art sind beispielsweise die überhastete Einführung eines Beurteilungssystems oder der Versuch, als kurzfristige Reaktion auf Marktentwicklungen Mitarbeiterbindung durch extensive Gehaltsanpassungen zu erreichen. Negative Praxiserfahrungen sollen keinesfalls den Wert der operativen oder taktischen Vorgehensweise schmälern, nur muß sie immer als kurzfristige Umsetzung der strategischen Überlegungen verstanden werden.

Daraus folgt, daß eine Taktik, die der Zweck- und Zielerkennung entspricht, durchaus Umwege machen kann, die der jeweiligen Situation angepaßt sind. Diese Situationsflexibilität muß jedoch stets im Hinblick auf den gesamten Entwicklungsprozeß gesehen werden, dessen Bedingungen immer im Vordergrund stehen. Es gilt, das eigentliche Ziel nicht aus den Augen zu verlieren.

Die kontinuierliche systematische Überwachung der Ergebnisse (Personalcontrolling) leistet einen weiteren wesentlichen Beitrag zu optimaler Gestaltung. Die Formulierung und mehr noch die Neukombination der strategischen und taktischen Variablen (Personalmarketingmix) erzwingt eine Ergebniskontrolle, die bei signifikanten Soll-Ist-Abweichungen zur Ziel- und Grundsatzanpassung vor allem auf der strategischen Ebene führt. Gerade die Effektivitätskontrolle der eingesetzten Instrumente und ihrer Kombination erweitert den Bereich der langfristigen Sichtweise. Personalmarketingentscheidungen stehen in enger Beziehung zur „Lernenden Organisation", woraus sich die Verknüpfung von Analyse, Entwicklung, Realisation und Controlling ergibt.

Eine wichtige Anforderung ist die Flexibilität des gesamten Entwicklungsprozesses. Unvollkommene und unsichere Informationen machen Alternativen erforderlich. Ergänzend ist eine rollierende und überlappende Planung zu fordern, die Plankorrekturen der längerfristigen Pläne sicherstellt. Die Praxis zeigt jedoch, daß die notwendige Flexibilität nur dann wirklich gegeben ist, wenn die gesamte Personal- und Infrastruktur entsprechende Konstellationen aufweist.

Die in der Praxis vorherrschenden sogenannten Personalmarketingkonzepte stimmen mit den vorhergehenden Überlegungen oftmals nicht oder kaum überein. Gerade im europäischen Raum wird oft versucht, ein Problemmanagement durch kurzfristigem Aktionismus zu betreiben. Notwendig sind demgegenüber integrative, innovative und langfristige Strategien, deren Realisierung ein modernes Personalmarketing voraussetzt. Qualität statt Quantität als Personalmarketingstrategie ist sicherlich eine besondere Herausforderung an das Management.

Der Marketinggedanke, dem Kunden einen Nutzen zu bieten und dabei Gewinn zu machen, kann auf das Personalmarketing projiziert oder übertragen werden. Dabei sind Geduld und Ausdauer gefragt, denn solche Bewußtseinsveränderungen sind ein langer und schwieriger Prozeß, der ständig und immer wieder Impulse benötigt. Je mehr über veränderte Zweck- und Zielvorstellungen gesprochen wird, desto größer sind sicher die Chancen für Neuorientierungen.

3.4 Vom Mitarbeiter zum Mitunternehmer?

Eine zentrale Aufgabe des Personalmarketings besteht in der Optimierung der personalen Wertschöpfung durch eine zweckorientierte und strategische Positionierung der Mitarbeiter und Führungskräfte. Mitarbeiter mit anforderungsgerechter Qualifikation sollen für eine jeweils gestaltete und eingeordnete Position zur richtigen Zeit, am richtigen Ort, zu nutzengerechten Kosten zur Verfügung stehen. Dabei wird oftmals die Forderung erhoben, Mitarbeiter zu Mitunternehmern zu entwickeln. Doch nur im Idealfall ist ein und derselbe Manager über alle Unternehmensphasen und Wettbewerbspositionen der jeweils optimale Typ. Diese Tatsache wird nur allzuoft vergessen. Zu fördern ist einerseits die Bereitschaft zur innerbetrieblichen Mobilität und andererseits die konsequente Besetzung der einzelnen Positionen mit dem richtigen Mitarbeitertyp (*Laukamm/Walsh*, 1985, S. 77). Zudem lassen sich Strategien und Konzepte nicht allein durch unternehmerisches Denken und Handeln erfolgreich umsetzen.

Die Führungskräfte haben einen entscheidenden Einfluß auf die Aktivierung und Nutzung des Mitarbeiterpotentials. Der Erfolg eines Unternehmens hängt immer vom Können, Wollen und Dürfen der Mitarbeiter und Führungskräfte ab. Dies ist heute ein allgemein akzeptierter Grundsatz. Können bedeutet über Fähigkeiten und

Ressourcen verfügen, Wollen setzt Anreize und Zielvorgaben, also Motivation voraus, und Dürfen wird bestimmt durch Spielräume und Vorgaben sowie Möglichkeiten zur Eigenverantwortung durch Delegation. Genauso akzeptiert ist auch, daß zu den Fähigkeiten, die Führungskräfte heute neben der Fach- und Managementkompetenz haben müssen, in ganz besonderem Maße die Sozialkompetenz (z. B. Integrationsfähigkeit oder Teamorientierung) gehört. Sie müssen die ihnen unterstellten Mitarbeiter begeistern, so daß sie an gemeinsamen Zielen arbeiten. Die Integration des ganzen Mitarbeiters mit allen seinen Fertigkeiten und Fähigkeiten ist hierbei eine entscheidende Herausforderung. Dabei muß es sicherlich auch gelingen, (einige) Mitarbeiter zu Mitunternehmern zu entwickeln.

Wie gesagt, verlangt jede Lebenszyklusphase in einer Branche einen speziellen Mitarbeiter- oder Managertyp, der sich für die Durchführung von Strategien verantwortlich zeigt. Stellt man die Schwerpunkte der Managementfähigkeiten in Abhängigkeit von der Lebenszyklusphase der Branche einerseits und der strategischen Wettbewerbsposition andererseits dar, dann ergibt sich eine sehr differenzierte Typologie (Abb. 34). Manche Enttäuschung könnte sicherlich verhindert werden, wenn diese Zusammenhänge zwischen Wettbewerbsdynamik und Managertyp frühzeitig erkannt würden. Dies bedeutet, besonderes Augenmerk auf die Positionierung der Mitarbeiter zu legen. Im Zentrum steht dabei auch das Problem der unternehmensspezifischen Sozialisation und der Situationsflexibilität (laterales Denken).

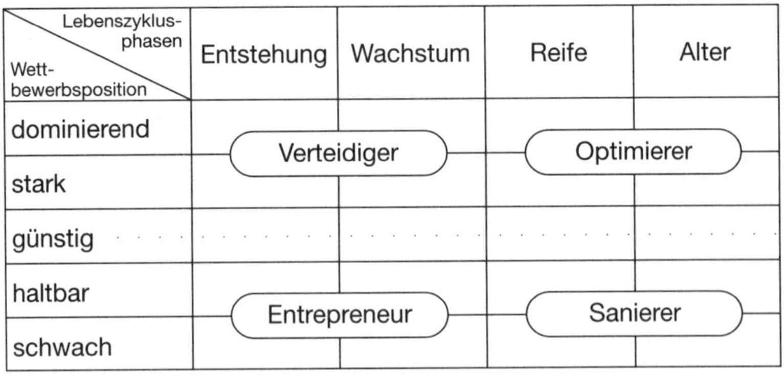

Wettbewerbsposition \ Lebenszyklusphasen	Entstehung	Wachstum	Reife	Alter
dominierend		Verteidiger		Optimierer
stark				
günstig				
haltbar		Entrepreneur		Sanierer
schwach				

Abb. 34: Managertypen in unterschiedlichen Wettbewerbspositionen und Phasen (nach *Laukamm/Welsh*, 1985, S. 77)

Unternehmerisch denkende Manager müssen schwierige und komplexe Situationen logisch und systematisch durchdenken können. Dabei ist es notwendig, daß sie durch Situationsflexibilität in der Lage sind, die Probleme von allen Seiten zu betrachten und Wesentliches von Unwesentlichem zu unterscheiden. Von diesem lateralen Denken (*de Bono*, 1992, S. 59) hängt es ab, ob der Mitarbeitertyp sich auf unterschiedliche Aufgaben einstellen und Einzelheiten in großem Umfang überblicken kann. Einem Mitarbeiter, dessen Denken sich nur in eingefahrenen Bahnen bewegt, wird es nicht gelingen, die traditionellen Denkschemata zu verlassen und sich auf neue, veränderte Bedingungen einzustellen. Risikobereitschaft und Verantwortungsbewußtsein sind wichtigste Voraussetzung für einen unternehmerisch denkenden Manager. Jede Verantwortung schließt auch ein gewisses Risiko ein. Dazu gehört dann aber auch das Prinzip, daß ein Fehlschlag nicht gleich zur Disqualifizierung führen darf. Jeder muß die Möglichkeit haben, aus Fehlern und Erfahrungen zu lernen. Bei den Top-Managern, die vorwiegend echte Führungsentscheidungen treffen (sollten), müssen daher laterales Denken, Ideenreichtum und Risikobereitschaft in weit größerem Maße vorhanden sein als bei Führungskräften der mittleren und unteren Ebene. Wenn eine Entscheidung in die Tat umgesetzt werden soll, dann müssen von der Führungskraft energisch entsprechende Maßnahmen ergriffen werden, weil neben sachlichen Schwierigkeiten oft auch persönliche Widerstände zu überwinden sind. Eine gewisse Standfestigkeit hilft dem Manager, daß der einmal gefaßte Entschluß nicht bei der geringsten auftretenden Schwierigkeit umgestoßen wird. Zu dieser Standfestigkeit gehören auch Mut und Ausdauer, mit denen das gesteckte Ziel konsequent verfolgt wird.

So wie jede Lebenszyklusphase einen bestimmten Typus Manager fordert, so sind auch die Anforderungen an die Personalmarketingstrategie situationsabhängig (Tabelle 6). Die sich rasch verändernden Anforderungen an die Führungsmannschaft konkretisieren sich vor allem in unterschiedlichen Verhaltenserwartungen (*Laukamm*, 1989, S. 93). Dabei unterliegen die folgenden als relevant erachteten Komponenten der Strategie einem stetigen Wandel.

o Managertyp
o Rekrutierung
o Vergütung
o Beurteilung
o Entwicklung
o Personalarbeit
o Controlling

Tabelle 6: Personalmarketingstrategie in den Lebenszyklusphasen einer Branche

	Personalmarketing in unterschiedlichen Reifephasen			
	Entstehung	Wachstum	Reife	Alter
Managertyp	Entrepreneur	Verteidiger	Optimierer	Sanierer
Verhalten	- extrovertiert - risikofreudig - innovativ - dynamisch - kreativ - karrierebezogen	- extrovertiert - flexibel - zielorientiert - karrierebezogen - expansiv - mobil	- entscheidend - formalisierend - moderierend - konsolidierend - stabilisierend - ausgleichend	- introvertiert - organisierend - verwaltend - problembezogen - stabilisierend - ausgleichend
Rekrutierung	- hohe Priorität - Mitarbeiterpool - Investitionen - langfristig - qualitätsorientiert - hohe Unsicherheit	- Integration - Zukunftsplanung - Strukturierung - Investitionen - Unsicherheit - Assessment	- marktbezogen - Strukturierung - Planung - Karriereberatung - Assessment - Personalabbau	- Karriereplanung - Investitionen - Unsicherheiten - Personalabbau - Outsourcing - Partnerschaften
Vergütung	- erfolgsabhängig - flexibel - dynamisch - Risikobelohnung - Belohnung von Kreativität - Belohnung von Innovation	- teilweise erfolgsabhängig - eingeschränkte Flexibilität - Belohnung von Arbeitsleistung - Einführung von Strukturen	- sehr ausgefeilt - Ausleseprozeß - Gewinnbezug steht im Zentrum - standardisiertes Vergütungspaket - formalisierte Strukturen	- Pensionssysteme - personifiziert - Belohnung von Einsparungen - Beteiligung am Gewinn - Integration der Bedürfnisse
Beurteilung	- relativ grob - ohne Struktur - innovativ	- erfolgsabhängig - begrenzt flexibel - leistungsbezogen	- stabilisierend - kostenorientiert - ergebnisbezogen	- administrativ - kostenorientiert - effizienzbetont
Entwicklung	- unstrukturiert - unprofessionell - geringe Investitionen	- Zieldefinition - hohe Trainingsinvestitionen - Strukturierung	- strukturiert - organisiert - gezielt - individuell	- sehr strukturiert - organisiert - gezielt - Umschulung
Personalarbeit	- relativ formlos - karrierebetont - zugeschnitten auf Generalisten - sehr wenig Organisation	- zunehmend formalisiert - Karrieredenken wird gefördert - ausgerichtet auf Spezialisten	- sehr formalisiert - systematische Beförderungen - Benchmarking wird angestrebt - Spezialisten	- Umsetzungen - Versetzungen - Konsolidierung von Funktionen - Verfeinerung der Aufgaben
Controlling	- relativ formlos - kostenbezogen - sachorientiert	- ergebnisbezogen - individualisiert - werteorientiert	- zielorientiert - werteorientiert - formalisiert	- sehr formalisiert - kostenbezogen - differenziert

Die Personalrekrutierung hat zwar in der Entstehungsphase eines Unternehmens eine hohe Priorität, ist aber noch nicht strukturiert. In der Wachstumsphase nimmt die Unsicherheit hinsichtlich des Geschäftsverlaufs ab, und die Rekrutierung nimmt konzeptionelle

Strukturen an. In der Reifephase nimmt die Bedeutung des externen Arbeitsmarktes ab, so daß häufiger innerhalb des Unternehmens rekrutiert wird.

Vor allem im Hinblick auf die situationsspezifischen Ziele muß sich das Vergütungssystem ebenfalls der Entwicklung anpassen, weil die nötige Leistungsbereitschaft bei den Mitarbeitern sonst nicht erzeugt werden kann. So sollten in der Entstehungsphase Innovationsbereitschaft, Risikofreude, Kreativität und Flexibilität belohnt werden, mit zunehmendem Reifegrad dagegen eher Leistungsstabilität, Effizienz und Effektivität. Mit zunehmender Reifung ist eine Perfektionierung und Formalisierung des Vergütungssystems verbunden.

Die Personalbeurteilung zeigt anfangs, wenn überhaupt, nur grobe Konturen. Inhaltlich ist sie zunächst eher kreativitätsorientiert und später eher stabilitäts- und rentabilitätsorientiert. Wichtig dabei ist es, daß die Kriterien zur Beurteilung der Mitarbeiter rechtzeitig dem Wandel angepaßt werden, weil sonst eine Fehlorientierung erfolgt, die zu erheblichen Schwächen in der Wettbewerbsfähigkeit führen kann.

Die Personalentwicklung ist in der Entstehungsphase noch sehr unstrukturiert und experimentierfreudig, wird dann zunehmend systematisiert und erreicht in der Reifephase ihren Höhepunkt bezüglich der Investitionen in die Mitarbeiterförderung. In der Altersphase werden gewöhnlich keine größeren Investitionen im Mitarbeiterbereich durchgeführt, und Umschulungsmaßnahmen sind dann ein wichtiger Bestandteil des Personalmarketings.

Die Personalarbeit ist in der Entstehungsphase relativ formlos. Von den Mitarbeitern wird eine hohe Mobilität gefordert. Mit der Wachstumsphase wird die Personalarbeit zunehmend formeller und präziser. Funktionsbeschreibungen und Organigramme werden zum Standard.

Das Personalcontrolling ist anfangs nur schwach ausgebaut. Inhaltlich ist es zunächst eher kostenbezogen und später eher qualitätsorientiert. Von Bedeutung dabei ist, daß die Meßgrößen permanent dem Wandel angepaßt werden, damit es zu keiner Fehleinschätzung der Situation kommt.

Der hier sehr differenziert dargestellte Anforderungskatalog zeigt deutlich, daß eine statische Personalmarketingstrategie keinesfalls der richtige Weg sein kann und u. U. sogar sehr kontraproduktiv ist. Es muß daher ein geeigneter Kompromiß gefunden werden zwischen markt- und zielgruppenorientiertem Personalmarketing einerseits und einer gewissen Standardisierung andererseits, die notwendig ist, um einen wirksamen internen und externen Transfer zu gewährleisten.

Die Festlegung grundsätzlicher Überlegungen zur Personalmarketingstrategie in einem Strategiepapier kann dabei als Orientierungsrahmen für die markt- und zielgruppenorientierte Ausrichtung des Personalmarketings dienen (Beispiel 4).

Beispiel 4: Strategiepapier

Zielsetzung

Die quantitative und qualitative Besetzung aller Funktionen auf allen Ebenen des Unternehmens ist unsere vordringlichste Aufgabe. Es geht darum, eine ausgewogene Mitarbeiterstruktur zu gewährleisten. Eine adäquate Ermittlung des kurz-, mittel- und langfristigen Personalbedarfs sowie die Verbesserung der Auswahl und des Einsatzes der Mitarbeiter stehen im Vordergrund. Im weitesten Sinne dienen alle Maßnahmen des Personalmarketings der Schaffung von Unternehmensqualität in den Bereichen Werte-, Prozeß- und Ergebnisqualität und damit langfristig der Sicherstellung der Wettbewerbsfähigkeit. Bei den im Rahmen dieses Strategiepapiers genannten Maßnahmen geht es um Projekte und Aufgabenstellungen, die wir als eine sehr wichtige Voraussetzung für die Bewältigung unserer zukünftigen Aufgaben betrachten. Alle Führungskräfte sind verantwortlich für die Leistungsfähigkeit, Leistungsbereitschaft und Leistungsmöglichkeit der Mitarbeiter. Die große Herausforderung liegt dabei im Management des Kontextes und nicht in der Ergebnissteuerung. Das Strategiepapier Personalmarketing ist ein erster Schritt, um diese unsere Verantwortung systematisch wahrzunehmen. Leitfaden sind dabei die Unternehmensziele in der gegenwärtigen Phase der Entwicklung unseres Unternehmens. Daher behandelt es das Personalmarketing nicht erschöpfend, sondern es beschreibt lediglich die elf aktuellen Aktionsfelder.

1. Gesellschaftliche Verantwortung

Unsere gesellschaftliche Verantwortung ist ein wesentlicher Bestandteil der Unternehmenspolitik. Sie soll die Integration aller Mitarbeiter im Unternehmen stärken. Dieses Ziel wird folgendermaßen erfüllt: einerseits durch ein ausgewogenes Angebot an materiellen Leistungen als Ergänzung zum Vergütungssystem und andererseits durch die Übernahme von Sponsoring und Verantwortung zur Förderung von ökologischen und kulturellen Zielen.

Beispiel 4: Strategiepapier (Fortsetzung)

Die Realisierung dieser Leistungen steht in direkter Abhängigkeit zur Leistungsfähigkeit des Unternehmens. Sie können nicht beliebig eingeführt werden. Andererseits haben bestimmte Leistungen einen hohen Stellenwert im Bewußtsein der Mitarbeiter.

2. Führung und Zusammenarbeit

Ziel der Führung und Zusammenarbeit ist es, die Leistungen der Führungskräfte und Mitarbeiter zu einem wirtschaftlichen Erfolg zu führen. Im Kern hat eine auf Dauer funktionierende Zusammenarbeit wesentlich mit Arbeitszufriedenheit der Mitarbeiter zu tun. Motivation, Kommunikation und Information sind drei Felder, die zur Arbeitszufriedenheit beitragen.

Rechtzeitige und situationsgerechte Information ist ein unerläßliches Instrument der Führung und Zusammenarbeit, gerade auch deshalb, weil es ein hochpolitisches Instrument sein kann. Die Optimierung dieses Feldes gehört daher zu unseren großen Prioritäten. Von einer optimalen Information und Zusammenarbeit hängt letztendlich die Effektivität des Einsatzes aller Ressourcen des Unternehmens ab.

Die Grundaussagen zur Führung und Zusammenarbeit sind in den Führungsgrundsätzen verankert. Es ist eine zentrale Aufgabe, dafür zu sorgen, daß unsere Führungsgrundsätze gelebt werden. Aber auch gelebte Führungsgrundsätze vermögen es nicht allein, Motivations- und Identifikationsdefizite zu lösen. Impulse aus allen Bereichen sind notwendig. Unser Personalmarketing verstehen wir als ein Programm der Motivation.

Zur Optimierung der Führung und Zusammenarbeit gehört im weitesten Sinne auch die Förderung von Prozeßteams und Projektgruppen und die Einbeziehung der Führungskräfte und Mitarbeiter in Gestaltungsprozesse bei unternehmenspolitisch maßgebenden Entscheidungen. Auch hier geht es im Ergebnis primär um die positive Bewußtseinsbildung als einem entscheidenden Qualitätsfaktor.

3. Maßnahmen der Personalarbeit

Die Personalarbeit ist in unserem Personalmarketingkonzept im wesentlichen eine Serviceleistung für andere Bereiche. Entsprechend dieser Sichtweise kommen ihr im Kern die folgenden Aufgaben zu: Entwicklung und Implementierung eines Personalkennzahlen- und Informationssystems, das eine Erfassung und Auswertung der relevanten Personaldaten ermöglicht, Durchführung quantitativer und qualitativer Bedarfsanalysen unter Berücksichtigung der Unternehmensentwicklung, insbesondere Analyse des Führungskräftepotentials, Gestaltung eines Einführungsprogrammes für neue Mitarbeiter, Formulierung von bedarfsorientierten Szenarios entsprechend den im Rahmen der Marktentwicklung zu erwartenden Veränderungen.

Beispiel 4: Strategiepapier (Fortsetzung)

Vor dem Hintergrund unseres Personalmarketingkonzeptes verstehen wir Personalarbeit ferner als ein Konzentrat unserer Maßnahmen. Was die Qualität anbelangt, sollte sie sich durch die optimalen Umsetzung aller Maßnahmen profilieren. Als Kern unserer Personalarbeit ergeben sich drei große übergreifende Aufgaben, auf die alle Maßnahmen zielen müssen. Wir brauchen eine flexible und tragfähige Personalstruktur und dementsprechende Prognoseverfahren. Wir müssen die Qualifikation unserer Führungskräfte und Mitarbeiter durch geeignete strukturelle und personen- sowie gruppenbezogene Maßnahmen steigern.

Summa summarum müssen wir jeweils darauf abzielen, die Arbeitszufriedenheit unserer Führungskräfte und Mitarbeiter zu erhöhen sowie insgesamt das Attraktivitätsniveau entscheidend zu verbessern.

4. Personalrekrutierung und Personaleinsatz

Nur wenn es uns gelingt, ein hohes Attraktivitätsniveau nach innen und außen aufzubauen, können wir langfristig die optimale Besetzung aller Funktionen in quantitativer und qualitativer Hinsicht gewährleisten. Wichtige Schritte im Rahmen unserer Personalmarketingstrategie sind dann die folgenden: Überprüfung und Anpassung der Personalauswahlsysteme und -programme sowie die Formulierung geltender Instrumente zur Personalauswahl, Überprüfung der Kriterien und Anforderungen einschließlich Anforderungskataloge auf Übereinstimmung mit den strategischen Zielen des Unternehmens. Entwicklung eines Systems der internen Ausschreibung (Stellenpool), das dem Prinzip der Förderung aus den eigenen Reihen sowie den strategischen Zielen des Unternehmens entspricht.

5. Aus- und Weiterbildung

Die Aus- und Weiterbildung hat die Aufgabe, sowohl die strukturellen und funktionalen Entwicklungen (Inhalte, Methoden und Prozesse) wie auch die Defizite der Mitarbeiter und Führungskräfte in geeigneten Maßnahmen zu reflektieren. Weiterbildungsprogramme sind Investitionen in die wichtigste Ressource, die wir als Unternehmen haben, und müssen daher entsprechend gezielt eingesetzt werden.

Eine Koordinierung der Informationsbasis und eine einheitliche Anwendung von Instrumenten (Anforderungsprofile, Auswertungs- und Beurteilungssysteme) sind eine wichtige Voraussetzung für deren Effektivität. Eine weitere Voraussetzung der Effektivität von Aus- und Weiterbildungsmaßnahmen ist ein ausreichendes Controlling des Weiterbildungserfolges. Jede Maßnahme und jedes Programm werden mit einer Auswertung und Meinungsforschung der Teilnehmer enden. Feedback und Methoden der Kontrolle in der Anwendung der

Beispiel 4: Strategiepapier (Fortsetzung)

Inhalte werden durchgehend praktiziert. Weiterbildungsmaßnahmen müssen von der Führungskraft begleitet und unterstützt werden. Die Führungskraft ist für den Praxistransfer verantwortlich.

6. Personalentwicklung

Wir benötigen in der Phase, in der sich unser Unternehmen zur Zeit befindet, verstärkt unternehmerisch denkende Mitarbeiter, denen wir neue Perspektiven und Entwicklungsmöglichkeiten bieten können. Nur mit solchen Mitarbeitern werden wir zeitlich und funktional eine effektive Besetzung in allen Fach- und Führungspositionen gewährleisten können. Maßnahmen der Personalentwicklung sind ein wesentliches Mittel, um eine ausgewogene Mitarbeiterstruktur in fachlicher und persönlicher Hinsicht sicherzustellen. Zur Zielgruppe der Personalentwicklung gehören alle Mitarbeiter in allen Unternehmensbereichen, von den Auszubildenden bis zum Vorstand in der Zentrale. Verantwortlich für die Entwicklung des einzelnen Mitarbeiters ist die jeweilige Führungskraft, aber auch der einzelne Mitarbeiter selbst. Der Personalbereich liefert die Konzepte und leistet fachliche Unterstützung, ist Moderator und integriert die unternehmensweiten Einzelmaßnahmen. Die individuelle Personalentwicklung setzt einen vereinbarten Entwicklungsplan zwischen der Führungskraft und dem betroffenen Mitarbeiter voraus.

7. Karriereplanung

Laufbahnplanung und Nachfolgeplanung, zusammengefaßt als Karriereplanung, bedingen und ergänzen einander und bilden so das Kernstück eines modernen Personalmarketings. Es geht darum, die persönliche Entfaltung unserer Mitarbeiter zu fördern, Perspektiven zu eröffnen und parallel die Interessen des Unternehmens wahrzunehmen.

Ziel ist die dezentrale Bestandsaufnahme und Ermittlung des Nachfolgepotentials für die nächsten 5 Jahre, einschließlich der Entwicklung und Etablierung einer Stellvertreterregelung für alle Führungskräfte, die Erarbeitung von Förderungskriterien und inhaltliche Ausformulierung der Laufbahnsysteme für obere Führungskräfte sowie die Entwicklung eines Managementtrainings für alle Führungskräfte zur besonderen Revitalisierung der Unternehmens- und Führungsgrundsätze.

8. Förderprogramme für Frauen

Es ist unser Ziel, gute Voraussetzungen für den Zugang von Frauen in Führungspositionen zu schaffen. Es geht darum, traditionelle Haltungen sowohl der Männer als auch der Frauen zu überwinden, um der besseren Qualifikation in unserem Unternehmen geschlechtsunab-

Beispiel 4: Strategiepapier (Fortsetzung)

hängig zur Geltung zu verhelfen. Die Leitbilder der Frauen über ihre Rolle in der Gesellschaft haben sich in den letzten Jahrzehnten geändert. Zudem sind die Absolventen der Hochschulen heute schon annähernd zur Hälfte Frauen, so daß auch von Frauen eine stärkere Bereitschaft zur Besetzung von Führungspositionen zu erwarten ist.

Die Erreichung dieser Ziele setzt eine Anpassung unserer personalpolitischen Instrumente auf Chancengleichheit für Männer und Frauen voraus. Bewußtseinsbildende Maßnahmen zur stufenweisen Förderung des geschlechtsneutralen Leistungsgedankens runden die Maßnahmen ab. Kernpunkt der Maßnahmen zur Karriereförderung für Frauen ist die Ausarbeitung eines Konzeptes insbesondere unter den Gesichtspunkten der perspektivischen Stellung der Frau innerhalb der Personalstruktur und der Folgen für das Firmenimage und die Corporate Identity.

9. Vergütung

Leistung fordern gehört zu den Leitlinien unserer Personalmarketingpolitik. Die Leistung muß jedoch auch entsprechend zeitgemäß gefördert werden. Unsere Vergütungspolitik versteht sich als ein wichtiges Instrument der Leistungsförderung. Sie wird sich nicht nur an Funktionen orientieren, sondern sie wird auch das tatsächliche Leistungspotential der Mitarbeiter durch ein attraktives Angebot an individuell gestaltbarer Vergütung der Leistung berücksichtigen. In den Systemen unserer Vergütungspolitik muß sich das Prinzip der Leistung und Gegenleistung reflektieren.

Wo überall unsere Vergütungssysteme frei gestaltbar sind oder sich Gestaltungsmöglichkeiten bieten, werden wir eine direkte Anknüpfung an das Leistungsprinzip anstreben. Dabei orientieren wir uns an quantitativen und vor allem qualitativen Aspekten der Leistung, denn Qualität ist unser Ziel. Die Bewertung von Einsatz und Leistung muß für den Mitarbeiter transparent sein. Vergleichbare Anforderungen müssen bei vergleichbaren Ergebnissen nach gleichem Maßstab vergütet werden. Ziel ist die Einführung eines Bonus-Systems, eines ergebnisorientierten Vergütungssystems, das aus einem fixen und einem variablen Teil besteht und in dem der Bonus nach Ergebnis, Stellenwert und dem individuellen Beitrag ermittelt wird, sowie die Entwicklung und Etablierung der Provisionssysteme für Verkaufsmitarbeiter aller Ebenen auf der Basis des erzielten Deckungsbeitrages.

10. Arbeitszeitregelungen

Fragen im Zusammenhang mit der Gestaltung der Arbeitszeiten gehören zu den wichtigsten Themen. Ihre Bedeutung wird weiter

Beispiel 4: Strategiepapier (Fortsetzung)

zunehmen. Wir müssen davon ausgehen, daß starre Arbeitszeitsysteme immer weniger praktikabel werden. Dies ergibt sich nicht nur aus den gesetzlichen Vorschriften, sondern auch aus dem Gegensatz von tariflicher Arbeitszeit und unternehmensbedingten Besonderheiten. Ebenso machen Überlegungen zum virtuellen Unternehmen ein starres Festhalten an den alten Regelungen hinfällig. Flexibilität wird zunehmend zum wichtigsten Grundsatz unserer Arbeitszeitregelungen. Der Akzent wird sich von festen Beschäftigungsverhältnissen stärker auf Teilzeitmitarbeiter und freie Mitarbeiter verlagern.

Dieser Trend steht auch im Einklang mit den Wünschen und Erwartungen der Mitarbeiter. Unser Ziel ist die Entwicklung neuer, alternativer Arbeitszeitmodelle im Hinblick auf die Lebensarbeitszeit.

11. Zusammenarbeit mit dem Betriebsrat

Ein partnerschaftliches Verhältnis zu den Betriebsräten ist eine wesentliche Voraussetzung für die Zusammenarbeit insgesamt und somit auch für die Funktionsfähigkeit unseres Unternehmens. Zielsetzung ist Zusammenarbeit im Sinne von Zusammenwirken, nicht Konfrontation. Dazu gehören vor allem die gegenseitige Akzeptanz und Dialogfähigkeit beider Seiten. In letzter Konsequenz ist es das Ziel der Zusammenarbeit, gemeinsam unternehmensindividuelle Lösungen zu erarbeiten. Wichtige, das Unternehmen betreffende Entscheidungen sollten nicht auf Dritte verlagert werden, sondern sie sollten der Zusammenarbeit vorbehalten bleiben.

Umsetzungsplan

Die definierten Aktionsfelder werden – soweit noch nicht geschehen – nun in einzelnen Planungen und Schritten operationalisiert, Maßnahmen werden eingeleitet. Für jeden Schwerpunkt sind kurzfristige und mittelfristige Prioritäten und Terminierungen mit Verantwortungszuordnung festgesetzt. Die Schwerpunkte lassen alternative Strategien entsprechend der Unternehmensentwicklung zu. Bei der Planung werden daher auch alternative Weichenstellungen berücksichtigt werden müssen. Die Grundideen des Konzeptes müssen also in Planungen und dann hauptsächlich in der praktischen Personalarbeit umgesetzt werden. Nur so kann das Personalmarketing einen aktiven Beitrag zur gewünschten Unternehmensqualität leisten. Unsere Zukunft ist eng mit dem Denken, Lernen und Handeln unserer Mitarbeiter verbunden. Unsere Strategien müssen daher berechenbar, verständlich, realisierbar und konsistent sein. Vor allem aber müssen sie von jedem im Unternehmen gelebt werden. Auf dieser Basis wollen wir weiterarbeiten.

3.5 Die Infrastruktur einer Strategie

Die systematische Strategieentwicklung wird in vielen Unternehmen immer noch stark vernachlässigt, obwohl oftmals strategische Überlegungen in den Köpfen herumirren. Infolgedessen fehlt die Transparenz für zukünftige und gewollte Entwicklungen und Perspektiven. Ein erfolgreiches Personalmarketing ist kaum machbar, wenn nicht klar definiert ist, wohin das Unternehmen sich langfristig entwickeln soll.

Der Prozeß der Strategieentwicklung beinhaltet also, wie umfassend dargestellt, die Situationsanalyse, die Zielgruppendefinition, die Entwicklung und Festlegung der strategischen Ziele und die Definition der Programme und Instrumente. Durch die Beschreibung dieses Szenarios und die Entwicklung von Unternehmens- und Führungsgrundsätzen sind die Kernvoraussetzungen für die weitere Realisierung des Personalmarketings vorhanden. Schon jetzt kann jede Führungskraft mit einer erfolgreichen Umsetzung beginnen. Sie kann die operativen und taktischen Ziele jeweils ableiten. Diese sind wiederum Voraussetzung für durchzuführende Mitarbeitergespräche (Zielvereinbarungsgespräche).

Unternehmens- und Führungsgrundsätze schaffen einen ganzheitlichen Rahmen – eine Infrastruktur – als bewußte Grundlage der Personalmarketingstrategie. Dieser Rahmen ermöglicht auch eine individuelle, persönliche Positionsbestimmung und schafft Handlungsfreiräume. Selbständigkeit und Bindung durch Grundsätze sind hier keine Gegensätzlichkeiten, die sich ausschließen, es sind Pole einer Einheit, die in Wechselbeziehungen zueinander stehen.

Unter Unternehmens- und Führungsgrundsätzen (*Lattmann*, 1975, S. 47) sind die partizipativ entstandenen, vom obersten Willensträger der Unternehmen getragenen und schriftlich niedergelegten Grundsätze zu verstehen. Diese Grundsätze sind von Mitarbeitern, Managern und Führungskräften bei der Aufgabenerfüllung zugrunde zu legen. Sie haben den Zweck, aus einer gemeinsamen Auffassungsgrundlage heraus jenes Ausmaß an Übereinstimmung im Handeln und Verhalten sicherzustellen, das die Vermeidung von Widersprüchlichkeiten in den Unternehmensprozessen gewährleistet. Wichtig ist auch hier, daß alle im Unternehmen die Grundsätze kennen und sich mit diesen identifizieren. Nur so können Unternehmens- und Führungsgrundsätze mit Leben gefüllt und auch nach außen getragen werden.

Die durch Unternehmens- und Führungsgrundsätze bewirkte Gestaltung des Führungsverhaltens kann mehr oder weniger weit gehen. Sie bewegt sich, wie bereits angedeutet, zwischen den beiden Polen einer völligen Handlungsfreiheit und einer restlosen Bindung durch Verhaltensvorschriften. Im ersten Fall ergeben sich aus Konflikten bei der Umsetzung Reibungsverluste, im zweiten Fall werden die schöpferischen, in der eigenen Persönlichkeit liegenden Kräfte des Mitarbeiters lahmgelegt. Grundsätze müssen das erste dadurch vermeiden, daß sie ein Handeln aus einem gemeinsamen Geiste heraus bewirken, das zweite aber dadurch, daß sie in Form allgemeiner Grundsätze vorliegen, deren Anwendung Raum sowohl für eine Anpassung an die jeweilige Situation als auch für eine persönliche Individualität läßt. Die Inhalte der Unternehmens- und Führungsgrundsätze bestimmen entweder die anzustrebenden Ziele oder die Art des Vorgehens zu ihrer Erreichung. In beiden Fällen entspringen ihnen Anforderungen an die Qualität des Verhaltens.

Es zeigt sich, daß diese Qualität sich nicht im selben Maße im gesamten Umfeld auswirkt. Insbesondere die gesellschaftliche wie die individuelle Einschätzung sind unterschiedlich ausgeprägt. Die sich auf das Unternehmen richtenden persönlichen Haltungen erfahren allerdings von zwei Seiten her eine Einschränkung, einmal von den Notwendigkeiten (Ergebnisqualität) her, die als Sachzwänge auftreten, und sodann von den in der Gesellschaft geltenden Normen (Wertequalität) her, denen sich der einzelne ebenfalls nicht zu entziehen vermag.

Beispiel 5: Unternehmens- und Führungsgrundsätze

Unternehmensgrundsätze

1. Mitarbeiterorientierung

Unsere Grundregel ist die Achtung von Recht, Würde und Entfaltung des Menschen in unserem Unternehmen. Daraus ergibt sich, daß wir

- o jeden Mitarbeiter unterstützen, sein Leistungspotential zu entwickeln, damit er seine persönlichen Ziele erreichen kann,
- o uns bei der Ermittlung der Vergütung und bei Beförderungen nach den allgemein definierten Leistungsmaßstäben richten,
- o die Zusammenarbeit zwischen dem Vorgesetzten und seinen Mitarbeitern so gestalten, daß immer die Möglichkeit besteht, in offener und fairer Weise zu kommunizieren.

Beispiel 5: Unternehmens- und Führungsgrundsätze
(Fortsetzung)

2. Kundenorientierung

Wir wollen uns davon leiten lassen, unseren Kunden den bestmöglichen Service zu bieten. Unsere Produkte und Dienstleistungen bringen nur insoweit Gewinn, als die dem Kunden nützen und dazu beitragen, seine Aufgaben zu lösen. Dies erfordert, daß wir

- die Bedürfnisse unserer Kunden kennen und uns bemühen, auch solche der Zukunft zu erkennen,
- unseren Kunden helfen, unsere Erzeugnisse anzuwenden und den bestmöglichen Gebrauch von unserem Service zu machen,
- unsere Dienstleistungen kundenorientiert und professionell gestalten und vermarkten.

3. Qualitätsorientierung

Wir wollen, daß wir das Image haben, ausgezeichnet zu sein. Deshalb glauben wir, daß jede Aufgabe, wo sie auch immer gestellt sein mag, nach bestem Wissen überragend bewältigt werden muß. Unser Ziel ist Total Quality Management. Wir müssen

- bei neuen technologischen Entwicklungen führend sein,
- über die Marktentwicklungen informiert sein und nach Möglichkeit versuchen, sie zu gestalten,
- Qualitätskosten in jeder Stufe unserer Wertschöpfungskette ermitteln und analysieren.

4. Umweltorientierung

Wir fühlen uns dem ökologischen System und der Gesellschaft, in der wir leben, verpflichtet. Dies erfordert, daß wir

- die uns anvertraute Umwelt durch umweltverträgliche Verfahrensweisen besonders schützen,
- uns mit einem angemessenen Teil unseres Ertrages für ökologische Projekte einsetzen und gesellschaftliche Aufgaben wahrnehmen,
- im Sinne aller Anspruchgruppen (Aktionäre, Mitarbeiter und Gesellschaft) zu einer anhaltenden und gewinnbringenden Ertragslage beitragen.

Beispiel 5: Unternehmens- und Führungsgrundsätze
(Fortsetzung)

Führungsgrundsätze

Unser Erfolg hängt von einer situativen und interaktiven Führung ab. Dies verlangt von jeder Führungskraft,

- den Führungsstil zu entwickeln, der die Mitarbeiter motiviert, ihre Aufgaben wirklich professionell zu bewältigen,
- sich häufig mit ihren Mitarbeitern zu besprechen und den Mut zu haben, Entscheidungen offen in Frage zu stellen,
- eine Einfühlungsgabe zu entwickeln, die die Anforderungen des Unternehmens, des Bereiches und der Abteilung erkennt und
- in die Zukunft zu planen und neuen Ideen gegenüber, gleichgültig woher sie kommen, aufgeschlossen zu sein.

Jede Führungskraft stellt ihre gesamte Tatkraft in den Dienst des Unternehmens, führt im Rahmen der bestehenden Unternehmensgrundsätze und fördert durch Zusammenarbeit die freie Entfaltung aller Kräfte und Mitarbeiter. Die folgenden Punkte sind als Basis jeder Führungstätigkeit zu betrachten:

1. Zielsetzung

Die Aufgabe, die Ihnen übertragen wurde, verlangt von Ihnen eine ständige Beschäftigung mit der Ausarbeitung von Zielsetzungen für kurze und langfristige Zeiträume und der Formulierung von Grundsätzen und Plänen, die den gemeinsamen Zweck haben, möglichst hervorragende Ergebnisse zu erreichen. Ganz besonders wird von Ihnen erwartet, daß Sie selbständig Entscheidungen treffen.

2. Motivation

Lenken Sie die Arbeit Ihrer Mitarbeiter vor dem Hintergrund der gegebenen Grundsätze auf das gesteckte Ziel. Ziehen Sie die Mitarbeiter mit ins Boot, so daß unsere Grundsätze gelebt werden können und den Mitarbeitern zugleich eine Einbeziehung ihrer individuellen Ziele und Bedürfnisse möglich wird.

3. Planung

Ihre Pläne sollen realistisch sein, und Ihr vorgeschlagenes Budget sollte nur die Ausgaben enthalten, die Sie zur Erfüllung der angestrebten Ziele für unbedingt erforderlich halten. Motivieren Sie Ihre Mitarbeiter, die zur Verfügung gestellten Mittel stets so wirtschaftlich wie möglich einzusetzen.

Beispiel 5: Unternehmens- und Führungsgrundsätze
(Fortsetzung)

4. Vorschläge
Überprüfen Sie ständig die Zweckmäßigkeit bestehender Grundsätze und Abläufe, und zögern Sie nicht, im Interesse besserer Ergebnisse Änderungen vorzuschlagen.

5. Delegation
Definieren Sie klare Aufgaben und Verantwortungen, damit Ihre Mitarbeiter wissen, was von ihnen erwartet wird. Hierzu gehört auch ein klares Bild der jeweiligen Kriterien, nach denen Leistungen beurteilt werden. Lassen Sie Ihre Mitarbeiter weitgehend in delegierter Verantwortung selbständig arbeiten, aber versäumen Sie nicht, die grundsätzliche Aufgabe des Vorgesetzten als Coach und Moderator wahrzunehmen.

6. Personalentwicklung
Sorgen Sie für die individuelle Entwicklung Ihrer Mitarbeiter, bilden Sie sie zu fähigen Kennern ihres Aufgabengebietes und gegebenenfalls darüber hinaus aus. Beurteilen Sie regelmäßig ihre Leistungen, und sichern Sie die Stellvertretung und Nachfolge in Ihrem Verantwortungsbereich einschließlich Ihrer Position.

7. Verantwortungsbereitschaft
Fördern Sie eine Atmosphäre, die zur Entwicklung von selbständigen Mitarbeitern beiträgt. Sie erreichen dies am besten, indem Sie Initiative, Einfallsreichtum und schöpferisches Denken Ihrer Mitarbeiter zur freien Entfaltung bringen, da, wo es nötig ist, Hilfestellung geben und vor allem in Ihrer Urteils- und Meinungsfindung selbst vorbildlich sind.

8. Informationen
Halten Sie sich informiert über alle Vorgänge und Entwicklungen, die Ihr Aufgabengebiet berühren, und nutzen Sie diese Kenntnisse so gut wie möglich für Ihren Verantwortungsbereich. Geben Sie Informationen offen und problembezogen an alle betroffenen Stellen weiter.

9. Teamarbeit
Koordinieren Sie die Leistungsbereitschaft Ihrer Mitarbeiter mit dem Ziel, letztlich eine geschlossene Gesamtleistung zu erbringen.

10. Kooperation
Ein wichtiger Grundsatz ist die laterale und vertikale Kooperation. Die damit erreichbaren Vorteile sind für die erfolgreiche Weiterentwicklung des Unternehmens von großer Bedeutung.

3.6 Checkliste: Einführung eines Managementsystems

Die zentrale Aufgabe des Personalmarketings besteht darin, das Unternehmen und die Aufgaben für faktische und potentielle Mitarbeiter attraktiv zu machen, sie zu bewegen, langfristig und motiviert qualifizierte Leistungen zu erbringen. Dabei soll die Attraktivität des Unternehmens zielgruppengerecht kommuniziert werden. Bei einem dynamischen Managementsystem geht es letztlich um die Anpassung an den Markt und an die Umweltbedingungen. Ein Unternehmen muß, um sich am Markt erfolgreich behaupten zu können, die Umweltbedingungen kennen. Gleichzeitig muß es aber auch in der Lage sein, angemessen auf diese Veränderungen zu reagieren. Dazu bedarf es transparenter Ziele und einer möglichst einheitlichen Ausrichtung. Die Notwendigkeit, sich permanent mit externen Kräften auseinanderzusetzen und sich veränderten Marktbedingungen anzupassen, macht es erforderlich, interne Synergiepotentiale zu aktivieren. Je stärker die Integration von Führungskräften und Mitarbeitern im Unternehmen, desto größer die Identifikation mit den Zielen, desto mehr Synergien lassen sich nutzen.

Insgesamt machen alle Unternehmen zur Zeit einen einschneidenden Entwicklungsprozeß durch. Die wirtschaftliche Umwelt ist durch eine besondere Dynamik geprägt. Vorhandene Problemlösungsmöglichkeiten veralten immer schneller, Veränderungen bei den Kundengewohnheiten und neue Entwicklungen zwingen zu erhöhter Flexibilität. Neben diesem Anwachsen der Umweltdynamik ist eine zunehmende Komplexität von Entscheidungsprozessen wahrzunehmen. Dies ist vor allen Dingen auf die Vielfalt der bei Entscheidungen zu berücksichtigenden Einflußfaktoren zurückzuführen. Unternehmen, die die Zeichen der Zeit frühzeitig erkannten, haben heute die Nase vorn. Aber es bedarf eines ständigen und intensiven Einsatzes, die Veränderungen des Marktes zu meistern, um sich im Wettbewerb zu behaupten. Ein dynamisches Managementsystem sollte immer in zweifacher Hinsicht interpretiert werden können: einmal als Unternehmensstrategie, und zum anderen in Form eines Unternehmensleitbildes, welches allen Mitarbeitern die Möglichkeit eröffnet, die Botschaft des Unternehmens wahrzunehmen. Verordnungen und Richtlinien werden immer Widerstand bei den Betroffenen erzeugen. Ein dynamisches Managementkonzept kann nicht aufoktroyiert werden. Die Akzeptanz kann insbesondere durch einen breit angelegten Diskussionsprozeß mit der Durchführung von Workshops und Trainings erleichtert werden. Der Einführungsprozeß darf nicht zu stark formalisiert werden. Es gilt vor allen Dingen hervorzuheben, welche Inhalte besonders unternehmensspezifisch sind und mit welchen Inhalten man sich auch bewußt vom Mitbewerber abheben will.

Bei mehr oder weniger kontroversen Inhalten wird sich natürlich auch die Ausarbeitung von Alternativen anbieten. Es ist stets darauf zu achten, daß die Inhalte auch in der praktischen Tagesarbeit umgesetzt werden können. Die Führungskräfte werden dazu angeregt, ihr Augenmerk auch auf die Bedürfnisse der Mitarbeiter zu richten. Eine Führungskraft ist mitarbeiterorientiert, wenn sie sich in die jeweilige Situation, Stimmung und Motivation des Mitarbeiters hineinversetzen kann. Das setzt ein hohes Maß an Sensibilität und Sozialkompetenz voraus. Nur so können Signale, Unsicherheiten und Fragen des Mitarbeiters wahrgenommen und zielgerichtete Lösungen erarbeitet werden. Tragende Säulen des Managementkonzeptes können beispielsweise sein:

o Kundenorientierung
o Werteorientierung
o Gewinnorientierung
o Mitarbeiterorientierung
o Internationalität
o Innovationsorientierung
o Erfolgsbewußtsein
o Problemlösungskompetenz
o Partnerschaft
o Zukunftsorientierung
o Veränderungsbereitschaft

Diese Überlegungen bieten ideale Ansatzpunkte für die Gestaltung eines umfassenden Managementsystems. Es kommt nicht unbedingt darauf an, daß alle Themen explizit behandelt werden. Entscheidend ist vielmehr, daß die Inhalte in den Köpfen und Herzen aller Unternehmensmitarbeiter verankert sind und von diesen als Verpflichtung angenommen werden. Mitarbeiter sollen in die Lage versetzt werden, als Team Leistungen zu erbringen.

Obwohl Qualität nur sehr schwer quantifizierbar ist, steht außer Zweifel, daß Unternehmen mit ausgeprägter Qualitätsorientierung weitaus größere Energien mobilisieren als Unternehmen vergleichbarer Größenordnung, deren Orientierung zudem bürokratische oder risikomeidende Züge aufweisen. Viele Situationen zeichnen sich in Zukunft dadurch aus, daß Leistung nur sehr schwer quantifizierbar ist. Klassische Kontrollmechanismen werden in diesem Zusammenhang versagen. Bei der Realisierung eines dynamischen Managementsystems sind vor allen Dingen folgende Aspekte zu berücksichtigen:

o Wird ein Managementsystem in einem Unternehmen erarbeitet, so werden die Rahmenbedingungen der Strategie definiert (Unternehmensgrundsätze).
o Das Managementsystem enthält in der Regel auch den schriftlich festgelegten Führungsrahmen und Verhaltensnormen (Führungsgrundsätze).
o Das Managementsystem soll den Mitarbeitern Gelegenheiten eröffnen, sich entsprechend zu entfalten (Entwicklungsgrundsätze).
o Die Zusammenarbeit aller Stellen soll über die Grenzen des eigenen Zuständigkeitsbereiches hinweg gefördert werden (Kooperationsgrundsätze).
o Es soll eine möglichst reibungslose Kooperation und Kommunikation realisiert werden, und dies vor allem auch auf lateraler Ebene (Kommunikationsgrundsätze).

Die zentrale Wertbasis im Rahmen eines dynamischen Managementsystems liegt in der Wertschätzung aller Mitarbeiter, mit einem besonderen Vertrauen in ihre Leistungsbereitschaft und -fähigkeit. Die hiermit in enger Verbindung stehende Berücksichtigung sozialer Zielsetzungen findet ihren Ausdruck in den inhaltlichen Gestaltungsschwerpunkten.

Erst wenn die wichtigen Entscheidungsträger die genannten Schwerpunkte eines qualitätsorientierten Managementsystems glaubwürdig (vor)leben, wird die hier dargestellte Personalmarketingphilosophie Akzeptanz finden und eine zielgruppenspezifische Gestaltung der Programme und Instrumente auch Sinn machen. Fehlt hingegen das geforderte Commitment, kann das Personalmarketing intern und extern zu einem diffusen Bild führen und sogar kontraproduktiv wirken. Dies gilt um so mehr, als die Inkompatibilität von Grundorientierung und Handlungen zu erheblichen Widerständen führen kann. Die Stimmigkeit zwischen grundlegenden Überlegungen und Handlungen und Ergebnis-, Prozeß- und Wertequalität ist somit als entscheidene Voraussetzung einer zielorientierten Anwendung des Managementsystems im Personalmarketing zu sehen.

Sinnvoll und notwendig ist in diesem Zusammenhang eine systematische Erarbeitung und Einführung anhand eines Aktionsplanes, der von Anfang an Mitarbeitern und Führungskräften Möglichkeiten zur Partizipation eröffnet (Tabelle 7, s. S. 126).

Tabelle 7: Aktionsplan

Nr.	Aufgabe	Aktivität	Zuständigkeit	Termin
1.	Formulierung einer Grundsatzentscheidung der Unternehmensleitung			
2.	Form der Mitwirkung der Unternehmensleitung im Rahmen des Prozesses der Erarbeitung			
3.	Zusammensetzung der Prozeßteams für die Erarbeitung des Basiskonzeptes nach folgenden Gesichtspunkten: - Führungskräfte aus den Bereichen Vertrieb, Service, Produktion - Führungskräfte aus verschiedenen Hierarchieebenen - Führungskräfte aus dem Marketing und dem Personalbereich			
4.	In welchem Stadium und in welcher Form muß und soll der Betriebsrat einbezogen werden (§ 87 BetrVG)?			
5.	In welcher Form sollen externe Berater mitwirken?			
6.	Formulierung klarer Zielsetzungen für die einzelnen Prozeßteams			

Tabelle 7: Aktionsplan (Fortsetzung)

Nr.	Aufgabe	Aktivität	Zuständigkeit	Termin
7.	Welche Analyseinstrumente und -verfahren können und müssen eingesetzt werden?			
8.	Erarbeitung und Präsentation der Kernthemen und -inhalte			
9.	Vorbereitung und Terminierung der ersten Zwischenpräsentation mit breiter Diskussion			
10.	Vorlage erster Entwürfe			
11.	Überarbeitung der erarbeiteten ersten Entwürfe			
12.	Pretest zur Verständlichkeit und Akzeptanz			
13.	Erarbeitung und Vorlage eines detaillierten Projektplans betreffend die Mitarbeiterinformation und Implementation			
14.	Zweite und dritte Diskussionsphase			
15.	Offizielle Inkraftsetzung			
16.	Offizielle Präsentation mit Weitergabe aller Hilfsmittel und Informationen			

Tabelle 7: Aktionsplan (Fortsetzung)

Nr.	Aufgabe	Aktivität	Zuständigkeit	Termin
17.	Einsatz flankierender Maßnahmen			
18.	Ca. 9 Monate nach Implementation systematische Abfrage der Reaktionen von Mitarbeitern und Kunden			
19.	Systemzusammenführung			
20.	Permanentes Prozeßcontrolling			

4. Voraussetzungen schaffen – Unternehmensentwicklung

Für marktorientierte Unternehmen ist es wichtig, daß sie sich ständig weiterentwickeln und verjüngen, um langfristig zu überleben. Erforderlich dafür ist eine entsprechende Mutationsfähigkeit und offene Kommunikation, damit der zweckorientierte Austauschprozeß in dynamischen Märkten aufrechterhalten werden kann. Alle Maßnahmen der Unternehmensentwicklung zielen darauf ab, eine permanente Veränderungsbereitschaft und Veränderungsfähigkeit bei Mitarbeitern und Führungskräften sicherzustellen sowie geeignete Programme und Instrumente zu entwickeln, die die Anpassungsfähigkeit des Unternehmens an sich verändernde Umweltbedingungen gewährleisten. Systematisch geplante und gewollte Unternehmensentwicklung ist ein wesentlicher Bestandteil dieser Anpassungsstrategien, mit denen ein Ausbau der Leistungspotentiale und eine gezielte Potentialgewinnung von qualifizierten Mitarbeitern betrieben wird. Grundidee ist die Sicherstellung eines lebenslangen Lernprozesses der Mitarbeiter als flexible Antwort auf sich ständig ändernde Arbeitsanforderungen und Tätigkeitsstrukturen.

Maßnahmen zur Personalrekrutierung sind aufgrund der notwendigen Potentialerneuerung im Unternehmen unumgänglich, oder sie ergeben sich aus einer Erweiterung der unternehmerischen Zweck- und Zielsetzungen. Sie sind immer eine wichtige Voraussetzung für die Bestandssicherung eines Unternehmens. Dazu gehört aber auch die Auswahl und Förderung von geeigneten internen Leistungsträgern im Hinblick auf die Besetzung vakanter Positionen und die Wahrnehmung bestimmter Funktionen. Personelle Entscheidungen, ob sie nun die Auswahl vorhandener Mitarbeiter oder die Beschaffung von neuen Mitarbeitern betreffen, sind unter Gesichtspunkten des Personalmarketings in besonderer Weise zu betrachten. Das Leistungspotential der Mitarbeiter ist zwar nicht in der konventionellen Bilanz aktivierbar, es spiegelt sich aber in jedem Fall über Deckungsbeiträge oder Qualitätskosten in der Gewinn- und Verlustrechnung wider. Nur grob zu ermitteln, aber mehr als transparent sind die Kosten, die aufgrund personeller Fehlentscheidungen entstehen können und entstehen.

Erst wenn die meisten Führungskräfte darin übereinstimmen, daß es für den unternehmerischen Erfolg auf die Qualität der Mitarbeiter ankommt, ist das auch der grundsätzliche Ansatzpunkt der

Unternehmensentwicklung. Das entsprechende Leistungspotential der Mitarbeiter kann sich nur im Rahmen eines mitarbeitergerechten Führungskonzeptes voll entwickeln. Dieser Gedanke der Unternehmensentwicklung (Abb. 35) ist aus zweierlei Gründen von besonderer Bedeutung.

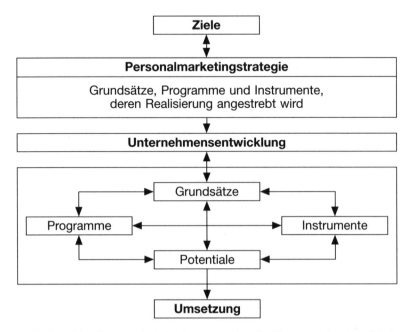

Abb. 35: Die Personalmarketingstrategie als Element der langfristigen Unternehmensentwicklung

Einmal gilt es, vorhandene Leistungspotentiale zu aktivieren. Zum zweiten muß es gelingen, zukünftige Leistungspotentiale zu plazieren. Hier ist vor allem der sehr stark zukunfts- und nach innen orientierte Aspekt des Personalmarketings angesprochen. Unter dieser potentialorientierten Sichtweise des Personalmarketings werden hier deshalb die Aktionsfelder ausschließlich dynamisch und entwicklungsbezogen betrachtet (Abb. 36).

Out ist ohne Zweifel das Prinzip des „hire and fire". Nicht zuletzt auch deshalb, weil als Folge davon das Phänomen der inneren Kündigung auf allen Hierarchieebenen ungeheure Mengen an Energie einfriert. Zeitgemäße Formen der Arbeitsorganisation, insbesondere Quality Circles und Teamarbeit und das zwangsläufig

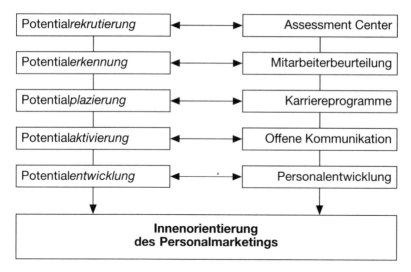

Abb. 36: Innenorientierung des Personalmarketings als Instrument der Unternehmensentwicklung

damit korrespondierende Prinzip der Prozeßorganisation, erfordern Mitarbeiter, die über ein angemessenes Qualifikationsprofil verfügen, um die geschaffenen Handlungsfreiräume und Verhaltensspielräume konstruktiv auszugestalten. Die dazu erforderliche soziale Intelligenz bedeutet im wesentlichen, andere Menschen mit ihren Gefühlen, Bedürfnissen, Absichten und Strategien richtig einzuschätzen und in unterschiedlichen Situationen jeweils angemessen und zielorientiert zu reagieren. Mit sozialer Kompetenz sind dagegen Aspekte angesprochen, wie etwa repräsentieren, kontaktieren, kooperieren, relevante Informationen verarbeiten, übermitteln und vertreten können; ferner Ausdrucks- und Durchsetzungsvermögen und Kompetenzen, die zur Steuerung zwischenmenschlicher Beziehungen, zur Konflikterkennung und -regelung sowie zu taktischer und kreativer Improvisation befähigen.

Soziale Kompetenz und Intelligenz erfordern also die Bereitschaft und die Fähigkeit, sich mit dem Verhalten anderer auseinanderzusetzen. Besonders dann, wenn es darum geht, durch Team- und Qualitätsprozesse besondere Fähigkeiten zu mobilisieren, zu entwickeln und im Hinblick auf spezielle Zielsetzungen partizipativ umzusetzen. Bedauerlicherweise handelt es sich bei den genannten Kompetenzen um Qualifikationen, die bislang in Schule und Hochschule nicht erworben werden können.

4.1 Das marketingorientierte Assessment Center

Fehlentscheidungen bei der internen und externen Personalrekrutierung gehen normalerweise ins Geld. Durch den Einsatz von aussagefähigen und differenzierten Methoden der Potentialanalyse sollte dieses Risiko so klein wie möglich gehalten werden. Ein zentrales Anliegen des Personalmarketings ist eine sehr professionelle, effiziente Auswahl und gezielte Förderung von Mitarbeitern. Auch unter diesem Gesichtspunkt ist ein Assessment Center, begrifflich gleichbedeutend mit Bewerberkolloquium, Fördertag oder Auswahlseminar, sicherlich das beste Auswahlverfahren (Neuberger, 1995, S. 18) überhaupt. Derzeit gilt es vor allem bei mittleren und größeren Unternehmen im Rahmen der Karriereentwicklung zur diagnostischen Potentialanalyse von Verhaltensleistungen und Verhaltensdefiziten als Hit. Zum Einsatz kommen dabei standardisierte Instrumente und systematisierte Methoden der Beobachtung (*Jeserich,* 1981, S. 33).

Die Geschichte des Assessment Center geht in Deutschland bis in die 20er Jahre (Offiziersauswahl) zurück. Berichte über positive Erfahrungen in England waren der Anlaß dafür, daß die Idee in den USA aufgegriffen und 1943 von Mitarbeitern der Harvard-Universität intensiv weiterentwickelt wurde. Ende der 60er Jahre setzte sich das Assessment Center bei internationalen amerikanischen Unternehmen durch, womit gleichzeitig eine weltweite Verbreitung dieses Verfahrens verbunden war. Eine anfänglich noch zurückhaltende Akzeptanz in Deutschland ist inzwischen der Erkenntnis gewichen, daß es sich beim Assessment Center um eines der wirklich zuverlässigsten und erfolgreichsten personalpolitischen Instrumente handelt. Entsprechend vielfältig sind daher auch die Einsatzmöglichkeiten. Das Assessment Center dient nicht nur zur Potentialrekrutierung, sondern ist gleichermaßen auch Basis der Potentialplazierung, dient der internen Potentialerkennung und mit bestimmten Einschränkungen auch der Potentialentwicklung. Dabei soll das Assessment Center hier keinesfalls als Alternative zur periodisch durchzuführenden Mitarbeiter- oder Potentialbeurteilung verstanden werden.

Sowohl bei einem Gruppen- als auch beim Einzelassessment werden möglichst praxisnah Problemfelder definiert, um Situationen zu gestalten, in denen typische Verhaltensweisen wahrnehmbar werden. Die Kandidaten werden also in einer Dialog- oder Verhandlungssituation, einer Gruppendiskussion oder während eines oder mehrerer Interviews beobachtet und mittels systematisierter Beurteilungs- und Bewertungsverfahren eingeschätzt. Über den Einsatz der verschiedenen Verfahren hinweg ergeben sich Handlungsmuster, die einen zuverlässigen Rückschluß auf typische Verhaltensweisen zulassen. Im Zusammenhang mit dem anerkannten Nutzen des Assessment Center sind auch die Steigerung der Transparenz des Analyseverfahrens und der Beurteilungsergebnisse im Feedback-Gespräch, die größere Objektivität und die Risikominderung bei der Rekrutierung zu nennen. Einige Unternehmen, die als obligatorische Eingangsvoraussetzung in die Führungslaufbahn den erfolgreichen Besuch eines standardisierten Assessment Center vorsahen, stellten jedoch häufig nach mehreren Jahren fest, daß sie personelle Entscheidungen sehr einseitig akzentuierten und oftmals nur einen einzigen Persönlichkeitstypus duldeten. Statt Vielfalt ergibt sich so eher Einfalt. Durch eine professionelle Entwicklung durch Experten und die Verknüpfung von schriftlichen und mündlichen Verfahren muß deshalb auf jeden Fall sichergestellt sein, daß extrovertierte Laienschauspieler gegenüber zurückhaltenden, aber durchaus qualifizierten Kandidaten nicht einseitig bevorzugt werden.

In einem konventionellen Auswahlverfahren ist dies alles sicherlich nicht möglich. Durch Interviews lassen sich zwar Aussagen über beabsichtigte Verhaltensweisen gewinnen, beobachtbares Verhalten wird jedoch erst in entsprechenden praxisnahen Übungen möglich. Die unterschiedlichen Verfahren und Instrumente, die im Assessment Center genutzt werden, um die Nachteile und Begrenzungen des Einzelinterviews zu kompensieren und die jeweiligen Methodenvorteile maximal auszuschöpfen, ermöglichen so eine zuverlässige Bewertung und Beurteilung

- eines oder mehrerer Teilnehmer(s)
- durch mehrere Beobachter
- unter Einsatz verschiedener Instrumente

mit dem Ziel, Fähigkeits- und Persönlichkeitspotentiale sowie Fertigkeiten, Interessen und auch Einstellungen zu ermitteln. Diese Informationen dienen als generelle Basis für Auswahl- und Entwicklungsentscheidungen. Mehrere Personen als Beobachter werden im Assessment Center benötigt, um Verzerrungen, etwa aufgrund von Antipathie oder Sympathie oder von Einstellungen und Erfahrungen, zu vermeiden. Viele Vorteile des Assessment Center haben mittelbaren Charakter. Ein Assessment Center ermöglicht beispielsweise auch die Entwicklung der Fähigkeit der als Beobachter teilnehmenden Führungskräfte, Verhalten sensibel zu beobachten und Feedback zu geben.

Je nach Zielsetzung des Assessment Center sind unterschiedliche Elemente, Abläufe und Verfahrensweisen sinnvoll und möglich. Gibt es im Unternehmen mehrere Laufbahnmodelle wie Spezialisten-, Führungs- oder Projektlaufbahnen, dann muß ein Assessment Center sicherlich wesentlich breiter angelegt sein, als wenn es beispielsweise um die Auswahl von Verkaufsmitarbeitern geht. Ausgangspunkt jedes Assessment Center ist die Überlegung, welche Anforderungskriterien für die Beurteilung relevant sind. Nur dann können entsprechende Verfahren und Instrumente entwickelt und eingesetzt werden, die für die Situation zweckmäßig sind, und nur dann existiert eine Orientierungsgrundlage für die Beobachter. Die exakte Bestimmung der Anforderungskriterien ist die Basis für die Gültigkeit, Zuverlässigkeit und Unabhängigkeit des Assessment Center.

Bei der Festlegung der einzelnen Kriterien kann auf Positionsprofile, die im Unternehmen entwickelt wurden, zurückgegriffen werden. Anforderungskriterien können auch durch Analyse erhoben oder durch Befragungen von Führungskräften und Kunden ermittelt werden. Als besonders problematisch erscheint dagegen die unreflektierte und ungeprüfte Übernahme von Standardanforderungen aus der umfangreichen Fachliteratur. Die konsequente Begrenzung auf eine überschaubare Anzahl von Anforderungskriterien ist auf jeden Fall zweckmäßig, um die Beobachtungen auf eine seriöse Basis zu stellen. Das Assessment Center stellt also ein gruppenbezogenes Verfahren dar, in dessen Programm in Form von bestimmten Trainings- oder Übungseinheiten verschiedene praxisrelevante Situationen simuliert werden. Vor der Durchführung müssen jedesmal neu die Anforderungskriterien auf die jeweilige Position zugeschnitten werden. Nur so können wirklich praxisrelevante Trainings- und Übungsphasen mit spezifischen Anforderungen, die einen Bezug zu bestimmten Funktionen aufweisen, ausgewählt oder entwickelt werden. Innerhalb der Kriterienkategorien sind für die dargestellten einzelne Aspekte Aufgabenstellungen zu entwickeln. Als praxisnahe Anforderungskriterien haben sich beispielsweise die folgenden Kriterien bewährt:

○ Erscheinungsbild
  (Erscheinung, Ausstrahlung, Auftreten)
○ Persönlichkeit
  (Selbstbewußtsein, Begeisterung, Kritikfähigkeit)
○ Selbstmanagement
  (Zielstrebigkeit, Zeitplanung, Prioritätensetzung)

- Leistungsverhalten
  (Leistungsqualität, Leistungsquantität, Leistungsausdauer)
- Konfliktverhalten
  (Konflikterkennung und -handhabung, Konfliktfähigkeit)
- Zusammenarbeit
  (Kommunikation, Überzeugung, Durchsetzungskraft)
- Entwicklungspotential
  (Interesse, Motivation, Initiative)
- Ausdrucksvermögen
  (Sprache, Struktur, Sicherheit)

Die Kriterien werden durch operationale Items abgebildet, die wahrnehmbares Verhalten beschreiben sollen. Als eignungsdiagnostisches Verfahren mit dem Ziel, möglichst valide Aussagen über das Potential eines Kandidaten zu erhalten, wird das Assessment Center also insbesondere zur Überprüfung der Eignung bezüglich eines bestimmten Funktionsprofils und zur Prognose einer möglichen beruflichen Laufbahn durchgeführt. Jeder Kandidat wird von mehreren Beobachtern anhand im voraus definierter Kriterien beurteilt. Dabei empfiehlt sich die Kombination interner Beobachter (Führungskräfte) mit externen Beobachtern (Berater) immer dann, wenn im Unternehmen eine strategische Neuausrichtung gezielt ermöglicht werden soll und bei internen Beobachtern befürchtet werden muß, daß sie ihre Beobachtungen aus der Perspektive der bisherigen Strategie und Kultur akzentuieren.

Als Richtwert beim herkömmlichen Assessment Center gilt, daß zwölf Teilnehmer und sechs Beobachter plus ein Moderator diese Veranstaltung gemeinsam über einen Zeitraum von normalerweise eineinhalb bis zwei Tagen gestalten. Sehr bedeutsam ist es, die Beobachter für ihre Rolle als Repräsentanten des Unternehmens auch unter Gesichtspunkten des Personalmarketings auszuwählen und zu sensibilisieren. Stellt man hierbei auch in Rechnung, daß die Beobachter für die Ausübung ihrer Tätigkeit zusätzlich trainiert werden müssen, dann wird der personelle und zeitliche Aufwand dieses Verfahrens deutlich. Bei der Vorauswahl der Kandidaten für ein Assessment Center ist deshalb darauf zu achten, daß wirklich nur A-Kandidaten zugelassen werden. Aber auch Assessment Center haben Nachteile. Vielfach fühlen sich die Kandidaten wie Insekten auf dem Seziertisch. Da das Verfahren auf jeden Fall marketingorientiert sein soll, lohnt es sich, intensiv darüber nachzudenken, wie man auf partnerschaftliche Weise prüfen kann, ob man zueinander paßt. Dabei ist sehr wichtig, daß das Assessment Center nicht von der Stange, sondern ganz individuell auf die speziellen Anforderungen zugeschnitten ist. Ein Assessment Center umfaßt in der Regel die folgenden Phasen:

o die Vorselektion der Kandidaten (Teilnehmer),
o die individuelle Gestaltung der Beurteilungsinstrumente,
o die Auswahl und die Einweisung der Beobachter,
o die Planung und Organisation des Ablaufs,
o die Zuordnung der Beobachter zu den Phasen,
o die Planung der Auswertungs- und Feedbackphasen.

Wie aber sollte nun ein marketingorientiertes Assessment Center beispielsweise zur externen Rekrutierung von Führungsnachwuchskräften konkret vonstatten gehen? Die Lösung ist ein zweitägiges Bewerberkolloquium (siehe S. 137), wo Kandidaten und Führungskräfte aus dem Unternehmen Seite an Seite gemeinsam in Kleingruppen zu bestimmten Themenkomplexen Lösungen erarbeiten und Ergebnisse präsentieren.

Gerade bei Teilnahme von externen Kandidaten kann dabei vermieden werden, daß sich die Bewerber wie Labortiere beobachtet fühlen (*Birkenfeld*, 1992, S. 29). Auf beiden Seiten bleibt mehr Ruhe und Zeit für den Prozeß des intensiven Kennenlernens, zumal das Ausmaß an Streß und Druck für alle Beteiligten merklich reduziert ist. Da nach Prüfung der schriftlichen Unterlagen interessante Bewerber zunächst zu einem ausführlichen Gespräch eingeladen werden, sollte bereits zu diesem Zeitpunkt offen über den grundsätzlichen Ablauf des Assessment Center gesprochen werden. Als weitere streßabbauende und vertrauensfördernde Maßnahme sollte den Kandidaten bereits drei Wochen vor dem Kolloquium eine Liste von möglichen Themenschwerpunkten zugesandt werden. So haben alle Kandidaten die Möglichkeit, sich auf die Arbeit in den Kleingruppen vorzubereiten. Dabei müssen sie sich wohl oder übel auf alle genannten Themen einstellen, denn welche Aufgabe sie am Tage X tatsächlich zu bearbeiten haben, bleibt offen. Als praxisnahe Themen für Führungsnachwuchskräfte bieten sich beispielsweise an:

o Dynamische Vergütungssysteme
o Service als Wettbewerbsvorteil
o Konzentration oder Diversifikation
o Konsequente Kundenorientierung
o Flexible Arbeitszeitmodelle
o Das Management der Zukunft
o Frauen auf Erfolgskurs

Ablauf eines marketingorientierten und partnerschaftlichen Bewerberkolloquiums

Information: **Bewerberkolloquium**

1. Tag

1. **Ankunft und Check-in:** Bitte checken Sie zwischen 10.00 und 10.45 Uhr im Hotel ein. Sie erhalten Ihr Namensschild und die Information, zu welcher Gruppe Sie gehören.
2. **Start des Kolloquiums:** Das Bewerberkolloquium beginnt um 11.00 Uhr im Saal Darmstadt.
3. **Themenvergabe:** Nach Erhalt Ihres Themas bereiten Sie sich in einer Kleingruppe auf eines der sechs genannten Themen vor. Ihr persönlicher Pate betreut Sie in allen Phasen.
4. **Wir stellen uns vor:** Erfolgreich in besetzten Märkten.
5. **Kooperation im Team:** Gemeinsam mit Führungskräften aus verschiedenen Bereichen arbeiten Sie jetzt das an Sie vergebene Thema aus.
6. **Ideenskizze:** Die Erstellung der Ideenskizze soll, je nach Gruppenzugehörigkeit, unter verschiedenen Gesichtspunkten erfolgen. Sie arbeiten wieder im Team mit Führungskräften.

2. Tag

7. **Gruppenpräsentation:** Das Gruppenergebnis mit entsprechender Begründung wird von Ihrer Gruppe vor dem Plenum präsentiert.
8. **Einzelpräsentation:** Mit einem kurzen Statement (maximal 5 Minuten) haben Sie die Möglichkeit einer persönlichen Einzelpräsentation.
9. **Persönliches Interview:** In einem persönlichen Interview sprechen wir über Ihre individuellen Stärken und Schwächen.
10. **Auswertung:** Sie können und sollten uns Ihr Feedback zum Bewerberkolloquium geben.

    Von uns erhalten Sie eine detaillierte Auswertung und Karriereberatung.

    Das Bewerberkolloquium endet um 16.00 Uhr.

Allen Kandidaten ist zuerst einmal aus dem Kreis der beteiligten Führungskräfte ein Pate zur Verfügung zu stellen. Diesem Paten obliegt nicht nur während der beiden Tage die individuelle Betreuung und Motivation seines Schützlings, sondern es fällt ihm auch später bei der Beurteilung eine wichtige Advokatenrolle zu.

Bei der eigentlichen Arbeit sollten die Kandidaten zunächst einmal – ohne Beobachtung – unter sich bleiben. Nur so ist Gruppendynamik erreichbar, kann der letzte Rest Nervosität abgebaut werden. Erst später kommen die Führungskräfte als Teilnehmer hinzu. Dabei wird in der Weise rotiert, daß jede beteiligte Führungskraft alle Kandidaten in der Teamarbeit erleben kann. Jeder Beobachter hat am Ende jeden Teilnehmer also in mindestens einer Teamarbeit gruppendynamisch erlebt und bei verschiedenen Ergebnispräsentationen mehrfach beobachten und beurteilen können. Die Bewertungen werden für jeden Teilnehmer auf verschiedene Bewertungsbogen übertragen und bilden später die Diskussionsgrundlage für die Beobachterkonferenz. Bei einem so gestalteten Bewerberkolloquium gilt wirklich das Motto: Partnerschaftlich prüfen, ob man zueinander paßt. Jeder Kandidat kann sich mit Arbeitsstil, Denkweise und Verhalten der Führungskräfte auseinandersetzen und ebenfalls eine Auswahl- bzw. Selektionsentscheidung treffen.

Die im Assessment Center einsetzbaren Übungen und Einzelaufgaben sind sehr vielfältig (*Birkenbihl*, 1985, S. 249; *Vopel/Kirsten*, 1993, S. 159; *Jeserich*, 1981, S. 238; *Kirsten/Müller-Schwarz*, 1990, S. 24) und gestalten sich recht unterschiedlich. Dazu eine kleine überblicksartige Auswahl von Einzelaufgaben, die beim Assessment Center eingesetzt werden können:

o Lebensskriptanalyse
o Kennenlernübung
o Übungen zum Organisationsverhalten
o Übungen zum Teamverhalten
o Übungen zum Präsentationsverhalten
o Übungen zum Entscheidungsverhalten
o Verfahren der Eignungsdiagnostik

Lebensskriptanalyse: Hiermit werden typische Ereignisse, Erfahrungen und Erlebnisse und deren individuelle Verarbeitung analysiert und ausgewertet. Von ihnen wird auf zukünftige Zielsetzungen, Perspektiven und Entwicklungsmöglichkeiten geschlossen. Zum Einsatz kommen besondere Analyseinstrumente aus Psychologie und Sozialpsychologie (beispielsweise auch NLP – Neurolinguistische Programmierung).

Kennenlernübung: Eine typische Kennenlernübung ist die sogenannte Turmbauübung. Gruppen mit 4–8 Teilnehmern erhalten hierbei Materialien und Instrumente, wie Kartonpapier, Klebstoff, Papier, Schere und Lineal, um damit einen Turm zu errichten. Bei der Konstruktion dürfen nur Papierstreifen mit den Ausmaßen des Lineals verwendet werden. Die Gruppen stehen untereinander im Wettbewerb. Die Beurteilung der Türme durch die Jury erfolgt nach Kriterien wie Standfestigkeit oder Originalität. Die Jury besteht aus je einem Mitglied jeder Gruppe. Nach der Wahl oder Ernennung der Jurymitglieder verlassen diese sofort ihre Gruppen und bilden die Jury, der zunächst die Aufgabe zufällt, die genannten Beurteilungskriterien zu präzisieren. Anhand dieser Übung können die Teilnehmer verschiedene Aspekte der Kooperation in Gruppen konkret erfahren und hinsichtlich bedeutsamer Gruppenprozesse sensibilisiert werden. Außerdem wird durch intensive Kommunikation und Interaktion während der Übung das gegenseitige Kennenlernen gefördert.

Organisationsverhalten: Die Postkorbübung ist zwar wenig originell, aber eine beim Assessment Center fast schon obligatorisch eingesetzte Planungs- und Organisationsaufgabe, mit dem Prädikat „weniger empfehlenswert".

Beim Postkorb werden typische Aufgaben der beruflichen Praxis nachgespielt. Der Teilnehmer muß die Vielfalt der erhaltenen Informationen und Problemstellungen aufnehmen, strukturieren, gewichten und durch eine systematische Arbeitsorganisation bewältigen. Alle Instruktionen sind so gehalten, daß sie den Teilnehmer unter Zeitdruck setzen und ihn mit einer Reihe von außergewöhnlichen und mit Überraschungseffekten gespickten Vorfällen und Problemstellungen konfrontieren. Bestandteil der Postkorbübung ist häufig eine Zeitplanungs- bzw. Organisationsaufgabe, bei der die Erledigung bestimmter Angelegenheiten und Besorgungen geplant und koordiniert werden muß. Als Vorlage dient hierbei ein Lageplan, auf dem die einzelnen Anlaufstellen und die zwischen ihnen liegenden Wegezeiten eingetragen sind. Einzelne Stationen können jeweils nur zu bestimmten Zeiten und in einer sachlogisch aufeinander bezogenen Reihenfolge angesteuert werden. Ziel ist es, alle Anlaufstellen in der richtigen Reihenfolge und in möglichst kurzer Zeit zu erreichen.

Im Vordergrund der Verhaltensbeurteilung bei der Postkorbübung stehen Organisationsfähigkeit und Verarbeitungskapazität unter Zeitdruck, ferner intellektuelle Fähigkeiten und Fertigkeiten und Aspekte des Arbeitsstils wie etwa: Prioritätensetzung, Zeitplanung, analytische Fähigkeiten und Streßmanagement.

Teamverhalten: Eine Übung zum Verhalten im Team gehört zu den grundlegenden methodischen Bausteinen des Assessment Center und wird ohne individuelle Themenvorgaben durchgeführt. Im Kandidatenkreis werden Themen erörtert, die kontroverse Diskussionen hervorbringen. Die vorgegebenen Diskussionsthemen sind weit gestreut, wobei von den Teilnehmern unter mehreren Alternativen ausgewählt oder von ihnen selbst formuliert werden kann.

Bei diesen Gruppendiskussionen ist für die Beobachter vor allem von Interesse, wie die Teilnehmer die sachlichen Inhalte Ihrer Beiträge vorbringen. So wird insbesondere darauf geachtet, wie und ob sich jemand mit seinen Argumenten durchsetzt, ob sich ein Teilnehmer als Gruppenleiter profiliert und wie erfolgreich Beiträge und Verhaltensstrategien in bezug auf eine gemeinsame Lösung sind. Eine zusätzliche Dynamik des Diskussionsverlaufs wird meistens dadurch erzeugt, daß die Teilnehmer zu Beginn der Übung dazu aufgefordert werden, sich eine eigene Meinung zu bilden und diese bestmöglich zu verteidigen. Gleichzeitig wird von ihnen Kooperationsbereitschaft verlangt, da die Diskussion mit einem konsensfähigen Problemlösungsvorschlag abgeschlossen werden soll. In dieser Phase ist von den Kandidaten besonders soziale Sensibilität gefordert, um die Gratwanderung zwischen Durchsetzungsvermögen und Kooperationsfähigkeit zu meistern. Die genannten Aspekte sozialer Interaktion sind gleichermaßen für den Ablauf von Rollenspielen von Bedeutung. Die für die Teilnehmerbeobachtung relevanten Verhaltenskategorien sind bei beiden Übungsformen ähnlich.

Präsentationsverhalten: Bei der Präsentation erhält der Kandidat die Aufgabe, bestimmte Informationen, eine bestimmte Idee, eine Dienstleistung oder ein Produkt dem Auditorium in einer vorgegebenen Zeit auf möglichst attraktive Art und Weise nahe zu bringen. Mögliche Zwischenfragen müssen hierbei berücksichtigt werden. Im Verlauf der Präsentation sollte der Zuhörer einem gegliederten Argumentationsstrang mit Interesse folgen können, durch den eine bestimmte Ansicht und Wertschätzung eines Sachverhaltes, einer Idee oder eines Gegenstandes systematisch und überzeugend dargelegt wird.

Entscheidungsverhalten: Beim Rollenspiel zur Entscheidungseffizienz wird eine Problemsituation anhand eines Fallbeispiels formuliert. Die Teilnehmer werden gebeten, vorgegebene Rollen, die im Rollenspiel skizziert sind, zu übernehmen und im Verlauf des Spiels auszugestalten, während sie eine Lösung herbeiführen. Rollenspiele können mit 2 bis maximal 8 Teilnehmern besetzt werden. Die Rollenspiele sind häufig so angelegt, daß die Teilnehmer einen Konsens darüber erzielen sollen, wer von ihnen in den Genuß einer bestimmten Vergünstigung gelangen soll. Es müssen also Entscheidungskriterien gefunden werden, die eine der Sachlage angemessene, möglichst rationale Problemlösung ermöglichen, die von allen Beteiligten akzeptiert wird.

Als gängige Rollenspielvariante wird häufig auch eine Problemfallstudie präsentiert, der verschiedene Lösungsmöglichkeiten beigefügt sind, deren Güte und Adäquanz zur Diskussion stehen. So soll beispielsweise anhand einer Kurzschilderung der wirtschaftlichen Situation und Marktposition eines Unternehmens darüber entschieden werden, welche der vorgeschlagenen Investitions- und Innovationsstrategien den Vorzug verdient. Erwartet wird, daß die Teilnehmer von ihren jeweiligen Rollenperspektiven aus argumentieren, so etwa in ihrer Eigenschaft als Personal-, Finanz-, Produktions-, Vertriebs- oder Entwicklungschef. Dies führt zwangsläufig zu divergierenden Beurteilungen der einzelnen Alternativen und zu unterschiedlichen Akzentuierungen bei der Argumentation für oder gegen eine bestimmte Problemlösung. Auch hier stellt sich die Aufgabe, Kriterien und Strategien zu erarbeiten, durch die eine konsensfähige Lösung herbeigeführt werden kann. Bei der Durchführung des Rollenspiels gilt es, jene für Gruppenarbeit bedeutsamen Aspekte des Sozialverhaltens zu beachten, die bereits für die (führerlose) Gruppendiskussion als wichtige Verhaltensleistung skizziert wurden.

Eignungsdiagnostik: Bei den eignungsdiagnostischen Tests kann zwischen Persönlichkeits- und Leistungstests unterschieden werden. Sie werden zunehmend eingesetzt, da ihre Durchführung mit geringem Aufwand verbunden ist und ihre testtheoretischen Gütekriterien wie Objektivität, Reliabilität und Validität zufriedenstellend nachgewiesen sind. Die Entscheidung für diese Verfahren wird häufig damit begründet, daß sich durch sie kognitives Wissen und Intelligenzstrukturen und -komponenten sehr gut prüfen lassen.

Einzel- und Gruppeninterviews und der biographische Fragebogen sind obligatorische Ergänzungsinstrumente (auch als planungsbedingte Zeitfüller oder Abgleichgrößen) zu den bisher genannten Bestandteilen eines Assessment Center. Die Potential- und auch die Eignungsfeststellung am Ende eines Assessment Center hat unter Zugrundelegung der gewählten Aufgabenstellungen anhand der vorher genau definierten Kriterien auf mehreren Ebenen zu erfolgen.

Zunächst sind von allen Beobachtern kandidatenbezogene Bewertungsprofile zu erstellen, die bewußt unkompliziert zu gestalten sind. Die zweite Ebene beinhaltet eine Kandidateneinstufung durch den jeweiligen Paten, sicherlich auch ganz bewußt mit subjektiver Färbung. Auf der dritten Ebene ist jede Führungskraft aufgefordert, im Rahmen einer Beobachterkonferenz mittels eines Rangreihenverfahrens die fünf erstplazierten Kandidaten zu nennen und im Beobachtungsteam auch argumentativ zu vertreten. Aus diesen Einstufungen, die eine ausreichend breit erscheinende Grundlage bilden, ist schließlich ein Gesamtpotential (Abb. 37) zu ermitteln.

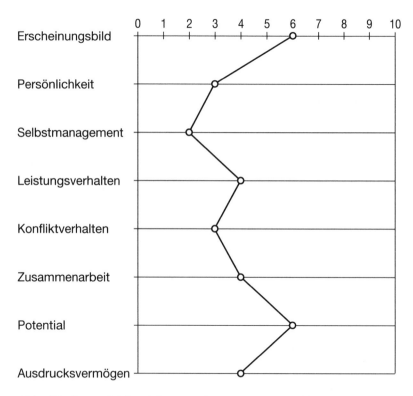

Abb. 37: Potentialeinschätzung eines Kandidaten (Gesamteinschätzung aus Profil und Rang)

Die Zuverlässigkeit, Unabhängigkeit und Gültigkeit dieser Vorgehensweise zeigt sich im Vergleich. Die Gesamteinschätzung des Kandidaten sollte eine eindeutige Tendenz aufweisen (Abb. 38).

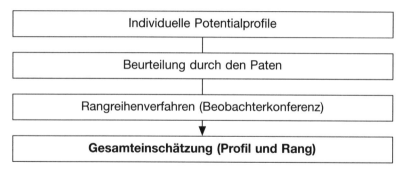

Abb. 38: Einschätzung eines Kandidaten (Kombination der Instrumente auf mehreren Ebenen)

Ganz wichtig bei abgelehnten Bewerben ist die detaillierte Erläuterung, warum man sie nicht einstellen kann. Bei diesen Feedback-Gesprächen sollte auch Einblick in alle Beurteilungs- und Bewertungssysteme und -verfahren gewährt werden. Tips und Hinweise zur Karriere und wie die Kandidaten sich in ähnlichen Situationen optimaler präsentieren können, runden das marketingorientierte Assessment Center ab.

4.2 Prinzipien der Mitarbeiterbeurteilung

Im täglichen Leben, ob beruflich oder privat, vollziehen sich permanent Vorgänge der Beurteilung. Ähnlich wie das Assessment Center hat auch die Mitarbeiterbeurteilung für viele immer noch den Charakter eines Reizwortes. Das gilt für Führungskräfte, für Mitarbeiter, aber auch für Experten (*Neuberger*, 1980, S. 27). Erfahrungen mit wenig transparenten und damit möglicherweise willkürlichen Beurteilungsabläufen mit gelegentlicher Generalabrechnung mögen sicherlich dazu beigetragen haben, daß Beurteilungen als unangenehme Pflichtübung angesehen werden. Bei Aussagen wie „sie wissen nicht, was sie beurteilen, aber das beurteilen sie sehr genau" wird meist vergessen, daß Beurteilung etwas wirklich ganz Alltägliches ist, da sie fast in jeder Situation, auch ohne ein formales Beurteilungssystem, stattfindet. Jeder positive oder negative Gedanke über einen anderen Menschen und jede persönliche Einschätzung basiert letztlich auf Überlegungen zur Beurteilung einer Leistung, eines Verhaltens, einer Persönlichkeit oder eines Potentials.

Die Zielerreichung im Unternehmen hängt von der individuellen Leistungs- und Entwicklungsfähigkeit eines jeden Mitarbeiters ab. Grundlage dafür ist, daß der Mitarbeiter eigenmotiviert ist und durch die Rahmenbedingungen Leistung auch gesehen, anerkannt und vergütet wird. Dazu gehört insbesondere, jeden Mitarbeiter klar und deutlich über seine Zielerreichung, seine Leistung und sein Leistungspotential aus der Sicht des Vorgesetzten und des Unternehmens zu informieren. Führung ohne Beurteilung ist kaum denkbar. Anerkennung und Kritik, Mitarbeiterförderung und -entwicklung setzen ein zuverlässiges und gültiges Meinungsbild über das Leistungsverhalten des einzelnen Mitarbeiters voraus. Die individuelle und bedarfsgerechte Entwicklung des einzelnen Mitarbeiters steht in modernen Beurteilungssystemen also viel stärker im Vordergrund als der Leistungsvergleich. Es geht nicht nur darum, wer der Leistungsfähigste ist, sondern auch darum, welche Potentiale der einzelne Mitarbeiter hat und wie diese Potentiale in partnerschaftlicher Verantwortung optimal genutzt und gefördert werden können. Zusammenfassend lassen sich die Notwendigkeit und die Ziele eines Beurteilungssystems mit den folgenden Aspekten begründen:

o Das System der Mitarbeiterbeurteilung ist ein vielfältig einsetzbares Führungsinstrument. Es liefert einerseits Informationen für Personalentscheidungen und ist andererseits die Basis für Anerkennung und Kritik.
o Für den Mitarbeiter ist es wichtig, seinen eigenen Beitrag zur Erreichung der gesetzten Ziele zu erkennen. Er kann erfahren, wie seine Leistung gesehen und bewertet wird.
o Für die Personalplanung ist es wichtig, sowohl die Leistungsqualitäten als auch die Entwicklungsmöglichkeiten und -erwartungen jedes einzelnen Mitarbeiters zu erfassen.
o Im Rahmen der individuellen Personalentwicklung liefert die Beurteilung wichtige Informationen für die Erkennung und Analyse des Trainings- und Weiterbildungsbedarfs.
o Die Verbesserung der vertikalen Kommunikation wird dadurch erreicht, daß sich der Vorgesetzte in einem Beurteilungsgespräch mit dem Mitarbeiter intensiv auseinandersetzen muß.
o Im Rahmen einer Einschätzung des jeweils individuellen Leistungsbeitrags kann die Beurteilung eine umfassende Orientierungshilfe für Vergütungsentscheidungen sein.
o Die Unternehmensleitung benötigt fundierte, zuverlässige und möglichst objektive Informationen über das aktuelle Leistungsvermögen der Mitarbeiter. Beurteilung ist damit auch Controlling personalwirtschaftlicher Prozesse.

Funktionsfähige Verfahren der Personal- und Potentialbeurteilung müssen jedoch als Führungs- und Entwicklungsinstrument eine hinreichende methodische Qualität aufweisen. Obwohl die Beurteilungsverfahren in zunehmendem Maße zum Einsatz kommen, besteht noch eine gravierende Unsicherheit über die methodische Gestaltung. Dies betrifft die Art des Beurteilungsverfahrens, die Gütekriterien und die Operationalisierung, aber auch die Entscheidung über die Skalierung.

Grundsätzlich können folgende Arten von Beurteilungssystemen (*Batz/Schindler*, 1983, S. 425) unterschieden werden (Abb. 39):

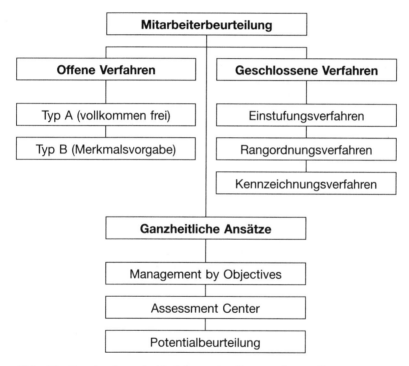

Abb. 39: Praxisrelevante Verfahren der Personalbeurteilung

Offene Beurteilung: Beobachtungen und Eindrücke über leistungsrelevante Verhaltensweisen werden meistens ohne (Typ A) oder mit geringen formalen Vorgaben (Typ B) in freien Worten festgehalten. Dadurch sind kaum Vergleiche zwischen Mitarbeitern möglich. Dieses Verfahren erfüllt nur bis zu einem gewissen Grad die Kriterien Unabhängigkeit, Zuverlässigkeit und Gültigkeit. Die Beurteilungsqualität ist in hohem Maße an die Fähigkeit des Vorgesetzten, beobachtungsgerecht zu formulieren, gebunden. Diese Art des Verfahrens ermöglicht den Beteiligten außerdem, problematische oder unangenehme Themen auszuklammern.

Geschlossene Beurteilung: Bei den geschlossenen Beurteilungen kann zwischen Einstufungs-, Rangordnungs- und Kennzeichnungsverfahren unterschieden werden. Bei Einstufungsverfahren werden Verhaltensbeobachtungen und Merkmalseinschätzungen auf mehrstufigen Skalen zugeordnet. Die Beurteilungskriterien werden meist allgemein formuliert, so daß sie unternehmensweit eingesetzt werden können. Je nach Status oder Funktion können die Kriterien unterschiedlich gewichtet werden. Eine allgemeine Regel für die Festlegung auf eine bestimmte Anzahl von Skalenstufen kann nicht gegeben werden. Allerdings sollte man berücksichtigen, daß mit tendenziell zunehmender Anzahl der Beurteiler hinsichtlich seiner Differenzierungsfähigkeit sicherlich überfordert wird. Für eine ungerade Stufenzahl spricht der Umstand, daß im Mittelwert ein fester Bezugspunkt gegeben ist. Eine gerade Stufenzahl zwingt dagegen zu einem ersten Entscheid, ob die Einschätzung über oder unter dem Durchschnitt liegt. Ein Beispiel für einen Beurteilungsbogen findet sich auf S. 147. Auch hier wird aus den schon mehrfach genannten Gründen zwischen Wichtigkeit und Zufriedenheit unterschieden. Eine Möglichkeit zur Visualisierung und Präsentation der Ergebnisse ist in Abb. 40 auf Seite 151 dargestellt.

Die Auswertung der Mitarbeiterbeurteilung kann mittels Standardsoftware, beispielsweise SPSS (*Brosius*, 1980, S. 26) erfolgen. Bei einem sehr kleinen Umfang kann die Auswertung auch manuell, wie bereits in Kapitel 2.7 ausführlich dargestellt, durchgeführt werden.

Die Einstufung in einem Rangordnungsverfahren kann normal, als Verhaltensrangprofil oder mit Quotenvorgabe vorgenommen werden. Wird die Rangreihe als Verhaltensrangprofil bestimmt, dann wird die Zuverlässigkeit, aber auch der Aufwand der Beurteilung erhöht. Bei der Rangreihe können auch Quoten für die Mitarbeiter vorgegeben sein, um Mittelwertstendenzen und unterschiedlichen Urteilsmaßstäben vorzubeugen. Durch den Verteilungszwang hat dieses Verfahren häufig eine relativ geringe Akzeptanz bei den Beurteilern.

Beispiel 6: Einstufungsbeurteilung (Mitarbeiterbeurteilung)

Wichtige Informationen!

Dieser Beurteilungsbogen kann nicht als gültig betrachtet werden, ohne daß Sie den begleitenden Interpretationsleitfaden zu Rate ziehen. Der Leitfaden gibt zu den entsprechenden Beurteilungsmerkmalen weitere Begründungen und Interpretationen. Die zusammengefaßten Werte des Beurteilungsbogens könnten sonst mißverstanden werden, wenn sie nicht auf die umfassenden Inhalte des Leitfadens bezogen werden.

Bitte bewerten Sie nur die Kategorien, die für den jeweiligen Aufgabenbereich Ihres Mitarbeiters auch tatsächlich zutreffen. Alle Items sollten von Ihnen auch nach der Wichtigkeit und der Zufriedenheit beurteilt werden. Ihre Beurteilung erfolgt auf einer Skala von 1–4 oder 0.

Wichtigkeit:
- 1 = sehr wichtig
- 2 = wichtig
- 3 = weniger wichtig
- 4 = unwichtig
- 0 = trifft für diesen Arbeitsplatz nicht zu

Zufriedenheit:
- 1 = sehr zufrieden
- 2 = zufrieden
- 3 = weniger zufrieden
- 4 = unzufrieden
- 0 = trifft für diesen Arbeitsplatz nicht zu

Bei Ihrer Beurteilung kreuzen Sie die zutreffende Ziffer an. Bitte bearbeiten Sie in jedem Fall zuerst die Fragen nach der Wichtigkeit, die die Beurteilungskriterien für Sie haben. Anschließend bewerten Sie bitte den Grad Ihrer Zufriedenheit mit Ihrem Mitarbeiter.

Wichtigkeit

1 2 3 4 0

1. **Erscheinungsbild**
   - Erscheinung
   - Ausstrahlung
   - Auftreten

2. **Persönlichkeit**
   - Selbstbewußtsein
   - Begeisterung
   - Kritikfähigkeit

3. **Selbstmanagement**
   - Zielstrebigkeit
   - Zeitplanung
   - Prioritätensetzung

Beispiel 6: Einstufungsbeurteilung (Mitarbeiterbeurteilung)
(Fortsetzung)

Wichtigkeit

4. **Leistungsverhalten**   1 2 3 4 0
   Leistungsqualität
   Leistungsquantität
   Leistungsausdauer

5. **Konfliktverhalten**
   Konflikterkennung
   Konflikthandhabung
   Konfliktfähigkeit

6. **Zusammenarbeit und Führung**
   Kommunikation
   Überzeugungskraft
   Durchsetzungskraft

7. **Entwicklungspotential**
   Interesse
   Motivation
   Initiative

8. **Ausdrucksvermögen**
   Sprache
   Struktur
   Sicherheit

Zufriedenheit

1. **Erscheinungsbild**   1 2 3 4 0
   Erscheinung
   Ausstrahlung
   Auftreten

2. **Persönlichkeit**
   Selbstbewußtsein
   Begeisterung
   Kritikfähigkeit

3. **Selbstmanagement**
   Zielstrebigkeit
   Zeitplanung
   Prioritätensetzung

Beispiel 6: Einstufungsbeurteilung (Mitarbeiterbeurteilung)
(Fortsetzung)

Zufriedenheit

1 2 3 4 0

4. **Leistungsverhalten**
   Leistungsqualität
   Leistungsquantität
   Leistungsausdauer

5. **Konfliktverhalten**
   Konflikterkennung
   Konflikthandhabung
   Konfliktfähigkeit

6. **Zusammenarbeit und Führung**
   Kommunikation
   Überzeugungskraft
   Durchsetzungskraft

7. **Entwicklungspotential**
   Interesse
   Motivation
   Initiative

8. **Ausdrucksvermögen**
   Sprache
   Struktur
   Sicherheit

9. Zusammenfassende Stellungnahme mit Hinweisen für das Instrument des Mitarbeitergesprächs:

_____
_____
_____
_____
_____
_____
_____
_____
_____
_____

Beispiel 6: Einstufungsbeurteilung (Mitarbeiterbeurteilung)
(Fortsetzung)

10. Diese Beurteilung wurde dem Mitarbeiter eröffnet und durchgesprochen (Datum und Unterschrift):

_____

_____

11. Diese Beurteilung habe ich zur Kenntnis genommen (Datum, Unterschrift und Personalcode):

_____

_____

12. Bemerkungen:

_____

_____

_____

13. Kenntnisnahme durch den nächsthöheren Vorgesetzten (Datum und Unterschrift):

_____

_____

_____

_____

Bei den Kennzeichnungsverfahren werden Listen mit vielfältigen Eigenschafts- oder Verhaltensbeschreibungen vorgegeben. Der Beurteiler hat dann die jeweils auf den Mitarbeiter zutreffenden Aussagen zu markieren oder anhand eigener Beobachtungen vergleichbare Verhaltensweisen stichwortartig zu formulieren.

Ganzheitliche Ansätze: Bei den ganzheitlichen Ansätzen zur Mitarbeiterbeurteilung hat sich neben der potentialorientierten Beurteilung und dem Assessment Center (für bestimmte Einsatzbereiche) vor allem das als Führungsinstrument relativ weit verbreitete Management by Objectives (MbO) etabliert. Aus der Zielhierarchie des Unternehmens werden für jeden einzelnen Mitarbeiter Individualziele abgeleitet und vereinbart oder vorgegeben. Für die Ziele werden Kriterien als Erfüllungsmaß festgelegt und der Zeitraum definiert, innerhalb dessen die Ziele zu erreichen sind. Am Ende des definierten Zeitraumes findet die Leistungsbewertung als Vergleich

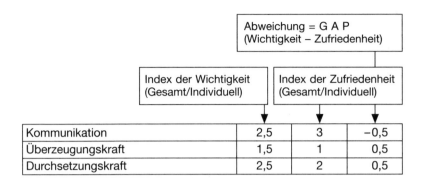

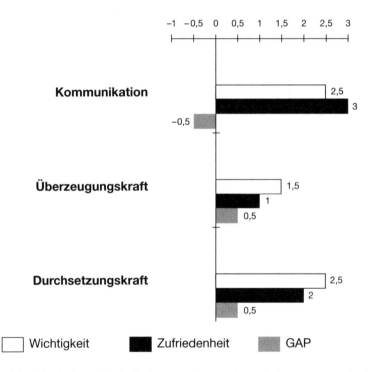

Abb. 40: Beispiel: Mitarbeiterbeurteilung (Item 3: Zusammenarbeit)

zwischen Soll- und Ist-Ergebnis statt. Dieses ganzheitliche Konzept kann sehr motivierend und leistungsfördernd sein, wenn die Mitarbeiter bei der Zielfindung beteiligt und die zu realisierenden Ziele auch konkret formuliert sind. Neben Ergebniszielen sollten auch Verhaltens- und Entwicklungsziele vereinbart werden.

Ein zukunftsorientierter Beurteilungsvorgang ist die Einschätzung und Bewertung von Mitarbeiterpotentialen. Mit einer potentialorientierten Beurteilung kann das Problem einer einseitig retrospektiven Leistungsbewertung vermieden werden. Wie bereits angedeutet, soll unter dem Leistungspotential eines Mitarbeiters die Gesamtheit der Leistungen unter qualitativen, quantitativen und entwicklungsbezogenen Aspekten verstanden werden, die dieser Mitarbeiter zukünftig erbringen kann (Abb. 41).

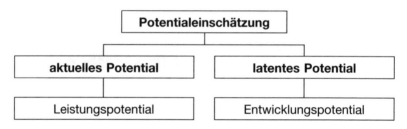

Abb. 41: Kategorien für die Akzentuierung von Potentialprofilen

Das aktuelle Potential umfaßt sämtliche Leistungen, die der Mitarbeiter aufgrund schon vorhandener Qualifikationen bereits erbringen kann, die aber in der Vergangenheit durch seine Arbeitsanforderungen noch nicht in Anspruch genommen wurden. Unter dem latenten Potential soll das Leistungsvermögen verstanden werden, dessen Ausprägung im Verlauf der weiteren persönlichen Entwicklung und bei Einsatz individueller Entwicklungsmaßnahmen zu erwarten ist.

Eine solche Potentialbeurteilung hat viele Funktionen. Sie dient sicherlich auch als wichtiges Selektionsinstrument bei der Einstellung von Mitarbeitern, fundiert Karriereentscheidungen und liefert Informationen über den qualitativen Führungskräftebestand im Unternehmen (*Rückle* et al, 1994, S. 137). Darüber hinaus zeigt sie den konkreten Entwicklungsbedarf auf, indem sie die Anforderungen einer bestimmten Führungsposition mit dem Leistungspotential hierfür in Frage kommender Führungskräfte vergleicht, wobei sich aus negativen Abweichungen einzelne Entwicklungsmaßnahmen ergeben. Dennoch wird die Potentialbeurteilung, das Assessment Center einmal ausgenommen, gerade in der theoretischen Diskussion noch immer stark kritisiert.

Werden bei der Potentialbeurteilung vergleichbare Kriterien wie bei der retrospektiven Mitarbeiterbeurteilung verwendet, zeigt sich, daß diesen Kriterien für die Potentialbeurteilung unterschiedliche Bedeutung zukommt. Aus einem Katalog dieser Kriterien lassen sich diejenigen bestimmen, die für den zukünftigen Erfolg von Mitarbeitern bei der Bewältigung ihrer Aufgaben von zentraler Bedeutung sind. Diese Kriterien gelten dann funktionsneutral und müssen lediglich durch fachspezifische Aspekte ergänzt werden.

Im Zentrum steht dabei die sogenannte Helikopterfähigkeit (*Hilb*, 1994, S. 136), eine Fähigkeit, immer im Sinne der Werte-, Prozeß- und Ergebnisqualität zu handeln. Dieses Potential wird mit zunehmendem Verantwortungsbereich immer wichtiger. Die Ergebnisse der Potentialbeurteilung können in qualitativer und quantitativer Form standardisiert und auch per Datenverarbeitung abgespeichert werden. Bei Entwicklungsplanungen oder personellen Vakanzen kann durch Abgleich mit den entsprechenden Anforderungsprofilen ermittelt werden, welcher Mitarbeiter mit welchen Potentialen dem Anforderungsprofil am ehesten entspricht. Um nicht übertriebene Erwartungshaltungen zu wecken, empfiehlt es sich, die Mitarbeiter auf die Durchführung der Potentialbeurteilung sehr intensiv vorzubereiten. Denn erfüllen sich die vor oder nach Durchführung der Potentialbeurteilung geweckten Erwartungen nicht, kann dies bis zur inneren Kündigung wichtiger Mitarbeiter führen. Von Personalmarketing kann man in diesem Fall sicherlich nicht mehr sprechen.

Allgemein gehören Mitarbeiter- und Potentialbeurteilung zu den sensibelsten, zugleich aber auch zu den wirksamsten Führungsinstrumenten. Doch auch das beste System kann in der praktischen Anwendung immer nur unterstützenden Charakter haben. Ohne Engagement aller Beteiligten, das sich in der täglichen differenzierten Auseinandersetzung mit allen Themen, Problemen und Facetten ausdrückt, wird es immer ein Schubladenpapier bleiben. Je klarer und transparenter die Prinzipien definiert sind, desto weniger Mißverständnisse entstehen bei der Umsetzung. Die Art des Beurteilungssystems muß zum Unternehmen passen und auf die anderen Instrumente und Programme des Personalmarketings abgestimmt werden. Die grundlegenden Phasenschritte bei der Entwicklung eines funktionsbezogenen und differenzierten Beurteilungssystems (*Hilb*, 1994, S. 74) lassen sich wie folgt zusammenfassen:

o Analyse des Positionsprofils
o Definition des Anforderungsprofils
o Festlegung der Beurteilungskriterien
o Erstellung des Beurteilungsleitfadens
o Zusammenstellung der Beobachtungen
o Auswertung der Beobachtungen
o Beurteilung der Beobachtungen
o Vergleich der Beurteilungsergebnisse
o Durchführung des Beurteilungsgespräches

Unabhängig von diesen Phasen sollte die Art und Struktur des Beurteilungssystems eine einfache Handhabung beispielsweise durch eindeutig und klar definierte Beurteilungskriterien ermöglichen. Alle Beteiligten müssen im Rahmen von Workshops in das System eingewiesen werden, und die Beurteilungen müssen regelmäßig stattfinden. Das Beurteilungsgespräch ermöglicht auch die gemeinsame Vereinbarung von Zielen und Entwicklungsmaßnahmen. Der Führungsaspekt der Beurteilung rückt so zentral in den Vordergrund.

4.3 Karriereprogramme mit System

Ein integriertes System der Karriereplanung ermöglicht einen Gesamtüberblick über die notwendigen und vorgesehenen Maßnahmen und ist damit sicherlich ein sehr wichtiger Personalmarketingfaktor. Es spricht sich sicherlich schnell herum, in welchem Unternehmen professionelle und systematische Karriereplanung betrieben wird, und wo dies weniger oder kaum der Fall ist. Zur Karriereplanung im Unternehmen ist die Beantwortung folgender Fragen notwendig:

o Ist das Design der einzelnen Positionen formuliert?
o Sind die konkreten Anforderungen spezifiziert?
o Sind die einzelnen Entwicklungsschritte definiert?
o Ist die Erreichbarkeit von Funktionen geklärt?

Soweit Mitarbeiter oder Kandidaten als förderungswürdig angesehen werden, nehmen sie an einer gezielten Karriereplanung (Abb. 42) teil.

Grundlage einer solchen Entscheidung sind, ergänzend zur Potentialbeurteilung, auch die vom unmittelbaren Vorgesetzten durchzu-

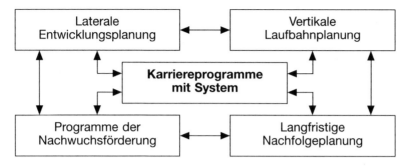

Abb. 42: Kernelemente einer praxisorientierten Karriereplanung

führenden Entwicklungs- und Fördergespräche. Vor dem Hintergrund einer positiven Potentialeinschätzung geht es hier darum, ein abrundendes Bild über die individuellen Stärken oder Schwächen zu erhalten und damit auch den Mitarbeiter als Persönlichkeit zu erfassen. Zu klären bleibt weiterhin die Frage des individuellen Entwicklungsbedarfs.

Der Besetzungsbedarf kann nach sog. Positionsfeldern strukturiert werden. Positionsfelder können über Ähnlichkeiten in den Potentialkategorien (Abb. 43) definiert werden. Dahinter steht die Überlegung, daß sich aufgrund bestimmter Planungsunsicherheiten

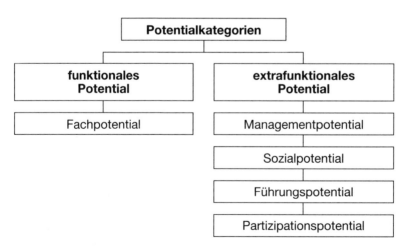

Abb. 43: Kategorien für die Akzentuierung von Potentialprofilen

eine Entwicklung von Mitarbeitern verbietet, die sich ausschließlich an den Anforderungen einer einzelnen, zukünftig zu besetzenden Position ausrichtet. Es kommt vielmehr darauf an, Mitarbeiter mit Potentialen so zu qualifizieren, daß sie den Anforderungen eines komplexen Aufgabenfeldes gerecht werden können. Damit kann durch eine breite Qualifikationsbasis ein Puffer geschaffen werden, mit dem Unwägbarkeiten in der Karriereentwicklung abgefedert und zugleich die Chancen des Mitarbeiters auf eine adäquate Position verbessert werden. Mit der Ermittlung des Besetzungsbedarfs nach Positionsfeldern liegen Sollgrößen vor, die quantitativ und qualitativ die Leitlinie für die Karriereentwicklung bilden müssen.

Die individuelle Personalentwicklung muß dann wesentlich dazu beitragen, daß Mitarbeiter mit Führungspotential vor der Übernahme verantwortungsvollerer Aufgaben auf die jeweilige Position vorbereitet sind.

Zukünftig muß ein Teilnehmer an einem Karriereprogramm über die relevanten Voraussetzungen für angestrebte Positionsfelder in hinreichendem Maße verfügen. Erst dann wird er einen vorgesehenen Verantwortungsbereich übernehmen können. Karriereentwicklung vollzieht sich deshalb in erster Linie durch die Übernahme von konkreten Aufgaben im Rahmen von Entwicklungsstufen für das jeweilige Positionsfeld. Wichtige Voraussetzung dieser Potentialplazierung ist die ständige Entwicklungsbereitschaft. Diese Bereitschaft ist auch davon abhängig, inwieweit sich die persönlichen und beruflichen Ziele der Mitarbeiter mit den Unternehmenszielen in Einklang bringen lassen. Karriereplanung kann bereits in der Erstausbildung beginnen. Aus dieser Zielgruppe wird in der Regel das untere Management wie Vorarbeiter oder Meister rekrutiert. Erst dann zu reagieren, wenn ein aktueller Bedarf entsteht, ist entschieden zu spät, weil dann die notwendige Entwicklung in der Regel nicht mehr erfolgen kann.

Unter lateraler Entwicklungsplanung versteht man die Planung einer Fachlaufbahn, in der die Aufgaben- und Expertenkompetenz systematisch ausgeweitet wird. Die Einrichtung solch dynamischer Strukturen im Unternehmen als formalisierte, festgelegte und für die Unternehmensmitarbeiter transparente Positionsfolgen, die neben der traditionellen Managementlaufbahn existieren, ist sehr wichtig, um langfristige Entwicklungsperspektiven aufzeigen zu können und das gerade in einer Zeit, in der dies durch das Herausschneiden ganzer Hierarchieebenen nur noch begrenzt möglich ist. Diese Strukturen eröffnen die Möglichkeit der Karriereentwicklung in vielen Bereichen. Denkbar sind sowohl Fach- und Projektlaufbahnen als auch bestimmte Sonderformen. Die laterale Entwicklungsplanung im Unternehmen ist neben der traditionellen Leitungshierarchie eine für qualifizierte Spezialisten geschaffene Form. Charakteristisch für Positionen dieser Laufbahn ist ein geringer Umfang an Managementaufgaben und ein hoher Anteil an rein fachspezifischen Aufgaben. Ziel ist die Förderung, Erhaltung und Belohnung besonderer Leistungen im Unternehmen. Diese Entwicklung kann für Spezialisten ohne Personalverantwortung zusätzliche Entwicklungsmöglichkeiten schaffen und damit mehr Motivation und Identifikation freisetzen. Damit die Entwicklungsplanung in der Praxis zu einem effektiven, strategieumsetzenden Instrument wird, ist u. a. darauf zu achten, daß der strukturelle Entwurf zweckmäßigerweise von einer Arbeitsgruppe entwickelt wird und auch die Einführung durch partizipative Prozesse positiv beeinflußt wird, um entsprechende Akzeptanz bei allen Betroffenen zu erreichen.

Da viele Bereiche zunehmend ganz oder teilweise projektorientierte Aufgabenstrukturen haben, können zusätzliche Möglichkeiten der Entwicklung durch die Schaffung einer Projektlaufbahn erreicht werden. Eine Projektlaufbahn umfaßt parallel zur vorhandenen Leitungshierarchie eine systematisch organisierte Positionsstruktur, die sich meist durch mehr Sach- und Personalverantwortung bei höherer Aufgabenkomplexität auszeichnet. Eine Projektlaufbahn schafft zusätzliche Möglichkeiten, die Karriere von Spezialisten zu planen. Auch für Mitarbeiter ohne Interesse an Projektleiterpositionen oder ein entsprechendes Potential dafür bietet eine Projektlaufbahn durchaus Entwicklungsmöglichkeiten, wenn sukzessive komplexe Problemstellungen übertragen werden und damit Aufgabenerweiterungen und -veränderungen verbunden sind. Insofern eignet sich die Projektlaufbahn auch als Instrument zur Qualifikation von Nachwuchsführungskräften für die Top-Ebene. Generell sollte bei der Übernahme von Projektverantwortung die spätere Einsatzmöglichkeit nach Abschluß bestimmter Projekte eingeplant werden. Neben den hier geschilderten Modellen ergeben sich noch bestimmte Sonderformen der Entwicklung. Hier sind zu nennen:

o **Beratungsaufgaben:** Mitarbeiter erhalten für 3–5 Jahre die Möglichkeit, sich ausschließlich der Lösung komplexer Spezialprobleme zu widmen.
o **Mentoraufgaben:** Erfahrene Mitarbeiter übernehmen die Mitverantwortung für die weitere Entwicklung jüngerer Kollegen.

o **Team-enrichment:** Mitarbeiter werden zeitlich befristet in themenübergreifende Aufgaben involviert, um ihre berufliche (internationale) Erfahrung gezielt zu erweitern.

Als vertikale Laufbahnplanung wird hier die Planung des hierarchischen Aufstiegs innerhalb des Unternehmens bezeichnet. Im Rahmen der vertikalen Laufbahnplanung wird, zumindest in Umrissen, festgelegt, welche Positionen der einzelne Mitarbeiter innerhalb eines festen Zeitraumes durchlaufen soll. Zu diesem Zweck müssen Laufbahnübersichten in Form einer Strukturübersicht angefertigt werden (*Olesch*, 1989, S. 48). Auf der Basis der Laufbahnübersichten sollen alle Abteilungsleiter für ihre Mitarbeiter eine Leistungs-, Potential- und Laufbahnbeurteilung vornehmen. Diese wird mit dem jeweiligen Bereichsleiter besprochen, der dann wiederum die Abteilungsleiter beurteilt. Dieser Ablauf wird bis zur Unternehmensleitung weitergeführt. Der Personalbereich moderiert und koordiniert diese Teamsitzungen und legt nach Ablauf des Verfahrens der Geschäftsführung die aggregierte Laufbahnübersicht zur Genehmigung vor. Es ist in diesem Zusammenhang wichtig, daß die Ergebnisse für jeden Mitarbeiter einzeln festgelegt und Schritt für Schritt geplant und umgesetzt werden.

Um einen Überblick über die Personalsituation zu gewinnen, kann zusätzlich ein Personalportfolio erstellt werden. Die Einstufungen erfolgen anhand der Kategorien (heutiges) Leistungsverhalten und (heutiges) Leistungspotential, so daß die Matrix über den augenblicklichen Istzustand informiert (Abb. 44). Die Führungskräfte definieren aus ihren Bereichen heraus bei jeweils dafür in Frage kommenden Nachwuchskräften, ob diese in den jetzigen Positionen bleiben sollen und ein niedriges oder hohes Leistungsniveau besitzen oder ob sie für anspruchsvollere Aufgaben im Unternehmen aufgrund des hohen Leistungsverhaltens und Leistungspotentials entwickelt werden könnten.

Für die Mitarbeiter des Segments Leistungsträger und Top-Kandidaten, die eine hervorragende Gesamtleistung und ein sehr hohes Potential aufweisen, haben die direkten Vorgesetzten in Zusammenarbeit mit deren Vorgesetzten und dem Personalverantwortlichen die Aufgabe, individuelle Laufbahnpläne zu entwickeln und diese in die Nachfolgepläne zu integrieren. Für die Mitarbeiter des Segments Mitläufer, die ein sehr unbefriedigendes Leistungsverhalten zeigen und kaum Entwicklungspotential aufweisen, können oder sollten Überlegungen für gezielte Outplacement-Maßnahmen eingeleitet werden. Bei den Mitarbeitern mit hohem Leistungspotential und geringem Leistungsverhalten (Fragezeichen) muß vor

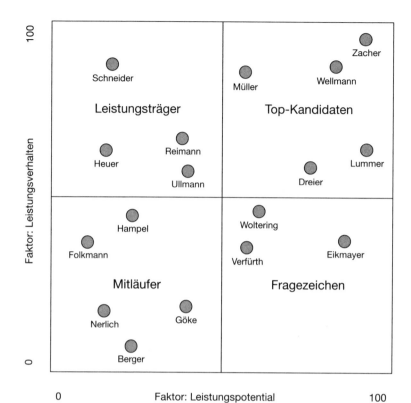

Abb. 44: Portfolioansatz als Grundlage der vertikalen Laufbahnplanung

allem durch intensive Gespräche Ursachenforschung betrieben werden.

Die vertikale Laufbahnplanung kann einen starken marketingorientierten Effekt auf den Mitarbeiter ausüben, sich selbst systematisch weiterzuentwickeln. Neben Vergütungsanreizen steht bei vielen vor allem die soziale und fachliche Anerkennung im Vordergrund. Auch wenn ein weiterer Aufstieg erst nach mehreren Jahren möglich wird, kann die erwünschte Marketingzielsetzung bereits durch ein Laufbahngespräch erreicht werden. Im Rahmen der vertikalen Laufbahnplanung kann mit unterschiedlichen Konzepten gearbeitet werden, je nachdem, wie die Zuordnung von Mitarbeitern zu bestimmten Funktionen erfolgen soll. Dabei lassen sich drei Konzepte unterscheiden.

o **Karrierenachfolge**
Für jede Führungskraft wird ein Nachfolger bestimmt und individuelle Entwicklungsmaßnahmen festgelegt.
o **Karrierespektrum**
Hier gibt es eine allgemein verbindliche Festlegung für die Abfolge von Positionen. Diese Laufbahnen stehen prinzipiell allen Mitarbeitern offen, sofern sie die erforderlichen Potentiale besitzen.
o **Karrierepool**
Eine klare Zuordnung von Mitarbeitern zu entsprechenden Positionen wird nicht vorgenommen. Es wird lediglich eine bestimmte Anzahl von Mitarbeitern auf zukünftige Aufgaben vorbereitet.

Systematische Nachwuchsförderung bedeutet auch gleichzeitig langfristige Nachwuchssicherung (*Maier/Fröhlich*, 1992, S. 104). Dies gilt insbesondere für den Führungsnachwuchs im Unternehmen. Qualifizierte junge Mitarbeiter sind langfristig nur dann an das Unternehmen zu binden, wenn ihnen interessante Perspektiven geboten werden, beginnend bei der Darstellung interessanter Traineeprogramme und abwechslungsreicher Angebote für den Direkteinstieg bis hin zur Eröffnung von Aufstiegschancen. Aus der Perspektive des Personalmarketings sollte es deshalb ein zentrales Anliegen sein, vielseitige Anreize für die Mitarbeiter zu setzen. Nachwuchsförderung bedeutet auch, einen Abgleich zwischen den Karrierewünschen des Nachwuchses und den Erfordernissen des Unternehmens herzustellen. Ist ein Unternehmen fähig und willig, Perspektiven anzubieten, so kann es davon ausgehen, daß ein engagierter und motivierter Nachwuchs vorhanden ist. Großes Engagement und ein gutes Arbeitsklima können gesichert werden, wenn die individuellen Erwartungen nach Verantwortung, Entfaltung, Partizipation, Karriere und Selbstverwirklichung erfüllt werden. Schließlich wird durch derartige Möglichkeiten auch die Identifikation mit dem Zielsystem des Unternehmens erhöht.

Je verbindlicher die Zuordnung des Nachwuchses zu bestimmten Aufgabenbereichen erfolgt, desto planbarer werden auch die individuellen Entwicklungsmaßnahmen. Andererseits wird jedoch dadurch das Risiko möglicher Fehlinvestitionen höher. Abhilfe können hier Traineeprogramme schaffen.

Durch ein Traineeprogramm für junge Nachwuchskräfte wird sichergestellt, daß die Mitarbeiter im Rahmen eines vorgegebenen Zeitrasters planmäßig und systematisch verschiedene Abteilungen und Bereiche des Unternehmens kennenlernen. Eine speziell abgestimmte Weiterbildung (Sonderaufgaben, Entsendungen, Seminare, Training) gestaltet das Traineeprogramm als umfassendes und vernetztes Instrument zur Qualifikationsvermittlung.

Die weitere Entwicklung im Rahmen von Traineeprogrammen oder auch bei Direkteinstieg kann beispielsweise durch Job rotation, Job enlargement oder Job enrichment erfolgen. Job rotation ist der geplante Einsatz einer Führungs- oder Nachwuchskraft in verschiedenen Funktionen. Durch Job rotation erfolgt ein Kennenlernen der verschiedenen Bereiche und Abteilungen. Vernetztes Denken wird durch das Erfahren von betrieblichen Zusammenhängen gefördert und mehr Verständnis für betriebliche Abläufe und Personen entwickelt. Job enlargement ist die geplante (quantitative) Vergrößerung des Tätigkeitsfeldes der Nachwuchskraft. Es kommen im Laufe des Traineeprogramms – systematisch geplant – neue Tätigkeiten dazu. Vorhandene Fähigkeiten werden durch Vergrößerung des Tätigkeitsfeldes forciert und genutzt. Die Lernbereitschaft wird durch die neuen Aufgaben gefördert. Beim Job enrichment wird das Tätigkeitsfeld der Nachwuchsführungskraft gezielt qualitativ vergrößert. Beim Job enrichment erhöhen sich die Anforderungen, Kompetenzen und Verantwortungsbereiche beispielsweise durch Projektleitungstätigkeiten. Die Selbstentwicklungsfähigkeit wird systematisch gefördert und entwickelt.

Zusammenfassend kann die Entwicklung von Nachwuchsführungskräften als ein Prozeß bezeichnet werden, der im wesentlichen aus einer geordneten und systematischen Folge von Entwicklungs- und Bewährungsstationen, vielfach als Traineeprogamm bezeichnet, mit verantwortlicher Übernahme von verschiedenen Aufgaben besteht. Deshalb ist es gerade für junge Führungsnachwuchskräfte von besonderer Bedeutung zu erfahren, welche Entwicklungsphasen in welcher zeitlichen Reihenfolge für die Entwicklung vorgesehen sind.

Bei der langfristigen Nachfolgeplanung muß es primär um qualifizierte Kontinuität auf allen Ebenen gehen. Kontinuität ist dabei nicht an Personen gebunden und nicht statisch. Praktisch kann so vorgegangen werden, daß man die augenblicklichen Funktionsinhaber bezüglich der Altersstruktur analysiert und dann einen Zeitraum von jeweils 5 Jahren hinzuaddiert. Das ergibt dann eine Situation, in der Führungskräfte in der Regel neue Aufgaben wahrnehmen, befördert werden oder auch in den Ruhestand gehen. Bekannt sein sollte auf jeden Fall die Situation für die strategisch wichtigen Führungspositionen im Unternehmen. Die folgenden Fragen sind dabei zu beantworten:

o Wer ist der augenblickliche Funktionsinhaber?
o Wie viele Berufsjahre hat er noch vor sich?
o Ist bereits ein Nachfolgekandidat definiert?
o Wie sieht das Positionsprofil der Funktion aus?
o Gibt es Mitarbeiter, die diesem Profil entsprechen?
o Wo sind mögliche Nachfolgegaps erkennbar?

Die Nachfolgeplanung macht damit das Fehlen von Nachfolgekandidaten für bestimmte Positionen (Beispiel 7) augenfällig, so daß die notwendigen Entwicklungsmaßnahmen zeitgerecht vorgenommen werden können. Aus dem Nachfolgeplan geht auch hervor, ob für alle wichtigen Positionen qualifizierte Kandidaten zur Verfügung stehen, wer diese jeweils sind, wie und ob sie ihrerseits mit Nachfolgern versehen sind und welche Veränderungen möglicherweise eintreten werden. Mit einer langfristigen Nachfolgeplanung wird die Besetzung von zukünftigen Führungspositionen kalkulierbar und transparent. Teure Schnellschüsse bei der kurzfristig notwendigen Neubesetzung von Stellen werden so vermieden. Mit Hilfe des definierten strategischen Nachfolgeplans wird festgelegt, welche Positionen in welcher Zeit, mit welchen Kompetenzen, mit welchen Personen besetzt werden sollen. Bei diesem Konzept wird die Verantwortung für potentielle Nachfolger weitestgehend in die Hände der jeweiligen Positionsinhaber gelegt. Das Personalmanagement bietet Informationen über mögliche Laufbahnen und Entwicklungsmaßnahmen an.

Beispiel 7: Positionsprofil

1.0 Positionsbezeichnung: Leiter Personalmarketing

2.0 Unternehmen
2.1 Charakteristika

Weltweit tätiges Unternehmen (75 % Export) aus dem Bereich Maschinenbau; Produkte sowohl für den Haushalts- (Konsumgüter) als auch den Industriebereich (Investitionsgüter); Rechtsform AG; Konzernumsatz: weit mehr als 1 Mrd. DM; mehr als 8000 Beschäftigte.

2.2 Standort

Attraktive Universitätsstadt in Nordwestdeutschland

3.0 Verantwortungsbereich
3.1 Organisatorische Einordnung

Beispiel 7: Positionsprofil (Fortsetzung)

Der Leiter Personalmarketing berichtet als Abteilungsleiter dem zuständigen Vorstandsmitglied und arbeitet eng mit dem Hauptabteilungsleiter Personal- und Sozialwesen zusammen.

3.2 Aufgabenstellung

Der Funktionsinhaber hat zunächst die Aufgabe, die Konzeption von Personalmarketinginstrumenten und -maßnahmen zu erarbeiten, die auf die zukünftigen Bedürfnisse des Unternehmens ausgerichtet sind. Anschließend ist dieses System des Personalmarketings vollständig und umfassend einzuführen und ein reibungsloses, erfolgreiches Funktionieren sicherzustellen. In enger Zusammenarbeit mit dem Hauptabteilungsleiter Personal- und Sozialwesen sind in das System alle notwendigen Maßnahmen der Mitarbeiterförderung wie Weiterbildung und Laufbahnplanungen inklusive Job-rotations zu integrieren. Soweit notwendig, sind Überlegungen und Maßnahmen zur Unternehmens- und Organisationsentwicklung mit einzubeziehen.

3.3 Aufgabenschwerpunkte

Im einzelnen ergeben sich folgende Aufgabenschwerpunkte:

- Erfassung und Analyse des Handlungsbedarfs
- Personalmarketingplanung und -zielüberprüfung
- Systematische Qualifikationsdiagnose und -prognose
- Erfassung des vorhandenen Mitarbeiterentwicklungspotentials
- Nachfolgeplanung und Nachfolge-Entwicklungsplanung
- Anpassung des Personalbeurteilungssystems
- Bewußtseinsbildung für Personalmarketing
- Konzeption und Implementation einer Laufbahnplanung
- Funktionsbeschreibung und -bewertung
- Systematische Analyse der Arbeitsplatzanforderungen
- Einbettung des Personalmarketings in die Corporate Identity
- Beratung des Vorstandes in Fragen des Personalmarketings
- Beratung der Führungskräfte in Personalmarketingfragen

4.0 Gehalt

Der Gehaltsrahmen der Position richtet sich nach der Qualifikation, dem Alter und der einschlägigen Berufserfahrung.

5.0 Anforderungen
5.1 Ausbildung und Berufserfahrung

Der zukünftige Funktionsinhaber verfügt über eine wirtschaftswissenschaftliche Hochschulausbildung (Diplom-Kaufmann, Diplom-Volkswirt, Diplom-Ökonom), idealerweise mit dem Schwerpunkt Marketing,

Beispiel 7: Positionsprofil (Fortsetzung)

Personal oder Soziologie. Eine mehrjährige Praxis im Personalmanagement eines internationalen Unternehmens ist notwendig, wobei der Gesuchte möglichst alle Bereiche eines modernen Personalmanagements durchlaufen haben sollte. Des weiteren sollte er sich auf die Bereiche Personalmarketing und eventuell Unternehmensentwicklung spezialisiert haben. Der Kandidat sollte die Personalarbeit in einem Unternehmen, möglichst des produzierenden Investitionsgütergewerbes, kennengelernt haben, das weit über das Stadium der sogenannten Personalverwaltung hinausgewachsen ist, in dem sinnvolle Instrumente moderner Personalarbeit eingesetzt werden und die Personalfunktion akzeptierter Bestandteil des Topmanagements ist.

5.2 Persönlichkeitsmerkmale

Der Idealkandidat ist eine souveräne, agile und ausgeglichene Persönlichkeit. Er ist in der Lage, unterschiedliche oder gegensätzliche Interessen abzuwägen und bei Konflikten zu vermitteln. Im Sozialverhalten zeigt er sich kooperativ, gewinnend, überzeugend, kontaktfreudig, sicher im Auftreten und engagiert. Er verfügt über Belastungsvermögen, gute Ausdrucksfähigkeit und eine systematische Arbeitsweise. Gesprächspartner unterschiedlicher Ebenen und verschiedenartigster Fachbereiche überzeugt er durch fachliche und persönliche Kompetenz. Bei der Entwicklung und Durchführung von Konzepten ist er kreativ, energisch und zielorientiert, hat aber auch einen Blick für das Pragmatische. Der Kandidat sollte das Potential haben, eine Position mit weitergehendem Verantwortungsbereich zu übernehmen.

5.3 Alter

Der Idealkandidat ist ca. 40 Jahre alt.

5.4 Sprachkenntnisse

Verhandlungssichere Englischkenntnisse und Grundkenntnisse in Französisch, Spanisch oder Holländisch.

5.5 Verfügbarkeit

So früh wie möglich.

4.4 Das Primat der offenen Kommunikation

Mitarbeiter haben Anspruch auf ausreichende Informationen über das Unternehmen und seine Zielsetzungen. Es muß eine systematische, umfassende und offene Kommunikation mit den Mitarbeitern gepflegt werden. Den Mitarbeiter als Partner betrachten heißt auch, Zeit für persönliche Gespräche zu haben, ganz gleich, ob es sich um den Abteilungsleiter, die Sekretärin oder den Auszubildenden handelt. Eine solche Gesprächskultur vermittelt allen Mitarbeitern das Gefühl, für das Unternehmen wertvoll zu sein.

Die erfolgreiche Umsetzung der offenen Kommunikation wird durch die Gesamtheit aller Mitarbeiter und Führungskräfte gewährleistet. Wie diese unter Berücksichtigung der jeweiligen unternehmerischen Perspektive agieren, ist Grundlage für eine strategisch langfristige Vorgehensweise. Immer wieder sind, gerade was die offene Kommunikation betrifft, Ängste und Widerstände bei den Mitarbeitern und auch Führungskräften zu beobachten. Diese Widerständen lassen sich oftmals aus den folgenden Sachverhalten ableiten:

- o Der Vorgesetzte hat Führungsschwächen.
- o Es gibt häufig Zielkonflikte.
- o Die Vetrauensbasis ist gestört.
- o Das Arbeitsklima ist schlecht.
- o Die Verantwortungsbereiche sind unklar.
- o Es gibt kaum Entwicklungsmöglichkeiten.

In dieser Situation können gezielt Prozeßteams eingesetzt werden, um die offene Kommunikation zu fördern und das Mitarbeiterpotential systematisch zu entwickeln und zu nutzen. Die Realisierung der offenen Kommunikation erfordert eine verstärkte Delegation von Aufgabe, Befugnis und Verantwortung. Dabei ist eine Deckungsgleichheit dieser Komponenten anzustreben. Bei der Umsetzung der offenen Kommunikation ergeben sich folgende Themenschwerpunkte:

- o Auswahl und Entwicklung von Mitarbeitern zu Moderatoren und Gesprächsleitern
- o Erarbeitung von Teamzielen für Teilprozesse unter Berücksichtigung der geltenden Gesamtzielsetzung
- o Eine Aufteilung komplexer Aufgaben in zweckmäßige Prozesse mit dem Ziel der Problemlösung vor Ort
- o Die Nutzung der Potentiale (Kreativität, Engagement, Fachkompetenz) der jeweils betroffenen Mitarbeiter

- Erstellung von Qualitätsprofilen zur Meßbarkeit des tatsächlichen Erfüllungsgrades der gesetzten Ziele
- Wahrung der Handlungsfreiräume der Mitarbeiter in allen Kompetenz- und Verantwortungsbereichen
- Anerkennung der Leistung und Ausbildung, Förderung und Entwicklung der Mitarbeiter und Führungskräfte

Mit der offenen Kommunikation hängt verstärkt auch die bewußte und systematische Bildung von Prozeßteams, nicht nur zur Überwindung von Widerständen, und die Realisierung von Mitarbeitercoachings (*Brinkmann*, 1994, S. 22) zusammen. Bei fehlender oder geringer Kommunikation wird sich bei den Mitarbeitern kaum jene Motivation, Kreativität und Initiative entwickeln lassen, die die Basis einer effizienten Aufgabenerfüllung sind. Es ist immer wieder daran zu erinnern, daß die meisten Mitarbeiter eine Quelle von Ideen sind, die es zu nutzen gilt. Um diese Quelle voll zu nutzen, ist vor allem Wert darauf zu legen, daß die Mitarbeiter auch entsprechend sensibilisiert werden. Ein solcher Anspruch stellt hohe Anforderungen an die Führungscrew.

Kommunikation und Konfliktmanagement werden teilweise noch heute als Willenskampf angesehen. Am Ende einer langen Diskussion gibt es dann Sieger und Besiegte. Der Besiegte ist jedoch in seinem Selbstwertgefühl getroffen und verletzt. Jede Kommunikation, jede Begegnung mit anderen bedeutet für den Mitarbeiter Selbstbestätigung oder Selbstverlust. Jedes Nein, jede Absage erlebt er als Versuch, den Standpunkt, den Standort, ja, die Identität in Frage gestellt zu bekommen. Aus Angst, den Standpunkt, die Identität zu verlieren, sind Gespräche oft nicht offen und vertrauensvoll und arten in einen Selbstbehauptungskampf aus. Der Teufelskreis, Gesprächsführung gleich Willenskampf mit Siegern und Besiegten, kann nur durchbrochen werden, wenn Kommunikation sich nicht das Besiegen des Gesprächspartners zum Ziele setzt, sondern das Gewinnen auf beiden Seiten. Geht das überhaupt? Natürlich! Das ist erreichbar, wenn man sich nicht auf Positionen, sondern Interessen konzentriert und nach objektiven Maßstäben sucht. Jede zwischenmenschliche Kommunikation findet auf mehreren Ebenen gleichzeitig statt (*Schulz von Thun*, 1990, S. 22).

Sachebene: Jede Form der zwischenmenschlichen Kommunikation enthält mehr oder weniger stark bestimmte sachliche Informationen.

Selbstoffenbarungsebene: In jeder Kommunikation stecken aber auch Informationen über die Person des Senders. Diese Seite der Kommunikation ist psychologisch hochbrisant. Mit ihr verbinden sich viele Probleme der zwischenmenschlichen Kommunikation. Der Umstand, daß eine Nachricht immer Selbstoffenbarungsbotschaften enthält, ist dem Sender nicht immer bewußt.

Beziehungsebene: Die Kommunikation enthält auch Aussagen darüber, wie man zum Empfänger steht. Häufig zeigt sich dies in der gewählten Formulierung, im Tonfall der Stimme oder anderen nonverbalen Signalen. Auf der Beziehungsebene gibt es zwei Botschaften, die miteinander verknüpft sind: wie man den Partner sieht, und wie das Verhältnis zueinander ist. So entsteht also aus Selbstoffenbarungs- und Beziehungsbotschaften ein Konglomerat aus Ich-, Du- und Wir-Botschaften.

Appellebene: Jede Kommunikationsform enthält schließlich einen Appell. Sie dient also auch dazu, den Empfänger zu veranlassen, bestimmte Dinge zu tun, zu unterlassen, zu denken oder zu fühlen. Dies kann mehr oder weniger versteckt geschehen. Oft wird die eigentliche Hauptbotschaft nicht ausdrücklich gesagt, so daß sie leicht widerrufen werden kann.

Auftretende Kommunikationsstörungen versuchen die meisten Gesprächspartner, auf der Sachebene zu beheben. Man versucht, Widerstände mit rationalen Argumenten zu widerlegen; man glaubt, sich noch präziser ausdrücken zu müssen. Ohne eine harmonische Gesprächsatmosphäre ist es jedoch Energieverschwendung, sich abzukämpfen. In der Regel wird die Beziehungsebene durch Reize aus dem nonverbalen Bereich bestimmt. Dazu gehören Sprechtempo, Tonfall, Mimik, Gestik, Körperhaltung, Blickkontakt etc. Die Beziehungsebene stellt sich in der Kommunikation viel unauffälliger dar als die Sachebene. In einer guten Beziehung zwischen zwei Gesprächspartnern tritt sie auch oft in den Hintergrund. Sie gewinnt aber um so mehr an Bedeutung, je konfliktträchtiger eine Beziehung ist. Was häufig aussieht wie das Ringen um die besseren Argumente, ist oft ein versteckter Kampf auf der Beziehungsebene.

Der Weg zur offenen Kommunikation erfordert viel Geschick und die Fähigkeit, den Widerstand der etablierten Seilschaften zu brechen. Deshalb ist für alle Beteiligten die Realisierung der offenen Kommunikation ein langwieriger und mühsamer Prozeß der Neuorientierung und des Umdenkens (Abb. 45, s. S. 168).

Erste Station auf diesem Weg ist die Realisierung umfassender vertikaler und horizontaler Feedback-Systeme wie beispielsweise:

Stand by Meeting: Sowohl für das Unternehmen als auch für die Mitarbeiter ist die Klärung von aktuellen Problemen wichtig. Das

Grundhaltung	Impulse	Umsetzung	Verstärkung
Glaubwürdige und einheitliche Grundhaltung der oberen Ebene	Etablierung eines Korridorthemas (ISO 9000; TQM; KVP)	Führungscrew zur offenen Kommunikation verpflichten	Primat der offenen Kommunikation zum Gesetz machen (Institutionalisierung)
Beispiel geben durch offenen Umgang auf den Top-Etagen	Prozeßteams auf allen Ebenen (vom Vorstand bis zum Azubi)	Alle Mitarbeiter ermuntern, offene Kommunikation einzufordern	Direkte Kanäle entwickeln und etablieren
Klare Strukturen der offenen Kommunikation	Feedback für alle Anregungen und Ideen	Primat der offenen Kommunikation muß auch für die Personalplazierung gelten	Internes Marketing für offene Kommunikation realisieren

Abb. 45: Entwicklungsphasen zu einer offenen Kommunikation

„Stand by Meeting" ist die allmorgendliche Zusammenkunft aller Mitarbeiter eines Verantwortungsbereiches. Der gezielte Gedankenaustausch sollte nicht länger als 10 Minuten dauern.

Strategiegespräche: Alle Mitarbeiter eines Geschäftsbereiches kommen regelmäßig zusammen, um aktuelle Fragen aus ihrem Verantwortungsbereich zu erörtern. Die Strategiegespräche des Teams dienen der internen Meinungsbildung und haben strategieumsetzenden Charakter.

Führungskräftekolloquium: Vor allem die Unternehmensstrategie ist Thema eines solchen Kolloquiums. Auch gesellschaftspolitische Fragen werden diskutiert. Interne und externe Experten vermitteln Informationen aus erster Hand.

Projektgespräche: Prozeßteams fördern Teamarbeit und Dezentralisation von Entscheidungen. Dies ist mehr als nötig, da die Bedeutung des Schnittstellenmanagements zum Kunden tendenziell zunimmt. Die Abstimmung und Koordination innerhalb der Projektabwicklung ist vermehrt für den Umsetzungserfolg verantwortlich. Hier wird zunehmend über Selbstkontrollmechanismen geführt.

Fördergespräche: Ein Fördergespräch kann in standardisierter Form mittels eines Fragenkataloges durchgeführt werden. Die Ziele des Fördergesprächs sind einmal der besondere Ausdruck der Wertschätzung über die bisherige Zusammenarbeit, aber auch die Ermittlung von Veränderungswünschen des Mitarbeiters. Dabei sind Probleme und Konflikte offen anzusprechen und Entwicklungsmöglichkeiten zu diskutieren.

Beurteilungsgespräche: Die Mitarbeiterbeurteilung bietet die Chance für jeden einzelnen, daran mitzuwirken, seiner Qualifikation und Leistung entsprechend im Unternehmen eingesetzt zu werden. Das Beurteilungsgespräch dient auch dazu, dem Mitarbeiter Entwicklungsmöglichkeiten aufzuzeigen.

Zielsetzungsgespräche: Als sehr wertvoll können sich Zielsetzungsgespräche erweisen. Die Führungskraft kommt ein- bis zweimal jährlich mit den unmittelbar nachgeordneten Mitarbeitern zu Gesprächen unter vier Augen zusammen. Dabei werden die Ziele der gemeinsamen Arbeit diskutiert und festgelegt. Es geht ausschließlich um Sachthemen. Das Zielsetzungsgespräch setzt Leistungspotentiale frei und schafft Motivation.

Die offene Kommunikation und das Gespräch mit dem Mitarbeiter gehören zu den wichtigsten Instrumenten des internen, aber auch des nach außen gerichteten Personalmarketings. Diese Tatsache scheint jedoch vielen nicht bewußt zu sein. Viel zu oft bekommt man zu hören, daß sich die Mitarbeiter schlecht informiert fühlen und daß sie nicht wissen, was von ihnen erwartet wird. Die Einführung systematisch und periodisch durchzuführender Mitarbeitergespräche macht die Bestimmung eines strukturellen Rahmens und eines Gesprächsleitfadens erforderlich.

Es gibt dabei kaum einen Bereich, der nicht professionalisiert werden könnte, so insbesondere auch die Gesprächführung von Führungskräften. Sicherlich ist zunächst ausreichend Zeit für die Vorbereitung und die Durchführung des Gesprächs einzuplanen, damit alle Einzelheiten und Probleme in Ruhe besprochen werden können. Damit das Gespräch in einer entspannten Atmosphäre stattfinden kann, sind alle äußeren Störfaktoren auszuschalten. Der Mitarbeiter ist rechtzeitig zu informieren, damit er sich ebenfalls intensiv auf das Gespräch vorbereiten kann. Ein Beispiel für eine Einladung zu einem Zielsetzungsgespräch findet sich auf S. 171. Die Führungskraft muß das Mitarbeitergespräch auch als Gelegenheit nutzen, etwas über sich selbst zu erfahren. Schließlich müssen die Schwerpunkte des Gesprächs klar skizziert sein.

Um das Gespräch noch einmal Revue passieren zu lassen und sich die Ergebnisse vor Augen zu führen, sollte nach jedem Mitarbeitergespräch ein Ergebnisprotokoll angefertigt werden. Wie ein solches Protokoll strukturiert sein kann, zeigt das Beispiel auf S. 171 f. Dieses Protokoll ist grundsätzlich auch dem Mitarbeiter auszuhändigen.

Wesentliche Prinzipien für die Vorbereitung, Durchführung und Nachbearbeitung eines Mitarbeitergesprächs lassen sich wie folgt zusammenfassen:

Gesprächsvorbereitung

o Mit welchem Mitarbeiter wird das Gespräch geführt?
o Welche Themen sind im Gespräch anzusprechen?
o Wo soll das Gespräch stattfinden?
o Wie sieht der genaue Zeitplan aus?

Gesprächsdurchführung

o Grundsätzlich einen positiven Einstieg wählen
o Das Ziel des Gesprächs kurz darstellen
o Bisherige Wertschätzung zum Ausdruck bringen
o Problemfelder strukturieren und diskutieren
o Was kann zur Verbesserung geschehen?
o Über machbare Veränderungen diskutieren
o Einen Aktivitäten- und Zeitplan erstellen
o Gemachte Vereinbarungen zusammenfassen

Gesprächsnachbearbeitung

o Ergebnisprotokoll anfertigen
o Umsetzungsplan persönlich erstellen

Bei allen Aktivitäten sollte man sich bewußt sein, daß für offene Kommunikation geworben werden muß. Nicht Beteiligte zu Betroffenen, sondern Betroffene zu Beteiligten machen. Offene Kommunikation darf keine rituelle Selbsttäuschung sein. Nur wenn die Spielregeln offener Kommunikation bekannt sind, kann auch entsprechendes Handeln folgen. Andernfalls manifestiert sich Mittelmäßigkeit, wo mentale Erneuerung notwendig wäre.

Beispiel 8: Mitarbeitergespräch

Frau
Heike Dreier

im Hause

Einladung

Sehr geehrte Frau Dreier,

für die weitere erfolgreiche Entwicklung Ihres Arbeitsbereiches und damit auch unseres Unternehmens kommt es auf Ihr Engagement und Ihre Motivation an.

Wie Sie sich eine Verbesserung wichtiger Arbeits- und Rahmenbedingungen vorstellen und welche Ziele in der nächsten Periode erreicht werden sollen, möchte ich mit Ihnen diskutieren. Ausdrücklich möchte ich darauf hinweisen, daß darin auch kritische Beiträge von Ihrer Seite Berücksichtigung finden. Von meiner Seite geht es in dem Mitarbeitergespräch darum, Ihnen mitzuteilen, wie ich Ihre Zielerreichung einschätze, welche Verbesserungsmöglichkeiten es zur partizipativen Zusammenarbeit gibt und wie Ihre persönlichen und beruflichen Vorstellungen mit unseren Planungen in Einklang gebracht werden können.

Ich bin sehr zuversichtlich, daß sich unser Gespräch sehr positiv auf die weitere gute Zusammenarbeit auswirken wird.

Mit freundlichem Gruß

Ergebnisprotokoll: Mitarbeitergespräch

Name, Vorname	Abteilung/Kennziffer
Eintrittsdatum	Funktionsbezeichnung
Geburtsdatum	Vergütungsstufe/-gruppe

Beispiel 8: Mitarbeitergespräch (Fortsetzung)

1. Aufgaben, Ziele, Ergebnisse vom 1.1. bis 30.6.

1.1. Für welche Projekte und Aufgaben ist der Mitarbeiter verantwortlich?

1.2. An welchen Aufgaben und Zielen hat der Mitarbeiter hauptsächlich gearbeitet?

1.3. Welche Ergebnisse wurden erzielt?

1.4. Sind die vereinbarten Ziele erreicht worden?

1.5. Worauf sind besonders gute oder sehr unbefriedigende Ergebnisse zurückzuführen?

2. Vereinbarte Aufgaben und Ziele für die Zeit vom 1. 7. bis 31. 12.

2.1. Aufgaben und Ziele mit Meßgrößen:

2.2. Entwicklungs- und Förderziele:

3. Fördermaßnahmen für die Zeit vom 1. 7. bis 31. 12.

3.1. Seminare/Training/Coaching

3.2. Projektaufgaben/Sonderaufgaben

☐ Bemerkungen

_____
_____
_____

☐ Es wird dem Ergebnisprotokoll eine gesonderte schriftliche Aufzeichnung beigefügt.

Datum und Unterschrift: Mitarbeiter   Vorgesetzter   Personalbereich

4.5 Ein Marketingmuß: Individuelle Personalentwicklung

Als Element der Unternehmensentwicklung und zur Absicherung langfristiger Erfolgspotentiale kann die individuelle Personalentwicklung als ein Marketingmuß bezeichnet werden. Je stärker sich der Wandel in den Märkten vollzieht, desto wichtiger wird diese Forderung. Mit der individuellen und bedarfsorientierten Personalentwicklung wird das Ziel verfolgt, daß die Mitarbeiter Tätigkeiten ausüben können, die ihnen einerseits Befriedigung und Freiraum und andererseits einen Ausgleich zwischen Beruf und Privatleben ermöglichen. Damit soll eine Integration der Mitarbeiterbedürfnisse, der Unternehmenszielsetzungen und der Kundenerwartungen erreicht werden. Individuell ausgerichtete Konzeptionen berücksichtigen die spezifischen Voraussetzungen, die Potentiale, die Erfahrungen, die Interessen und das Lernverhalten der Mitarbeiter (Abb. 46).

	Funktionsbezogen	
	Langfristige Nachfolgeplanung	**Individuelle Personalentwicklung**
	Systematische Nachwuchsförderung	Laufbahnplanung/ Entwicklungsplanung

Personenbezogen

Abb. 46: Individuelle Personalentwicklung als Element und Instrument der Unternehmensentwicklung

Das altbekannte Gießkannenprinzip der Aus- und Weiterbildung wird dem erfolgreichen Personalmarketing sicherlich nicht gerecht. Gefordert sind individuell ausgerichtete und langfristig angelegte Entwicklungsprozesse (*Rückle* et al., 1994, S. 185), deren Notwendigkeit aus dem Ziel einer ganzheitlichen Unternehmensentwicklung ableitbar erscheint. Anlässe hierfür wurden in den vorausgegangenen Kapiteln hinreichend genannt. Trotz allem muß die Verantwortung für die Personalentwicklung immer dezentral wahrgenommen werden (*Hilb*, 1995, S. 125). Zunächst ist jeder Mitarbeiter selbst für seine individuelle Entwicklung verantwortlich. Erst in zweiter Linie ist es der direkte Vorgesetzte als Coach, danach der indirekte Vorgesetzte als Mentor und letztendlich die Geschäftsleitung als Promotor. Der Personalmanager hat sich ausschließlich auf die Rolle des Moderators, Koordinators und Beraters zu beschränken (Abb. 47).

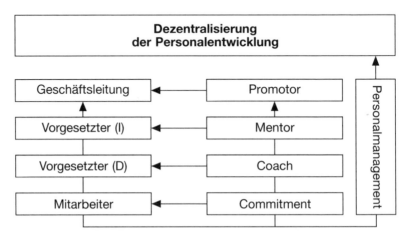

Abb. 47: Dezentralisierung der individuellen Personalentwicklung

Gerade in wirtschaftlich schwächeren Phasen werden die Fragen zur individuellen Personalentwicklung gerne ausgeklammert und Themen wie Weiterbildungsqualität eher vernachlässigt. Inwieweit Unternehmen die erreichte Wettbewerbsposition sichern und ausbauen können, hängt jedoch ganz wesentlich vom Humankapital ab. Von besonderer Bedeutung sind in diesem Zusammenhang vor allem drei Aspekte:

o der Einsatz von Personalentwicklungsmaßnahmen zur Steigerung mitarbeiterorientierten Leistungsverhaltens,
o die Realisierung von Konzepten der Karriereplanung, die indirekt das Leistungsverhalten beeinflussen,
o das mittelbare und unmittelbare Führungs- und Kooperationsverhalten (Coach-Mentor-Promotor).

Strategien bleiben immer dann wirkungslos, wenn nicht eine motivierte Mannschaft und eine engagierte Führungscrew die Umsetzung im Alltag vorantreiben. Letztlich zählen nur die aufgrund der Strategie erzielten Erfolge. Damit lassen sich die Unternehmens-, die Personal- und die Strategieentwicklung als Schlüssel zum stärksten und nicht nur zu einem x-beliebigen Wettbewerbsvorteil definieren. Ein solcher dynamischer und integrativer Prozeß birgt sicherlich ein hohes Risiko für eine mangelhafte Umsetzung in sich. Die Personalentwicklung ist gerade in dieser Phase von entscheidender Bedeutung. Umsetzungsbarrieren werden immer dann aufgebaut, wenn Opponenten Entwicklungsprozesse blockieren und dafür sorgen, daß auch in Zukunft alles beim alten bleibt. Immerhin ist es wahrscheinlich, daß eine strategische Innovation eine veränderte Ressourcen-Allokation nach sich zieht und damit auch die bestehende Machtverteilung tangiert. Das strategische Differenzierungspotential im Unternehmen ist bei den Mitarbeitern zu suchen. Also ist auch die Hypothese, Personalentwicklung ist strategischer Wettbewerbsvorteil, mehr als schlüssig.

Die Erfolgsposition begründet sich damit in der von den Mitarbeitern getragenen Vision. Auch wenn sich Erfolge nicht monokausal auf diese Sachverhalte zurückführen lassen, sprechen einige Indikatoren deutlich dafür. Personalentwicklung ist nicht Schulung, Training oder Ausbildung, sondern Teil des beschriebenen individuellen Konzeptes. Mit zunehmenden Innovationsbeziehungen und sich intensivierenden Kommunikationsbeziehungen zum Kunden und zur Öffentlichkeit wandelt sich die Personalentwicklung zum strategischen Wettbewerbsvorteil. Die individuelle Personalentwicklung muß alle Mitarbeiter auf allen Ebenen umfassen und kann sich nicht ausschließlich auf die Managemententwicklung beschränken. Letzteres entspricht sicherlich nicht dem hier vertretenen Personalmarketing-Gedanken und ist zudem eine Verschwendung von Humankapital.

Vieles deutet darauf hin, daß es vielen Unternehmen immer noch nicht gelingt, zentrale Schlüsselpositonen aus eigenen Reihen zu besetzen. Ein Ziel des Personalmarketings besteht deshalb in der Berücksichtigung interner Kandidaten für wichtige Positionen, wobei in berechtigten Ausnahmefällen auch externe Kandidaten zum Zuge kommen können. Das Primat der individuellen Personalentwicklung liegt demzufolge in positionsbezogenen Programmen und Instrumenten (Tabelle 8, s. S. 176).

Da sich einerseits die Strukturen erfolgreicher Unternehmen von der Funktions- zur Prozeßorientierung verändern und andererseits infolge der dargestellten Werteveränderungen die Mobilitätsbereit-

Tabelle 8: Phasenmodell einer individuellen Personalentwicklungskonzeption

Phase 1:	**Zieldefinition** Die Entwicklungsrichtung und die durchzuführenden Maßnahmen werden definiert.
Phase 2:	**Bestandsaufnahme** Analyse und Bestimmung der spezifischen und individuellen Anforderungen
Phase 3:	**Programmerstellung** Bestimmung der geeigneten Maßnahmen (Training, Coaching, Seminare, Praxis)
Phase 4:	**Bewußtseinsbildung** Schaffung von Commitment zur gezielten und langfristigen Bewußtseinsbildung
Phase 5:	**Umsetzung** Die Umsetzung des Programms dauert in der Regel zwischen 6 und 12 Monaten.
Phase 6:	**Betreuung** Im Zentrum der Betreuungphase stehen die Gespräche mit dem Paten der Entwicklung.

schaft vieler Mitarbeiter abnimmt, wird die vertikale Laufbahn zukünftig lediglich eine Möglichkeit sein. Förderung und Entwicklung ist somit nicht immer gleich Beförderung. Individuelle Strategien wie Outsourcing, Replacement oder Outplacement stellen auch erfolgsversprechende Personalentwicklungskonzepte dar. Diese Überlegungen müssen in langfristige Strategien eingebunden und durch gezielte Coachingmaßnahmen flankiert werden. Im Zentrum der individuellen Personalentwicklung stehen damit neben den Qualifizierungskonzepten auch konkrete Positionsgestaltungsmaßnahmen. Wenn also Klarheit darüber besteht, welche Strategie verfolgt wird, welche Werte sich herausgebildet haben und welche Stärken vorhanden sind, dann läßt sich die individuelle Personalentwicklung wesentlich zielorientierter akzentuieren und gestalten. Diese Personalentwicklung kann den Mitarbeitern dienen, indem sie sie zu Aufgaben führt, die persönlichen und gesellschaftlichen Sinn vermitteln und dem Unternehmen dienen, indem sie das Engagement und die Motivation der Mitarbeiter steigert.

5. Kombination ist alles – Personalmarketingmix

Als Personalmarketingmix soll die optimale Kombination, Koordination und Integration der Personalmarketingvariablen bezeichnet werden. Die Festlegung des Variablenmixes bildet also die letzte Stufe einer Personalmarketingkonzeption. Sie bewirkt die eigentliche Umsetzung von Zielen und Strategien des Personalmarketings im Markt und stellt die operative Seite und damit auch die konkrete und instrumentenorientierte Umsetzung strategischer Vorgaben dar. Die Variablen des Personalmarketingmixes kennzeichnen damit die operative und taktische Komponente der Marketingstrategie und beinhalten die Gesamtheit aller Handlungsalternativen, die sich auf eine Beeinflussung des Personalmarktes richten mit dem Ziel, attraktive und effiziente Arbeitsbedingungen zu analysieren, zu gestalten und zu kommunizieren. Aktivitäten im Rahmen der Mixgestaltung sind stets Kombination und Koordination oder besser Integration von Variablen bestehend aus Programmen oder Instrumenten.

Die entscheidende Fragestellung ist damit die Suche nach der strategisch optimalen Kombination dieser Variablen. Die Grundproblematik besteht darin, daß dieser komplexe Kausalzusammenhang wirklich erkannt und nachvollzogen werden muß. Das Personalmarketingmix als Optimum der Variablen ist dann erreicht, wenn das wahrnehmbare Ergebnis weder durch die Umgestaltung eines Instruments, die Hinzunahme einer bisher noch nicht eingesetzten Variablen noch durch andere Vorgehensweisen verbessert werden kann. Doch leichter gesagt als getan. Es gibt theoretisch eine Vielzahl von Kombinationsmöglichkeiten. Geht man beispielsweise von nur 4 Variablen aus und läßt jeweils nur 4 unterschiedliche Ausprägungen zu, ergeben sich bereits $4^4 = 1024$ unterschiedliche Kombinationsmöglichkeiten. Außerdem gehen in die Gestaltung des Personalmarketingmixes immer Annahmen, oftmals nur latent vorhanden, zu Einstellungen und Verhaltensweisen, der angesprochenen Mitarbeiter mit ein. Dabei macht die Ungewißheit bei der Bestimmung ihrer Ausprägung und Bedeutung für das Personalmarketingmix die Integration (Abstimmung) und Kombination der Variablen zu einer echten Aufgabe für das Personalmarketing.

Durch den gezielten Einsatz des Marketingmixes sind klare Nutzenvorteile herauszuarbeiten. In der Marketingpraxis wird diese

Schaffung von Präferenzvorteilen in der Regel als Unique Selling Proposition bezeichnet. Es werden also primär die Marketingvariablen eingesetzt, die bei den ausgewählten Zielgruppen dauerhafte Präferenzen aufbauen. Die Entwicklung einer Präferenzstrategie konzentriert sich dabei in der Regel auf folgende Aspekte (*Becker*, 1983, S. 246):

o überdurchschnittliches Niveau der Produktvariablen,
o konsequenter Einsatz der Promotionsvariablen,
o moderne und flexible Preisvariablen,
o intensive Plazierung im Sinne von Präsenz.

Die Gliederung des Personalmarketingmixes in Abb. 48 erfolgt in Anlehnung an das „Four-P-Modell" der Originalquelle (*McCarthy*, 1971, S. 23). Auf diese sog. „Four P", also die Produktvariablen (Leistungen), die Promotionsvariablen (Kommunikation), die Preisvariablen (Konditionen) und die Plazierungsvariablen (Präsenz), konzentriert sich im Rahmen einer differenzierten Personalmarketingstrategie die gesamte Marktbearbeitung. Hiermit verbunden ist eine Strategie der Qualität mit dem Ziel der bestmöglichen Ausschöpfung aller Potentiale.

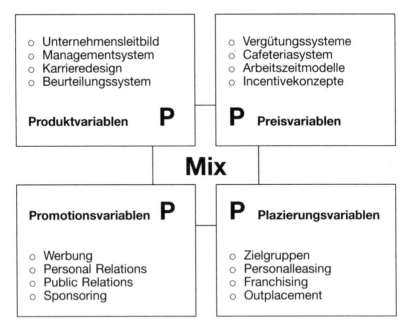

Abb. 48: Beispiele für die Variablen des Personalmarketingmixes

Qualität als Marktbearbeitungsstrategie besteht im wesentlichen in einer Verstärkung der Marketinganstrengung und stellt quasi die Basis dar, von der aus alle anderen strategischen und operativen Maßnahmen ihren Ausgangspunkt nehmen. Bei dieser Vorgehensweise sind folgende Aspekte einzubeziehen:

o Erhöhung der arbeitsplatzspezifischen Präferenzvorteile bei im Unternehmen tätigen Mitarbeitern (internes Personalmarketing)
o Gewinnung von potentiellen Mitarbeitern durch die Darstellung relevanter Präferenzvorteile (externes Personalmarketing)
o Positionierung der Präferenzvorteile im nationalen und internationalen Markt (gezielte Imagebildung)

Im Rahmen des Personalmarketingmixes steht jedem Unternehmen eine mehr oder weniger große Zahl marktbeeinflussender Faktoren zur Verfügung. Die Gesamtheit der genannten Variablen läßt sich durch folgende Fragestellungen beschreiben:

o Wie ist das personalpolitische Leistungsangebot zu charakterisieren? (Produktvariablen)
o Zu welchen Vertragsbedingungen wird das Leistungsangebot am Arbeitsmarkt angeboten? (Preisvariablen)
o Für wen und in welchem Umfeld soll das personalpolitische Leistungsangebot plaziert werden? (Plazierungsvariablen)
o Welche Informationswege sollen ergriffen werden, um das Leistungsangebot zu kommunizieren? (Promotionsvariablen)

Grundsätzlich ist davon auszugehen, daß den Produkt- und Plazierungsvariablen eine stärkere strategische Bedeutung zukommt als den Promotions- und Preisvariablen (Abb. 49 s.S. 180). Entscheidend ist aber, daß der jeweilige strategische, operative und taktische Anteil der einzelnen Variablen sicherlich auch von der Gesamtkonzeption abhängt.

Technokratisch gesehen ist das Personalmarketingmix als Optimum realisiert, wenn der Grenznutzen aller alternativen Variablen gleich groß ist und bei optimalen Intensitäten der Grenznutzen mit den Grenzkosten wertmäßig übereinstimmen. Diese technokratische Sichtweise ist natürlich mehr als unbefriedigend, da vor allem der integrative Charakter des Instrumentariums nicht berücksichtigt wird. Das bedeutet, daß ein Hinzufügen bzw. ein Wegnehmen bestimmter Instrumente nicht immer zwangsläufig zu einem erwünschten Ergebnis führt. Es ist durchaus denkbar, daß eine in sich optimale Kombination der Kommunikationsinstrumente weniger erfolgreich ist als eine suboptimale, aber dem gesamten Mix

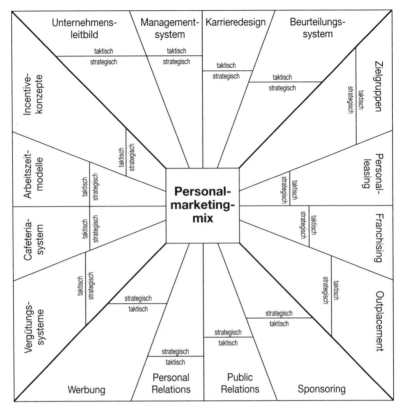

Abb. 49: Komponenten des Personalmarketingmixes (in Anlehnung an *Meffert*, 1986, S. 115)

angepaßte Kommunikationsstrategie. Das Ganze ist doch noch immer mehr als die Summe seiner Teile. Die Gestaltung des Mixes ist daher ein integrativ wirkender Prozeß.

Eine zusätzliche Problematik liegt nicht zuletzt in der zunehmenden Umweltdynamik. Die Begrenztheit der Einflußmöglichkeiten auf die Umwelt engt den Spielraum bei der Bestimmung sowohl des strategischen als auch des operativen und taktischen Personalmarketingmixes ein. Veränderte Umweltbedingungen können aber durchaus auch neue Chancen eröffnen. Als Konsequenz für die Gestaltung der Personalmarketingvariablen ergibt sich, daß nicht unbedingt die Perfektionierung von Teilbereichen, sondern die simultane Berücksichtigung aller Variablen angestrebt werden sollte. Das heißt, Anpassung der Variablen und Umgestaltung der Programme nur in dem Maße, in dem die übrigen Parameter nachfolgen können.

Fassen wir die Überlegungen zusammen, so zeigt sich, daß die Problematik aus der Vielfältigkeit der Variablen und aus der Dynamik der Kombination resultiert. Dabei deuten sich beispielsweise Werteveränderungen und Strukturverschiebungen deutlich an. Damit das Mixproblem effizient gelöst werden kann, muß auf die operationalisierte Zweck- und Zielsetzung zurückgegriffen werden. Nur auf diesem Zielsystem kann das Entscheidungsverhalten basieren. Damit wird die Bestimmung des Variablenmixes auf einen systematisierten und vor allem zielorientierten Denkprozeß reduziert. Ziel ist es, durch die subjektive und werteorientierte Auswahl der wahrscheinlich besten und erfolgreichsten Variablen das Ergebnis zu optimieren. Diese Vorgehensweise hebt sich wohltuend von der technokratisch-instrumentellen Sicht ab. Dieser Integrationsprozeß der Variablen entspricht dem hier vertretenen ganzheitlichen Ansatz.

Durch die Trennung der einzelnen Instrumente im Zuge der Optimierung beginnen weitere Probleme. Unternehmenskultur und Führungssystem sind beispielsweise gleichermaßen miteinander verbunden wie etwa Werbung und Verkaufsförderung. Hier Max und Moritz auseinanderzuhalten, fällt schon sehr schwer. Wieviel schwerer ist es dann, Dinge, die man nicht exakt voneinander trennen kann, auch noch in ihrer Wirkungsweise aufeinander abzuschätzen und simultan zu optimieren. Als Alternative wird dann vielfach Prozeßmarketing gesehen (*Sutrich*, 1994, S. 68). Nach der hier vertretenen Ansicht muß Prozeßorientierung als Leitmaxime aber auch auf elemetaren Betrachtungen beruhen. Das Personalmarketingmix ist in diesem Zusammenhang sicherlich eine wesentliche Grundlage für eine prozeßorientierte Gestaltung der Variablen.

Die Entwicklung der optimalen Kombination vollzieht sich in folgenden Phasen: Zunächst wird eine Problemformulierung auf der Basis von Erfahrungswerten vorgenommen. Es folgt dann die Bestimmung der Variablen und der sonstigen Einflußfaktoren mit Hilfe von Daten der Personalmarketingforschung. Aus diesen Erkenntnissen wird ein Beziehungszusammenhang zwischen den Instrumenten formuliert und eine Gewichtung der Variablen vorgenommen. Damit sind die Grundlagen für die Entwicklung eines Modells gelegt, in dem dann die Variablen verändert werden. Kern dieser Überlegungen ist, daß der Beziehungszusammenhang zwischen den Variablen näher untersucht und diskutiert wird. Daraus kann ein Konzept entwickelt werden, das durch Veränderung einer oder mehrerer Variablen in seiner Wirkungsweise analysiert wird.

Grundsätzlich ist festzustellen, daß es sich bei der Kombination der Marketingvariablen um ein zufallsabhängiges Problem handelt. Aus diesem Sachverhalt ergibt sich, daß eine rein analytische Vorgehensweise kaum möglich erscheint. Eine Kombination von analytischen Ansätzen und praxisnahen heuristischen Methoden scheint gerade für das Personalmarketing besonders geeignet.

Die totale Lösung der Variablenproblematik im Marketingmix scheint sowieso kaum möglich. Die kritische Bewertung der skizzierten Situation hat teilweise auch zu einer grundsätzlichen Ablehnung des Marketingmixes geführt. Eine Perspektive, die hier so nicht vertreten wird. Die Problematisierung des Marketingmixes ist gerade auch unter pragmatischen Zielsetzungen ein handhabbares Hilfsmittel. In der Personalmarketingliteratur wird der Mixansatz nur selten präferiert und teilweise auch noch falsch interpretiert. Die Geister scheiden sich insbesondere bei den Preisvariablen bzw. beim Preismix. Die Darstellung von *Wunderer* (1991, S. 123), als Elemente des Preismixes die Variablen Vertragsbedingungen, Vergütung und Zusatzleistungen zu betrachten, ist sicherlich zweckmäßig und korrekt und entspricht auch der hier gewählten Perspektive.

Bei der Entscheidung für eine differenzierte Marktbearbeitungsstrategie muß sich das Personalmarketing, wie schon gesagt, auf jeden Fall dem Qualitätswettbewerb stellen. Es werden dann primär die Instrumente und Programme eingesetzt, die für die eigene Positionierung bei den ausgewählten Zielgruppen intensive und langfristige Präferenzen aufbauen. Ziel ist, die Qualität des Unternehmens und seine Attraktivität als Arbeitgeber nach innen und außen zu kommunizieren und sie so in den Köpfen der internen und externen Kunden zu verankern.

Im folgenden werden bedeutsame Variablen wie bestimmte Produktvariablen oder spezielle Promotionsvariablen dargestellt und problematisiert. Zwangsläufig konzentriert sich die nun folgende Darstellung auf Submixvariablen, die an keiner anderen Stelle behandelt werden. Einen Schwerpunkt bilden hier die Vergütung als Preisvariable und die internen Kommunikationsmedien als Promotionsvariable.

5.1 Produktmix als Wettbewerbsfaktor

Die Produkt- oder Leistungsvariablen umfassen alle Entscheidungstatbestände, welche sich auf die gesamte Prozeßgestaltung und damit auf die Sicherung von Prozeßqualität beziehen, also insbesondere die Gesamtheit der personalorientierten Grundsätze, Programme und Instrumente. Diese Variablen unterliegen, um mit Marketingvokabeln zu sprechen, Entwicklungs-, Differenzierungs- oder Eliminierungsentscheidungen. Im einzelnen handelt es sich dabei um Fragen der Gestaltung des Leitbildes, der Führungssituation, der Karriereprogramme und wichtiger Personalinstrumente. Die Produkt- oder Leistungsvariablen des Personalmarketingmixes sind dabei nicht als formales, sondern als unternehmerisch-marktbezogenes Problem zu sehen. Auch die im traditionellen Marketing obligatorischen produktpolitischen Ideen wie Namensgebung oder Markenzeichen gewinnen im Personalmarketing an Bedeutung. Sie helfen einerseits, sich vom Wettbewerb abzuheben (Heterogenisierung) und sind andererseits Teil von Überlegungen, das eigene Personalmarketing-Know-how auch teilweise anderen Unternehmen anzubieten. Man denke da an Franchise-Konzepte oder strategische Partnerschaften im Rahmen von Outsourcing-Überlegungen.

Die einzelnen Produktvariablen sind immer Teil eines umfassenden Leistungsprogramms. Die Programmpolitik betrifft die Kombination und Integration der einzelnen Variablen. Entscheidungstatbestände sind auch Fragen der Programmänderung, -erweiterung und -einengung. Dazu fließen einerseits Bedürfnisse und Präferenzen der Mitarbeiter ein, andererseits werden das gewünschte Image des Produktes im Markt und seine Akzeptanz berücksichtigt. In diesem Zusammenhang spielen natürlich auch Aufwand-Nutzen- oder Kosten-Ertrags-Verhältnisse eine Rolle. Das Gesamtprogramm erlangt seine Bedeutung als Marketinginstrument durch seine kommunikative Wirkung als ganzheitliche Leistung (Komplementarität der Personalinstrumente) und die entsprechende individuelle Umsetzung (Substituierbarkeit der Personalinstrumente). Die Gesamtbreite und -tiefe des Programms ist also für die Wahrnehmung und Beurteilung der Leistung der entscheidende Maßstab. Durch konsequente Abstimmung und Integration der Instrumente, beispielsweise die zielorientierte Abstimmung der Führungsgrundsätze mit der Personalbeurteilung, kann die kommunikative Wirkung eingeführter und erfolgreicher Instrumente auf neue übertragen werden (Programmlinien).

Die Produktvariablen umfassen zwangsläufig alle Tatbestände, die Arbeitsbedingungen so zu gestalten, daß sie den Bedürfnissen der Mitarbeiter entsprechen. Dadurch werden Abwanderungen in andere Unternehmen verhindert und wichtige Leistungspotentiale im eigenen Unternehmen aktiviert. Im einzelnen handelt es sich, wie gesagt, beispielsweise um das Unternehmensleitbild, das Managementsystem, das Karrierekonzept mit Laufbahnplanung, Nachfolgeplanung und Führungskräftenachwuchsplanung oder aber das Mitarbeiterbeurteilungssystem. Die Arbeitsplatzattraktivität offenbart sich heute anscheinend immer deutlicher durch die Existenz und praktische Umsetzung eines ganzheitlichen und integrierten Personalentwicklungskonzeptes. Leistungen in diesem Zusammenhang stehen in der Regel nicht allein, sondern ergeben nur im Verbund eine entsprechende Attraktivität. Noch immer tun sich heute im Bereich der konsequenten Personalentwicklung viele Unternehmen schwer. Wer hier jetzt schnell reagiert, kann noch eine Menge an Boden gutmachen.

Bereits mehrfach wurde auf die Notwendigkeit der Berücksichtigung bereits bestehender Grundsätze, Programme und Instrumente aufmerksam gemacht. Dieser Hinweis beruht auf der Annahme, daß diese internen Einflußgrößen die Zielerreichung maßgeblich fördern oder hemmen können. Erst durch die Analyse und die Beachtung interner Kommunikations- und Beziehungszusammenhänge ist eine sinnvolle Kombination der Produktvariablen denkbar und eine entsprechende Umsetzung möglich. Einen konstitutiven Handlungsrahmen für ein erfolgreiches Produktmix bildet somit ein bestehendes oder auch zu gestaltendes Beziehungsgefüge zwischen Leitbild, Grundsätzen, Programmen und Instrumenten, das zudem noch Einflußgrößen aus der Unternehmensumwelt ausgesetzt ist. Damit sei erneut unterstrichen, daß sich Unternehmen nur erfolgreich entwickeln können, wenn der Unternehmenszweck und die Austauschbeziehungen mit der Umwelt dabei berücksichtigt werden.

Zur Zeit erfolgt der Aufbau von Managementsystemen noch vorwiegend streng nach dem hierarchischen Prinzip. Ergebnis sind top-down legitimierte Managementsysteme. Die oberste Ebene wird gesetzt von Eigentümern oder Aufsichtsrat. Von dort aus folgt die Zuweisung von Macht, Verantwortung und Aufgabe dem hierarchischen Aufbau. Von oben kommen die Ziele, von unten die Meldungen zur Zielerreichung. Nicht immer, aber immer öfter ist dies inzwischen auch anders.

Wird durch offene Kommunikation die Informationsstruktur optimiert, dann werden die Managementsysteme zwangsläufig transparenter und, was besonders wichtig ist, sie werden für jeden transparenter. Ein großer Teil dessen, was heute noch auf Befehl und Gehorsam basiert, kann verändert werden. Das Managementsystem entwickelt sich prozeßorientiert und macht dadurch gängige Machtstrukturen überflüssig. Die Prozeßgestaltung, die ja sehr komplex sein kann, ist für das operative Handeln entscheidend, nicht die Machtstruktur. Schwerpunkt des Managementsystems wird die interaktionelle Führung. Damit kann auch die Zahl der hierarchischen Stufen abnehmen. Dieser Wandel hat auch erhebliche Auswirkungen auf das Führungsverhalten. Die Entwicklung geht vom autoritären zum situativ-partizipativen Führungsverhalten. Das ist zwar keine zwangsläufige Folge dieses Prozesses, wird dadurch jedoch erleichtert. Wenn Entscheidungen und damit auch Zielvorgaben nachvollziehbare logische Ansätze haben, kommt mehr Partizipation und Kooperation in das System.

Alle Führungskräfte haben die große Verantwortung, ihre Mitarbeiter zu fördern und zu entwickeln. Die Verantwortung liegt dabei im fachlichen und persönlichen Bereich unter Berücksichtigung des unternehmensspezifischen Karrieredesigns. Die Voraussetzung für eine erfolgreiche Führungssituation ist die partizipative Entwicklung des Zielsystems und die Formulierung der operativen Maßnahmen in Form von Zielvereinbarungen. Für die Führungskräfte ist es sehr wichtig, daß sie das Leitbild genau kennen und auch akzeptieren. Dieses Leitbild ist Basis einer angestrebten aufgaben- und mitarbeiterorientierten (*Blake/Mouton*, 1968, S. 18) Führung. Es ist der Geist, in dem sie handeln.

Die Wirksamkeit des Führungsverhaltens ist sicherlich extrem abhängig vom Reifegrad des Mitarbeiters, aber auch vom Lebenszyklus der Branche und dem personalpolitischen Reifegrad des Unternehmens. Der Reifegrad des Mitarbeiters (*Hersey/Blanchard*, 1979, S. 123) wird insbesondere durch die Dimensionen Fähigkeit und Motivation bestimmt. Bei geringer Reife muß der Mitarbeiter aufgabenorientiert geführt werden. Bei mäßiger Reife muß aufgaben- und mitarbeiterorientiert geführt werden. Bei höherem Reifegrad ist die Führung wirksam, wenn mehr mitarbeiter- als aufgabenorientiert geführt wird (Abb. 50 s. S. 186).

Extrem hohe Reife führt zu autonomer Führung. Trotz gelegentlicher Kritik (*Wunderer*, 1980, S. 234) ist diese Sichtweise der Führung aus pragmatisch-praxisnaher Perspektive sicherlich ein zweckmäßiger Orientierungsrahmen.

Jedes Unternehmen ist wie eine Persönlichkeit mit unverwechselbaren Eigenschaften. Im Unternehmen existiert ein Corpsgedanke,

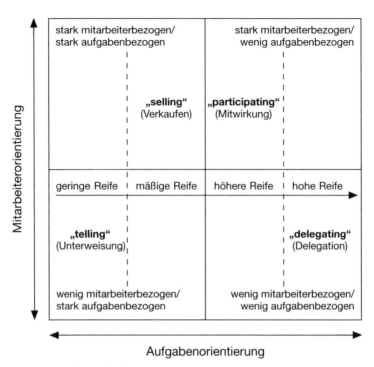

Abb. 50: Situative Führung bei unterschiedlichen Reifegraden des Mitarbeiters

der sich von dem anderer Unternehmen grundlegend unterscheidet und sich in einer Corporate Identity manifestiert. Unternehmen folgen den ungeschriebenen oder fixierten Leitbildgedanken. Diesem Leitbild entsprechend sind bestimmte Bereiche der Produktvariablen stärker oder schwächer entwickelt als andere. Nur wenn ein Unternehmen mit sich selbst im Einklang steht, wenn die in ihm wirkenden Kräfte kompatibel sind zum unternehmenseigenen Wertesystem, wird es in der Lage sein, leistungsfähige Programme und Instrumente zu realisieren, die wiederum die grundlegende Voraussetzung für eine erfolgreiche Außendarstellung sind. Aber auch die Erweiterung des personalpolitischen Horizonts und die Beseitigung künstlicher Hemmnisse und Blockaden, die einer Entwicklung entgegenstehen, sowie positives Denken, das sich vor allem auf die Aktivierung vorhandener Stärken konzentriert, sind wichtige Elemente dieses psychologischen Prozesses der Gestaltung der Produktvariablen.

Es gehört zu den kennzeichnenden Prämissen, daß sich dieser Prozeß von innen heraus auf der Grundlage der individuellen Situation des Unternehmens vollziehen muß. Jede von außen aufgesetzte Diktion führt zu gespaltenen Entwicklungen und inneren Spannungen, mit denen der Weg des Mißerfolgs vorgezeichnet wird.

5.2 Preismix als Ausgleichsfaktor

Die Preisvariablen umfassen die Gesamtheit der vergütungsorientierten Vereinbarungen. Hier sind Entscheidungen über Vergütungs- und Motivationssysteme zu fällen. Eine aktive Preispolitik setzt auch für die Mitarbeiter die Möglichkeit der Wahl zwischen verschiedenen Alternativen voraus. Im einzelnen handelt es sich in diesem Zusammenhang um Gehalts- und Prämiensysteme, Cafeteria-Konzepte, Incentives und zusätzliche Sozialleistungen.

Auch mit den Preisvariablen lassen sich aus Sicht des Personalmarketings attraktivitätssteigernde Wirkungen erzielen. Gerade moderne Entlohnungs- und Motivationssysteme schaffen einen Interessensausgleich zwischen Unternehmen und Mitarbeitern. Im Zuge der eingangs dargestellten Trendentwicklung und der veränderten Anspruchshaltung ergibt sich mittelfristig sicherlich die Notwendigkeit, Arbeits- und Vertragsbedingungen und damit auch die Vergütung wesentlich dynamischer zu gestalten (Tabelle 9). Hier eröffnen sich noch interessante Felder für die weitere Gestaltung.

Tabelle 9: Elemente der Gesamtvergütung

Statische Vergütung	o Festeinkommen o Festgratifikationen
Dynamische Vergütung	o Leistungsprämien o Verhaltensprämien o Bonusplan o Incentives
Indirekte Vergütung	o Versicherung o Versorgung o Sondernutzung o Weiterbildung

Nach wie vor arbeiten Menschen auch, um Geld zu verdienen, obwohl es manchmal den Anschein hat, als seien einige Wissenschaftler anderer Meinung. Wenn nun vielen Menschen Geld wichtig ist, dann kann über den Faktor Vergütung mehr oder minder eine Leistung stimuliert werden. Unter derartigen Voraussetzungen ist das Vergütungssystem, wenn auch eingeschränkt, eine Marketingvariable, die stärker, aber vor allem individueller eingesetzt werden könnte. Es sollte naturgemäß die richtige Verknüpfung zwischen Leistung, Anspruchshaltung und Vergütung vorliegen. Im Tarifbereich wird die individuelle Gestaltung der Preisvariablen meist durch starre, unflexible tarifvertragliche Regelungen blockiert. Hier sind sicherlich auch einmal die Gewerkschaften gefordert. Eine langfristig an Marketingaspekten orientierte Preis- und Konditionenpolitik ist bemüht, Entgeltsysteme stärker zu individualisieren. Einstellungsänderungen und höhere Erwartungen von Mitarbeitern und Externen an die individuelle Behandlung müssen bei der Gestaltung der Arbeits- und Vertragsbedingungen zu flexiblen und individuellen Lösungen führen.

Dabei werden in der Regel Anreiz- und Gerechtigkeitsargumente angeführt, um Flexibilisierungen und Differenzierungen bei Vergütungssystemen zu erklären. Eine unterschiedliche und leistungsorientierte Vergütung kann aus Sicht des Personalmarketings durchaus zum Eintritt in das Unternehmen (Mitarbeitergewinnung) und/oder zum Verbleib im Unternehmen (Mitarbeiterbindung) bewegen. Es besteht eine empirisch nachgewiesene Kausalität zwischen Vergütung und Zufriedenheit bzw. Unzufriedenheit. Entscheidend ist hier nicht die absolute Vergütung, sondern zeitlich, regional und individuell zugrunde gelegte Vergleichsmaßstäbe. Typische Maßstäbe sind beispielsweise die subjektive Bewertung der eigenen Arbeitsleistung in bezug auf die damit verbundenen Arbeitsanforderungen oder auch die tatsächliche Vergütung in der Vergangenheit bzw. die Vergütung bei bekannten Vergleichspersonen. Die Bedeutung der Vergütung nimmt zwar mit der zunehmenden Befriedigung der Existenz- und Sicherheitsbedürfnisse ab, dient aber auch der Befriedigung weitergehender Bedürfnisse, und sei es nur dadurch, daß entsprechendes Einkommen Freizeit- oder Kulturbedürfnisse befriedigen hilft. Der Gedanke, daß die Vergütung ein wirksames Anreizinstrument zur Steigerung der Leistungsfähigkeit ist, gilt jedoch nur unter der Einschränkung, daß die Vergütung ein Leistungsanreiz von vielen ist. Auf jeden Fall muß eine leistungsfördernde Vergütung auch unmittelbar leistungsbezogen sein. Das bedeutet, jeder Mitarbeiter muß einen Zusammenhang wahrnehmen können zwischen dem, was er leistet, und seiner individuellen Vergütung. Leider gibt es keine objektiv gerechte Vergütung. Es gibt jedoch immer gewisse Ersatzgerechtigkeiten oder Ausgleichsfaktoren für eine relative Vergütungsgerechtigkeit (Tabelle 10).

Tabelle 10: Formen, Voraussetzungen und Maßstäbe für Vergütungsgerechtigkeit

Formen	Voraussetzungen und Maßstäbe
Marktgerechtigkeit	Funktionierender Wettbewerb
Erfolgsgerechtigkeit	Unternehmerische Erfolgskennzahlen
Anforderungsgerechtigkeit	Differenzierte Anforderungsprofile
Leistungsgerechtigkeit	Systematische Leistungsbeurteilung
Verhaltensgerechtigkeit	Integrierte Verhaltensbeurteilung
Sozialgerechtigkeit	Grundsätze sozialer Verantwortung

Die Vergütung kann marktgerecht sein. Angebot und Nachfrage nach bestimmten Funktionen bestimmen dann den Preis. Die Vergütung kann auch leistungsgerecht sein. Leistungsgerechtigkeit beinhaltet, daß unterschiedliche Leistungen bei gleicher Funktion oder Aufgabe auch unterschiedlich vergütet werden. Die Vergütung kann auch anforderungsgerecht sein. Maßstab für die Entgelthöhe sind dann die Anforderungen, die der Arbeitsplatz an den Funktionsinhaber stellt. Die Vergütung kann auch verhaltensgerecht sein, wenn beispielsweise Aspekte der Kunden- oder der Sozialorientierung zugrunde gelegt werden und damit leitbildkonformes Verhalten zur Bemessungsgrundlage wird. Die Vergütung ist sozialgerecht, soweit als Maßstab Aspekte wie Lebensalter oder Unternehmenszugehörigkeit herangezogen werden. Letztendlich ist die Vergütung erfolgsgerecht, wenn das Gesamtergebnis des Unternehmens auch zu den Einflußfaktoren zählt.

Die Vergütungsgerechtigkeit ist für Mitarbeiter äußerst wichtig, weil oftmals andere Vergleichsmaßstäbe zur Bewertung der eigenen Leistung fehlen. Bei einem marketingorientierten Vergütungskonzept besteht die Zielsetzung darin, daß jeder Mitarbeiter das Gefühl hat, daß sein Leistungsbeitrag intern (anforderungs-, verhaltens-, leistungs- und sozialgerecht) und extern (markt- und unternehmenserfolgsgerecht) gerecht vergütet wird. Oberstes Ziel im Sinne eines ganzheitlich verstandenen Personalmarketings sollte es deshalb sein, alle Ersatzgerechtigkeiten bei der Entwicklung eines Vergütungssystems adäquat zu berücksichtigen. Diese Zielsetzung kann durchaus als magisch bezeichnet (*Hilb*, 1994, S. 92) werden, weil sich die einzelnen Elemente teilweise konfliktär zueinander verhalten.

Insgesamt ist die Forderung zu stellen, daß sich das Vergütungssystem mit den anderen Programmen und Instrumenten des Personalmarketings, wie beispielsweise Rekrutierung, Beurteilung, Entwicklung und Controlling, in Einklang befindet. Voraussetzung dafür ist die Entwicklung einer personalmarketingorientierten Vergütungspolitik mit entsprechenden Grundsätzen. Die Gesamtvergütung wird als Netto(nutzen)paket betrachtet, wobei dem direkten Anteil, falls es die speziellen Besonderheiten erlauben, Priorität beigemessen wird. Hinter dieser Sichtweise steht die Überlegung, daß für die Zufriedenheit mit der Vergütung neben dem reinen Geldwert vielleicht viel stärker der direkte Nutzen einzelner Bestandteile von Bedeutung ist. Die verschiedenen Komponenten des Gesamtpaketes tragen dann je nach Situation in unterschiedlichem Umfang zur Erreichung der Ziele des Personalmarketings bei.

Wichtig unter Marketinggesichtspunkten ist die hinreichende Information der Mitarbeiter über die Vergütungspolitik mit dem Hinweis auf die Möglichkeit jedes Mitarbeiters, den eigenen Vergütungsgrad und die eigene Vergütungsbandbreite beim jeweiligen Vorgesetzten zu erfahren. Hinzu kommen kontinuierliche Vergütungs-Audits und die Formulierung eines Projektplans zur ständigen marketingorientierten Weiterentwicklung der Vergütungspolitik. Damit dieses erreicht werden kann, sollte in folgenden Stufen vorgegangen werden:

Stufe 1: Durchführung von periodischen Gehaltsumfragen zur Sicherung der Marktgerechtigkeit.

Stufe 2: Entwicklung eines unternehmens- oder geschäftsbereichsbezogenen Kennzahlensystems zur Erfolgsevaluation im Sinne einer erfolgsgerechten und dynamischen Vergütung.

Stufe 3: Weiterentwicklung oder Einführung eines Funktionsbewertungskonzeptes zur Sicherung der Anforderungsgerechtigkeit der Vergütung.

Stufe 4: Einbindung der Leistungsbeurteilung in das Vergütungskonzept zur Berücksichtigung der Leistungsgerechtigkeit der Vergütung.

Stufe 5: Partizipative Anpassung der Vergütungsstruktur an fixierte Verhaltensnormen (Führungs- oder Qualitätsgrundsätze).

Stufe 6: Periodische Evaluation des Sozialleistungsprogramms im Sinne einer sozialen Gerechtigkeit der Vergütung.

Ziel periodischer Gehaltsumfragen ist es festzustellen, ob die Gesamtvergütung der eigenen Mitarbeiter im Verhältnis zu den Mitarbeitern vergleichbarer Unternehmen als marktgerecht einzustufen ist. Dies wird ermittelt durch den Einkommensvergleich mit Mitarbeitern in Unternehmen der gleichen Branche in vergleichbaren Positionen mit ähnlichen Marktergebnissen. Als methodisch sinnvoll hat sich ein Intrabranchenvergleich anhand eines einheitlichen Funktionsbewertungssystems erwiesen.

Die individuelle Erfolgsgerechtigkeit im Rahmen der Gesamtvergütung kann im Rahmen eines Bonusplanes erreicht werden. Es gibt keinen universellen Bonusplan. Jedes Unternehmen muß entsprechend der eigenen Strategie seinen spezifischen Bonusplan entwickeln. Zentraler Punkt ist die Konkretisierung der Bemessungsgrundlagen und deren Bedeutung innerhalb des unternehmensweiten Zielsystems. Langwierige Diskussionen über Qualität, Zuverlässigkeit und Validität von Meßgrößen sind durchaus üblich. Folgende Fragen sind aber von grundlegender Bedeutung:

o Ist der Deckungsbeitrag das wichtigste Erfolgskriterium?
o Welche sonstigen Kriterien sind ebenso wichtig?
o Welche Ergebnisse können gemessen werden?
o In welcher Phase befindet sich der Geschäftsbereich?
o Wie ist das Verhältnis Individual-/Teamleistung?
o Was liegt nicht im Einflußbereich des Mitarbeiters?

Wenn die für einen Bonusplan einzusetzenden Bemessungsgrößen festgelegt sind, müssen die Ziele, die innerhalb einer Periode zu erreichen sind, operationalisiert werden. Dieses erfolgt sinnvollerweise im Rahmen eines Zielvereinbarungsgesprächs zwischen Vorgesetzten und Mitarbeitern. Inhalt des Gesprächs ist die realistische Festsetzung von Leistungserwartungen einschließlich der dazu erforderlichen Maßnahmen sowie möglicher Hemmnisse, wobei diese Festsetzung als partizipativer Prozeß zu verstehen und durchzuführen ist. Die Ziele müssen so formuliert sein, daß sie für die Dauer der Periode bedeutsam sind und eine konstituierende Bedeutung für die Leistung haben. Die vereinbarten Ziele werden schriftlich dokumentiert und dem Mitarbeiter ausgehändigt. Anhand dieser Vereinbarung erfolgt dann die Prüfung der Zielerreichung.

Variable Vergütungsregelungen beschränken sich bisher im deutschsprachigen Europa in aller Regel auf Führungskräfte oder Vertriebsmitarbeiter. Derartige Regelungen werden so konzipiert, daß Erhöhungen der Kundenzufriedenheit oder die Verbesserung von Deckungsbeiträgen mit entsprechenden Bemessungsgrundlagen verknüpft werden. Aufgrund dieser Basis werden Leistungsprämien an die Mitarbeiter ausgezahlt. Der Bonusplan wird zum Marketingvorteil und Führungsinstrument. Ein hervorragender Bonusplan erfordert aber nicht weniger, sondern mehr Führung. Jedem Bonusplan sollte eine Gewinner-Gewinner-Konzeption zugrunde liegen. Hat der Mitarbeiter Erfolg, so hat auch das Unternehmen Erfolg. Incentiveprogramme (beispielsweise Erlebnisreisen oder Kreativseminare) sind in diesem Zusammenhang ein Faktor zur Sicherung der unternehmens- und gruppenbezogenen Erfolgsgerechtigkeit. Dabei müssen natürlich die Wettbewerbssituation, die steuerlichen Vorschriften und der Reifegrad des Geschäfts- oder Produktbereichs berücksichtigt werden (Beispiel 9).

Einen zentralen Stellenwert in jedem Vergütungskonzept erhält ein transparentes und möglichst objektives Funktionsbewertungssystem zur Sicherung der Anforderungsgerechtigkeit. Das ideale Funktionsbewertungssystem muß die Vorteile Genauigkeit, Meßbarkeit und Einfachheit in sich vereinigen. Wesentliche Inhalte sind kurze Funktionsbeschreibungen, relevante Anforderungs- und Gewichtungskriterien sowie ein Klassifikationssystem mit konkreten Hinweisen zur Durchführung der Funktionsbewertung. Wichtig für die Durchführung ist, daß die Bewertung von Personen unabhängig vorgenommen wird, beispielsweise durch den direkten und nächsthöheren Linienvorgesetzten in Zusammenarbeit mit dem Personalverantwortlichen. Dabei findet pro Funktion jeweils ein Konsensmeeting zwischen den drei Beurteilern statt, und zwar nur bezüglich der unterschiedlich eingestuften Dimensionen. Dieses Verfahren wird bottom-up und dezentral eingeführt. Nachdem sich die Beurteiler über die Bewertung geeinigt haben, werden alle Zuordnungen verbindlich festgelegt. Das Personalmanagement hat die zentrale Aufgabe, anhand der Bewertungen eine laterale Überprüfung vorzunehmen und nach Absprache mit den Abteilungs- und Bereichsleitern fällige Änderungen einzuarbeiten. Abschließend werden alle Anforderungs- und Bewertungskriterien zu einer Funktionsmatrix (mit der Angabe der Leistungsstufen) zusammengefaßt und von der Unternehmensleitung verabschiedet.

Beispiel 9: Anforderungskriterien (Wertigkeit der Position)

1. Funktionale Anforderungen

Fachanforderungen	Wertigkeit
Funktionsbezogene Grundkenntnisse	2
Erweiterte Fachkenntnisse	4
Qualifizierte Fachkenntnisse	6
Hochqualifizierte Kenntnisse	8
Herausragende Fachkenntnisse	10

2. Extrafunktionale Anforderungen

Managementanforderungen

Geringe Planungstätigkeiten	2
Eigenständige Planung	4
Koordination von Sachgebieten	6
Planung von komplexen Einheiten	8
Umfassende strategische Planung	10
Strategische Managemententscheidungen	12

Sozialanforderungen

Normale Kommunikationsformen	2
Aktive Kommunikation	4
Hohe Kommunikationsanforderungen	8
Höchstmaß an sozialer Kompetenz	10

Führungsanforderungen

Geringe Führungsanforderungen	2
Standardisierte Führungsaufgaben	4
Komplexe Führungstätigkeiten	8
Außerordentlich hohe Führungsanforderungen	12

Entscheidungsanforderungen

Kein Ermessensspielraum	0
Geringer Ermessensspielraum	2
Vorgegebene Aufgabenstruktur	4
Funktionsbezogene Zielsetzungen	8
Hoher Entscheidungsspielraum	10
Keine Einschränkungen	12

3. Verantwortungsbereich

Positionsverantwortung

unter 1 Mio.	2
1 – 2 Mio.	4
3 – 4 Mio.	6
5 – 10 Mio.	8
über 10 Mio.	12

Beispiel 9: Anforderungskriterien (Wertigkeit der Position)
(Fortsetzung)

Ergebnisbeeinflussung

keine	0
indirekt	2
beratend	4
direkt	8
primär	12

Bewertungsbeispiel

Fachanforderungen	6
Managementanforderungen	10
Sozialanforderungen	8
Führungsanforderungen	12
Partizipationsanforderungen	10
Positionsverantwortung	6
Ergebnisbeeinflussung	8
Wertigkeit der Position	60

Ein sogenanntes Cafeteriasystem kann in der Praxis mit dem Ziel der Leistungsorientierung angewendet werden. Bei der Entwicklung eines solchen Systems sind folgende Sachverhalte zu berücksichtigen: In das Cafeteriasystem werden die verschiedensten Arten von Belohnungen als Anreize integriert, sowohl materielle als auch nichtmaterielle. Die Relationen innerhalb der Leistungen sind klar definiert. So entspricht beispielsweise ein Betrag von 250 DM einem zusätzlichen Urlaubstag oder der Teilnahme an einem Seminar von zwei Tagen. Ausschlaggebend für die Verrechnungspreise sind die ermittelten Selbstkosten. Die Bewertung ist einheitlich geregelt und erfolgt beispielsweise in Form von Bonuspunkten, die wie bei den Vielfliegerprogrammen der Fluggesellschaften kumuliert werden können. Eine bestimmte Anzahl von Bonuspunkten berechtigt zum Bezug einer bestimmten Leistung. Mit den Bonuspunkten kann wie in einer Cafeteria oder auf einer Piazza eingekauft werden. Die Vergabe von Bonuspunkten kann nach der jährlichen Mitarbeiterbeurteilung oder individuell nach besonderen Leistungen erfolgen. Jeder Vorgesetzte hat ein beschränktes Punktebudget, das er nach vorgegebenen Bewertungskriterien verteilen kann. Grundsätzlich ist besonderes Gewicht auf größtmögliche Flexibilität zu legen. Die Anreize werden auf die Bedürfnisse der Mitarbeiter abgestimmt und können auch im Rahmen der Mitarbeiterbefragung ermittelt werden.

Vor dem Hintergrund, daß Personalmarketing ein flexibles und zukunftsorientiertes Denk- und Handlungsmuster ist, bekommt das Potential der Mitarbeiter auch für die Vergütung einen zentralen Stellenwert. Das Potential der Mitarbeiter im Sinne von tätigkeitsspezifischen Qualifikationen zu entlohnen, entspricht dabei sowohl einer Leistungs- als auch einer Anforderungsorientierung. Somit ist es möglich, die Vergütung von starren Funktionsbeschreibungen als Bemessungsgrundlage zu lösen und im Geiste der Prozeßorientierung funktionsübergreifende Fähigkeiten zu bewerten.

Mit einem verhaltensgerechten Anreizprogramm wird bezweckt, leitbildgerechtes Verhalten der Mitarbeiter zu fördern und zu belohnen. Die inhaltliche Definition der erwarteten Verhaltensbeiträge hängt ab von den fixierten Grundsätzen (beispielsweise Grundsätze der Kundenorientierung). So können die Ergebnisse der periodischen Kundenzufriedenheitsumfragen als Bewertungsgrundlage für das leitbildgerechte Verhalten herangezogen werden. Das Programm sollte demnach je nach Zielsetzung differenziert die Mitarbeiter aller Ebenen betreffen.

Bei der marketingorientierten Gestaltung der Sozialleistungen ist eine systematische Bestandsaufnahme aller gegenwärtig gewährten gesetzlichen, tariflichen und freiwilligen Sozialleistungen notwendig. Eine Ermittlung der Gründe, weshalb die einzelnen freiwilligen Sozialleistungen gewährt werden, ist sicherlich genauso notwendig wie die exakte jährliche Budgetierung der einzelnen Sozialleistungen. Marketingorientierte Leistungsoptimierung und nicht Maximierung muß die Devise heißen. Im Rahmen der Mitarbeiterbefragung sind deshalb Wichtigkeit und Zufriedenheit in bezug auf bestimmte Sozialleistungen zu ermitteln. Ergebnis ist die Anpassung der betrieblichen Sozialleistungen mit dem Ziel, jederzeit für die Mitarbeiter attraktive Sozialleistungen zu erbringen, die sich wirtschaftlich verantworten lassen und dem Primat des Personalmarketings nicht widersprechen. Denn oft werden Leistungen angeboten, die nicht oder schon lange nicht mehr gewünscht werden. Dies hat mit Marketing nichts mehr zu tun und ist bei marktorientierter Denkweise eine Schreckensvision. Um die Verteilung der Sozialleistungen den individuellen Bedürfnissen der Mitarbeiter besser anzupassen und die Nutzenstiftung zu erhöhen, eignet sich auch hier das Cafeteriasystem. Alle Mitarbeiter erhalten in einem vorgegebenen Rahmen (Scheckheft) die Möglichkeit, die ihren Bedürfnissen entsprechenden Sozialleistungen (beispelsweise Altersversorgung oder Dienstwagenleasing) in Anspruch zu nehmen. Dabei ist vor allem darauf zu achten, soziale Ungerechtigkeiten zu vermeiden und den Verwaltungsaufwand in Grenzen zu halten.

Der Trend zur marketingorientierten Vergütung führt langfristig zu einem wachsenden Anteil an variablen Vergütungsbestandteilen oder zu modernen Bonussystemen. Für engagierte und erfolgreiche Mitarbeiter werden neben finanzieller Anerkennung stärker immaterielle Zuwendungen für außergewöhnliche Leistungen bereitgestellt. In diesem Zusammenhang gehört sicherlich auch die Diskussion um eine weitere Flexibilisierung der Arbeitszeit im Rahmen sog. Arbeitszeitkontingente (Life-time- oder Time-sharing-Modelle).

Hier öffnet sich also noch ein weites Feld für eine marketingorientierte Preispolitik, auch unter Gesichtspunkten einer innovativen Mitarbeiter-Kapitalbeteiligung als tragfähiges Fundament für erforderliche Anpassungsprozesse. Wegen der Mitbestimmungsrechte der Arbeitnehmervertretungen sowie tariflicher und gesetzlicher Bestimmungen gibt es hier im Moment jedoch noch bestimmte Gestaltungsgrenzen. Ein erster Schritt auf dem Weg, diese Beschränkungen abzubauen, ist sicherlich die hier geforderte Einbeziehung der Interessenverbände in das Aktionsportfolio des Personalmarketings, aber nur, wenn in diesem Sinne versucht wird, einen Dialog aufzubauen.

5.3 Plazierungsmix als Integrationsfaktor

Dem richtigen Mitarbeiter zur richtigen Zeit den richtigen Arbeitsplatz anzubieten, das ist die Kunst, die Variablen des Plazierungsmixes erfolgreich zu gestalten. Fragen, die in diesem Zusammenhang von Bedeutung sind, können sein: Welche neuen Arbeitsplatz- und Aufgabenmuster müssen für bestehende Arbeitsmärkte und Zielgruppen angeboten werden? Hier treffen sich Bedürfnisse hochqualifizierter Mitarbeiter mit der Notwendigkeit, flache Hierarchien und kurze Entscheidungswege zu schaffen. Oder aber: Welche Möglichkeiten zur Regionalisierung und Internationalisierung von Arbeitsplätzen bieten sich? Die Konzentration auf einen regionalen Teilarbeitsmarkt eignet sich dabei wegen der geringen Kosten besonders für kleine und mittlere Unternehmen. Die Plazierungsvariablen insgesamt beziehen sich also auf die physische Distribution des Produktes Arbeitsplatz.

Die Schaffung eines Arbeitsplatzimages erfordert die Abgrenzung des eigenen Unternehmens vom Feld der Mitbewerber (Unternehmen, die in den gleichen Teilarbeitsmärkten Arbeitskräfte nachfragen) durch Aufbau langfristiger Präferenzen. Dabei ist die Entwicklung einer schwer imitierbaren Unternehmensqualität die wettbewerbsrelevante Schwerpunktaufgabe. Bei dieser Entwicklung sind es vor allem zwei Faktoren, die Leistung und Arbeitszufriedenheit gleichermaßen positiv beeinflussen: zum einen Tätigkeiten, die persönlichen und gesellschaftlichen Sinn, Befriedigung und Freiraum bieten, sowie zum anderen Beziehungen zu Vorgesetzten, Kollegen und Mitarbeitern, die von Vertrauen und gegenseitiger Achtung geprägt sind. Das deutet darauf hin, daß die Kooperation lateraler und vertikaler Ebenen einen zentralen Wettbewerbsfaktor darstellt. Diese Denkrichtung sollte immer, auch vor dem Hintergrund sich abzeichnender Machtverschiebungen am Arbeitsmarkt und auftretender Engpaßsituationen in qualifizierten Teilarbeitsmärkten, beibehalten werden.

Bis heute haben die meisten Unternehmen deutliche Fortschritte in der Marktsegmentierung bis hin zu Life-style-Typologien gemacht, soweit dies die klassischen Marketingaktivitäten betrifft. Man kennt die einzelnen Segmente und Zielgruppen einschließlich ihrer Besonderheiten und Grenzen und hat sich mit Produkten und Dienstleistungen genau darauf eingestellt. In die Marketingforschung wurde viel investiert, und die Methoden sind sukzessive verfeinert worden.

Die Segmentierung der Personalmärkte steckt dagegen auch heute noch in den Kinderschuhen. Die Betrachtung von Teilarbeitsmärkten aus vorwiegend volkswirtschaftlicher Perspektive kann da nur wenig hilfreich sein. So weisen die Personalsuchanzeigen für ähnliche Positionen bei Wettbewerbsunternehmen kaum signifikante Unterschiede auf. Sie beinhalten in der Regel eine Darstellung des Unternehmens, die geforderte Ausbildung und Praxiserfahrung und evtl. noch eine kurze Funktionsbeschreibung. Wenn man berücksichtigt, wie unterschiedlich Unternehmen in ihrer Kultur, ihrem Reifegrad, in ihren Stärken und Schwächen sind, dann zeigen diese Anzeigen, wie weit man in der Regel von einer professionellen Plazierung der Aufgaben im Rahmen des Personalmarketings noch entfernt ist. Erst wenn ein Unternehmen zielgruppenorientiert plaziert, dann läßt sich der ideale Mitarbeitertyp wesentlich deutlicher definieren, in Anzeigen präziser charakterisieren und bei der Rekrutierung zielsicherer auswählen. Somit muß sich der anvisierte Teil des Arbeitsmarktes klar auf das wirklich relevante Marktsegment eingrenzen. Die Funktion muß zum Mitarbeiter und der Mitarbeiter zur Funktion passen. Wenn erkennbar ist, daß ein bestimmter Mitarbeitertyp nicht zum Unternehmen paßt, dann muß er von vornherein bei der Ausschreibung ausgeschlossen werden.

Mit Human-style-research, einem Forschungsinstrument zum besseren Kennenlernen des potentiellen Mitarbeiters, zum Vertrautwerden mit seiner komplexen Persönlichkeit, seinen Einstellungen und Verhaltensweisen, bekommt man diese Situation in den Griff. Im Gegensatz zu üblichen Segmentationsansätzen, die in der Regel lediglich nach soziodemographischen Merkmalen differenzieren, analysiert Human-style-research die Zielgruppen auf der Basis umfangreicher psychologisch-qualitativer Merkmale, die den Menschen in seiner individuellen Persönlichkeit erfassen und beschreiben. Kern dieses Modells ist die Verdichtung der individuellen Persönlichkeitsbilder zu repräsentativen Typen, ähnlich wie bei der traditionellen Life-style-Typologie, wobei letztere ihre Beschreibung auf Konsumenten beschränkt. Grundlage der Human-style-Typologie ist die Selbstbeschreibung der Zielgruppen, beispielsweise hinsichtlich Leistungs- und Werteorientierung oder Freizeit- und Konsumverhalten. Die definierten Typen sind Orientierungspunkte bei der Zielgruppenplazierung und zugleich Repräsentanten bestimmter Potentiale.

Von besonderer Bedeutung bei der Umsetzung solcher Zielgruppen- und Plazierungsaspekte ist die richtige strategische Positionierung der Führungskräfte. Im Prinzip verlangt, wie schon gesagt, jede Entwicklungsphase eines Unternehmens einen besonderen Schwerpunkt im Profil des Managements. So verlangt eine schwache Position in einem wachsenden Markt eher den aggressiven Unternehmertyp. In einer starken Wettbewerbsposition ist vorzugsweise eine Führungskraft gefragt, die diese Position konsequent verteidigen kann. Aber auch für die Realisation einer situativen Führung in Abhängigkeit vom Reifegrad des Mitarbeiters, die Konzeption eines umfassenden Führungssystems sowie die Entwicklung zielgruppenorientierter Auswahlverfahren bilden unterschiedliche Typen von Mitarbeitern und Führungskräften den Orientierungsrahmen und die Erfolgsgrundlage. Konsequente Zielgruppenorientierung lautet die Devise, und dies nicht nur bei der Personalwerbung, sondern entlang des ganzen Personalmarketingprozesses.

Bei der systematischen Ansprache bislang nicht beachteter Zielgruppen auf bisher nicht plazierten Märkten tauchen auch Begriffe wie Replacement und Newplacement auf. Replacement umschreibt die Wiedereingliederung in eine Berufstätigkeit. Als Beispiel sind die zumeist weiblichen Mitarbeiter zu erwähnen, die nach der Familienpause wieder an den Arbeitsplatz zurückkehren wollen. Für sie attraktive Programme zu entwickeln, gehört auch zum Personalmarketing. Mit Newplacement wird der Wechsel in einen neuen Beruf beschrieben. Angesprochen sind solche Personen, die entweder längere Zeit nicht berufstätig waren oder in einem Beruf arbeiten, den sie nicht mehr ausüben können oder wollen.

Die Plazierungsvariablen sind jedoch nicht nur unter dem Aspekt der Zielgruppendefinition und Typenbildung zu sehen, sondern auch unter dem Blickwinkel des technologischen und organisatorischen Wandels. Vertrags- und bindungsorientierte Veränderungen, verbunden mit Stichworten wie Outsourcing, Franchising oder Entwicklungsprogramme für Fachhandelspartner beschreiben die weite Sichtweise des Personalmarketingansatzes. Gerade beim brisanten Thema Outsourcing stellt sich auch die Frage nach der umfassenden Verantwortlichkeit des Personalmarketings.

Die Einrichtung eines Outplacement-Service basiert auf ähnlichen Gründen wie gerade beschrieben – hinzu kommen meistens noch Leistungs- und Verhaltensaspekte – und ist sicherlich ein wichtiger Erfolgsprüfstein für das Personalmarketing. Dabei ist Outplacement nicht zu verwechseln mit Outsourcing. Outplacement beinhaltet eine Reihe von Maßnahmen, um freizusetzende Mitarbeiter psychologisch, juristisch und organisatorisch bei der Suche nach einer neuen Position zu unterstützen. Ausgangsbasis ist eine Stärken-Schwächen-Analyse des Leistungsverhaltens und damit verbunden eine Definition der Lebens- und Berufszielsetzung (Lebensskriptanalyse mit Karriereplanung). Darauf bauen dann Persönlichkeitsentwicklung und differenzierte Weiterbildungsmaßnahmen auf. Insgesamt ergeben sich sowohl für das Unternehmen als auch für den Mitarbeiter vielfältige Vorteile durch einen systematischen Outplacementprozeß (Abb. 51, s. S. 200).

Freisetzung ist dabei nicht immer gleich Outplacement. Eine Neuplazierung, eine Trennung oder eine Vertragsauflösung hat zunächst noch nichts mit Outplacement zu tun. Outplacement setzt immer eine einvernehmliche Trennung voraus. Dabei hat sich die Outplacementberatung in den meisten europäischen Ländern wesentlich stärker durchgesetzt als in Deutschland. Besonders interessant erscheint es, hier nach den tieferliegenden Gründen zu fragen. Outplacement ist eine Plazierungsvariable, und die intensive Beschäftigung mit diesem Gedanken führt auch automatisch dazu, Outplacement als zentralen Bestandteil einer Personalmarke-

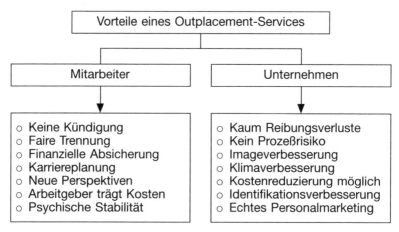

Abb. 51: Wichtige Vorteile eines Outplacement-Services

tingkonzeption zu sehen. Das bedeutet zwangsläufig, auch den Outplacement-Service aufzuwerten und verstärkt anzubieten.

5.4 Promotionsmix als Informationsfaktor

Die Promotionsvariablen beschäftigen sich mit der systematischen Gestaltung aller auf den Markt gerichteten Informationen mit dem Ziel einer Entscheidungsbeeinflussung bei Interessenten, Bewerbern und Mitarbeitern. Nicht zu vergessen sind aber auch andere Zielgruppen des Aktionsportfolios, wie z. B. Interessenverbände, Öffentlichkeit oder Handelspartner. Personalwerbung, Personal Relations, Public Relations und Sponsoring sind hierbei als Kernvariablen zu nennen. Diese Variablen sind Gegenstand einer bewußten Gestaltung mit dem Ziel einer nachhaltigen Verhaltensbeeinflussung.

Personalwerbung umfaßt die absatzpolitischen Zwecken dienende, absichtliche und zwangsfreie Beeinflussung der Mitarbeiter und Interessenten unter Zuhilfenahme bestimmter Medien. Entscheidungsgrößen sind die Aufstellung des Werbeetats, die sachliche und zeitliche Aufteilung auf die Werbemittel und Werbeträger. Absatzpolitisch im Sinne des Personalmarketings sind alle Aktivitäten, die der Steigerung des Attraktivitätsgrades dienen.

Personal Relations bezeichnet die direkte und persönliche Kommunikation mit Mitarbeitern und Interessenten und berührt damit zugleich zentrale Bereiche der Plazierung und Zielgruppenbestimmung. Im einzelnen handelt es sich dabei auch um die direkte Ansprache von potentiellen Mitarbeitern im Rahmen von Bewerbungsgesprächen, aber auch auf Hochschulmessen und sonstigen Veranstaltungen. Diese Form der Kommunikation stellt sich vielfach als die wirksamste, aber zugleich auch aufwendigste Variable dar.

Public Relations umfaßt alle Beziehungen zwischen dem Unternehmen und der nach Gruppen gegliederten Öffentlichkeit (Mitarbeiter, Bewerber, Interessenten, Kunden, Staat, Gemeinde, Interessenverbände) mit dem Ziel, öffentliches Vertrauen zu gewinnen. Public Relations ist keinesfalls Werbung, hat jedoch durch eine neutrale kommunikative Wirkung eine hohe Akzeptanz.

Sponsoring bezeichnet planmäßig zu gestaltende Maßnahmen, die sich auf einen bestimmten Bereich der Gesellschaft (beispielsweise Sport, Kultur oder Umwelt) beschränken. Ziel hierbei ist, öffentliche Anerkennung und Vertrauen zu gewinnen, und zwar durch die Wahrnehmung gesellschaftlicher Aufgaben sowie Engagement in verschiedensten Bereichen.

Die Kommunikationsvariablen haben insgesamt zum Ziel, Mitarbeiter und potentielle Bewerber dahingehend zu informieren und zu überzeugen, daß erstere eine Entscheidung für das Unternehmen treffen bzw. letztere das Unternehmen als attraktiven Arbeitgeber beurteilen und ihm eine Präferenz gegenüber der Konkurrenz einräumen. Es geht darum, Mitarbeitern und externen Zielgruppen als Botschaft zu vermitteln, daß sie ihre eigenen Interessen und Ziele in diesem Unternehmen am besten realisieren können.

Die speziellen Aspekte der nach außen gerichteten Information und Kommunikation werden umfassend im 6. Kapitel aufgegriffen und diskutiert. An dieser Stelle soll deshalb schwerpunktmäßig auf die interne Informationsproblematik als wichtiges Element der Promotionsvariablen eingegangen werden, ein Aspekt, der mindestens genauso bedeutsam ist wie die externe Kommunikations- und Informationspolitik.

Beim internen Informationsmanagement geht es einmal um die Darstellung personalbezogener Informationen, welche arbeitsplatzrelevante Unsicherheiten bezüglich der Mitarbeiter reduzieren oder beseitigen können. Dabei darf sich die Zwecksetzung nicht auf eine rein administrative Nutzung beschränken. Das Informationsmanagement muß strategisch ausgerichtet sein, die eingesetzten Programme dürfen keine Insellösungen sein, so daß Informationen miteinander verknüpft werden können. In der Praxis zeigt das Informationsmanagement nach wie vor große Schwächen (*Hilb*, 1994, S. 149), weil lediglich über Merkmale gegenwärtiger Mitarbeiter Daten erhoben werden und damit eine sehr einseitige Beschränkung auf Personaldaten mit nur geringfügig zukunftsbezogenen Informationen erfolgt. In den meisten Fällen verfügt man also eher über eine statische Personalstatistik als über ein dynamisches Informationsmanagement. Anzustreben ist eine konsequente Vernetzung und eine Orientierung zu zeitnahen Informationen. Ein solches Informationsmanagement enthält dann neben den Markt- und Bewerberinformationen auch Rahmenbedingungen für Funktionsbeschreibungen, Potentialbeurteilungen und Rahmenparameter für Vergütung, Entwicklung und Controlling.

Im weiteren Zusammenhang sind die Ziele, Strategien, Programme und Instrumente zu gestalten, die die Informations- und Kommunikationsbeziehungen zwischen der Unternehmensleitung und den Mitarbeitern systematisch pflegen und langfristig koordinieren. Wichtig ist in diesem Geflecht die zeitgerechte, ausführliche, korrekte und verständliche Information aller Mitarbeiter über die Wettbewerbs-, Finanz-, Personal- und Umweltsituation (Abb. 52).

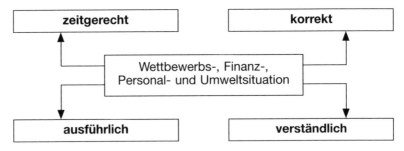

Abb. 52: Qualitätsanforderungen an die interne Kommunikation

Problematische Sachverhalte im Unternehmen oder in Bereichen müssen offen kommuniziert werden. Dabei ist jedoch darauf zu achten, daß Informationen adäquat aufbereitet und präsentiert werden, um Ängste und Unsicherheit zu vermeiden. Alle internen Kommunikationspartner sind zudem angehalten, zu jeder Information das adäquate Umfeld zu beschreiben. Vollständige Objektivität in der Kommunikation gibt es zwar nicht, es geht deshalb im Grundsatz um das Streben nach möglichst wahrheitsgemäßer Information. Jede Information sollte zielgruppengerecht aufbereitet sein, also in einer Form, die vom Empfänger verstanden und eingeordnet werden kann. Bei Informationen, die vor allem für bestimmte Bereiche bedeutsam sind, müssen zuerst die Mitarbeiter der entsprechenden Abteilungen benachrichtigt werden. Generell sollte niemals eine Information nach außen gelangen, bevor nicht die Mitarbeiter davon Kenntnis erlangt haben (Primat der internen Public Relations). So wird durch die ständige Verbesserung der internen kommunikativen Beziehungen eine echte Kommunikationskultur, vor allem zwischen Vorgesetzten und Mitarbeitern und zwischen einzelnen Prozeßteams, geschaffen. Konflikte werden konstruktiv gelöst und gegenseitige Informationsdefizite abgebaut. Die Qualität der internen Kommunikation wird vor allem durch die bereits dargestellte offene Kommunikation und durch konstruktive Konfliktbereitschaft auf der obersten und oberen Führungsebenen bestimmt.

Im Rahmen der internen Kommunikationsvariablen kann zwischen den primären und sekundären Medien unterschieden werden. Primäre Medien (beispielsweise Besprechungen, Mitarbeitergespräche oder Betriebsversammlungen) ermöglichen den direkten persönlichen Kontakt zwischen den Mitarbeitern. Bei den sekundären Medien stehen spezielle Informationsinstrumente zur Verfügung, beispielsweise Firmenzeitschriften, interne Mitteilungen oder Mitarbeiterzeitschriften. Grundsätzlich ist auch hier die persönliche Kommunikation allen anderen Medien in ihrer Wirksamkeit überlegen. Aus diesem Grunde sollte auch intern – wenn möglich – ein primäres Medium gewählt werden. Dies führt auch zur Etablierung einer Kommunikations- und Vertrauenskultur. Jedes Meeting kostet eine Menge Geld, so daß auch ökonomische Gesichtspunkte berücksichtigt werden müssen. Um die Wirkung der Besprechungen, Sitzungen und Meetings zu überprüfen und verbessern zu können, sollte am Ende jeder Zusammenkunft eine Kurzbewertung vorgenommen werden. Der Moderator kann bereits unmittelbar im Anschluß eine wirksame Erfolgskontrolle durchführen und Verbesserungen vornehmen.

Grundsätzlich geht es bei der Medienwahl im Rahmen der internen Kommunikation meist nicht um ein Entweder-oder, sondern vielmehr um ein Sowohl-als-auch, also wie im externen Bereich auch um eine Medienkombination.

5.5 Kombination oder Integration der Variablen?

Die Integration oder Kombination der Variablen des Personalmarketingmixes kann als komplexes Allokationsproblem gesehen werden, bei dem das verfügbare Budget auf die verschiedenen ziel- und strategieadäquaten Variablen aufzuteilen ist (*Becker*, 1983, S. 246).

Beispielsweise kann ein Unternehmen bei konstanten Produktvariablen durch die Variablen Plazierung, Preis und Promotion die marktrelevante Wirkung entscheidend beeinflussen. Die Variablen können unabhängig voneinander auf verschiedenen Ebenen festgelegt werden. Sie führen damit zu einem unterschiedlichen Variablenmix, sind jedoch nicht als gleichwertig anzusehen (*Meffert*, 1986, S. 121). Dies verdeutlicht bereits eine Bewertung der Variablen nach folgenden Gesichtspunkten:

o Im Hinblick auf die Notwendigkeit des Einsatzes sind Kern- und Ergänzungsprogramme zu unterscheiden. So sind Vergütung und Arbeitszeit sowie die Führung der Mitarbeiter obligatorisch. Andere Instrumente wie etwa Sponsoring, Werbung, aber auch Outplacement, müssen nicht unbedingt eingesetzt werden.
o Die Instrumente lassen sich ferner nach der Flexibilität und Variabilität differenzieren. Die Personalwerbung oder Incentivekonzepte sind beispielsweise auch kurzfristig variierbar. Veränderungen des Leitbildes sind dagegen meist nur langfristig möglich.
o In bezug auf die Wirksamkeit ist zwischen kurz-, mittel- und langfristig zu unterscheiden. Viele Variablen, die zwar kurzfristig beeinflußbar sind, weisen, wie beispielsweise Personalwerbung, Sponsoring oder Public Relations, eine langfristige Wirkung auf.

Bei der Kombination der Variablen wird zunächst auf der Basis der durchgeführten Informationsbeschaffung der strategische Spielraum für jede Variable abgegrenzt. Je stärker die eigene Wettbewerbsposition und je jünger die Branchenlebenszyklusphase, desto größer ist der Spielraum für strategische Personalmarketingoptionen. Denn ein starkes Unternehmen in einer wachstumsorientierten Branche kann, wie bereits dargestellt, z. B. wählen, ob es durch attraktives Personalmarketing Branchenführer werden möchte, indem es gezielt hochqualifizierte Mitarbeiter von Wettbewerbern abwirbt oder indem es durch entsprechende Entwicklung im eigenen Haus für Nachwuchspotential sorgt. Schwache Wettbewerber verfügen normalerweise über weniger Wahlmöglichkeiten und müssen sich Nischen suchen, um dennoch wettbewerbsfähiges Humanpotential zu bekommen (*Laukamm*, 1989, S. 89).

Bei der geeigneten Variablenkombination spielen zwangsläufig die individuelle Ausgangslage und die in der Analyse festgestellten Rahmenbedingungen eine entscheidende Rolle. So ist die externe Rekrutierung des benötigten Mitarbeiterpotentials vor allem immer dann angezeigt, wenn für eine interne Rekrutierung nicht das notwendige Potential vorhanden ist. Umgekehrt gilt für die Strategie der internen Rekrutierung, daß auch entsprechende Trainings- und Entwicklungskapazität vorhanden sein muß. In vielen Fällen ist die Inanspruchnahme externer Dienstleister kostengünstiger und fachlich erfolgreicher als die interne Ausbildung von Nachwuchskräften. Eine Konsolidierung des Mitarbeiterpotentials ist insbesondere dann angezeigt, wenn aufgrund vergangener Expansion Mitarbeiterpotential aufgebaut wurde, das im Zuge einer Marktsättigung reduziert werden muß und dessen Know-how neu organisiert und gebündelt werden soll. Substitutive Kombinationen sind dann Personalleasing und Outplacement. Die Akquisition von Know-how kann auch durch den Kauf eines Unternehmens erfolgen, das über das benötigte Mitarbeiterpotential verfügt. Eine Kooperationspartnerschaft bietet sich dann an, wenn aufgrund von Restriktionen die eigene Akquisition von Know-how nicht möglich ist. Beide Partner können dann Synergieeffekte nutzen. Die Strategie, durch Personalberater Mitarbeiterpotential zu rekrutieren, kann meist nur von Großunternehmen verfolgt werden, wohingegen kleinere Firmen oft auf die eigene Personalanwerbung angewiesen sind.

Eine Branchenführerschaft auf dem Gebiet des Personalmarketings kann sich langfristig dadurch auszahlen, daß das Unternehmen auf dem Arbeitsmarkt durch ein entsprechendes Image als so attraktiv gilt, daß es einen permanenten Zustrom von hochqualifizierten Bewerbern erhält und daraus stets die besten Kandidaten auswählen kann. Eine solche Position ist meist nur dann zu halten, wenn auch allgemein eine führende Stellung behauptet werden kann. Allerdings muß das nicht immer so sein. Viele Marktführer genießen durchaus den Ruf, nicht besonders mitarbeiterorientiert zu sein, und trotzdem sind sie als Arbeitgeber für viele sehr attraktiv.

Die differenzierten Anforderungen an das Personalmarketing zeigen deutlich, daß eine zentrale Vorgehensweise schädlich sein kann, insbesondere dann, wenn dynamische, innovative und kreative Ideen dadurch behindert werden und die Kombination der Variablen den Gegebenheiten von Markt und Wettbewerb nicht schnell und exakt genug angepaßt werden kann. Es muß daher immer ein geeigneter Kompromiß zwischen einer zentralen und einer dezentralen Organisation der Aufgaben des Personalmarketings gefunden werden. Bürokratisierung ist auf jeden Fall dann zu vermeiden, wenn damit bei den Mitarbeitern die Vorstellung einer gewissen Besitzstandswahrung erzeugt wird.

Wenn bezugnehmend auf diese Fragestellungen von einer optimalen Allokation der Variablen gesprochen wird, so erfolgt dies in dem Bewußtsein, daß die Handlungsmaxime für die Kombination der Personalmarketingvariablen nur Integration und Ganzheitlichkeit heißen kann. So sind beispielsweise Führungsgrundsätze nur dann auch umsetzbar und erlebbar, wenn ihre Einhaltung oder Nichteinhaltung im Rahmen einer Verhaltensbeurteilung auch sanktioniert werden kann. Moderne Karrieremodelle – in der Werbung flippig und zielgruppenkonform dargestellt – führen nur dann zu einem entsprechenden Image, wenn sie etwas mehr als heiße Luft sind. Heiße Luft und Schubladenkonzepte gibt es wahrlich genug. Hier stehen auch das Vertrauen und die Glaubwürdigkeit auf dem Spiel. Die Forderung nach einem integrativen Personalmarketing ergibt sich dabei auch aus der dargestellten Sichtweise von Personalmarketing als Grundlage der Unternehmensqualität. Zentrale Schwerpunkte und Themen müssen demnach solche Themen sein, die sich in ihrer Wirkung auf die Gesamtqualität des Unternehmens erstrecken (Werte-, Prozeß- und Ergebnisqualität). Das bedeutet, daß das prozeßorientierte Personalmarketing, verstanden als jene organisatorische Einheit des Unternehmens, welche die Marketingvariablen kombinieren muß, seine Kombinations- und Integrationstätigkeit auch auf die Unternehmensleitung und auf die Führungskräfte der Linie ausrichten muß. Dabei gründet diese Forderung auf der Überlegung, daß sich die konventionelle Personalarbeit bislang viel zu wenig an den langfristigen Unternehmenszielen orientiert und sich folglich mit Programmen und Instrumenten beschäftigt hat, die weder marktorientiert noch unternehmerisch akzentuiert waren.

6. Mehr Profil durch Kommunikation – das klare Konzept

Die Kommunikation kann treffend als Sprachrohr des Personalmarketings bezeichnet werden. Während sich im Konsum- und auch mittlerweile im Investitionsgüterbereich dieses Sprachrohr entsprechend professionell etabliert hat, spielt die Personalmarketingkommunikation, mit Ausnahme der gezielten Personalwerbung, noch eine sehr zurückhaltende Rolle. Personalwerbung, Public Relations, Personal Relations und auch mit Einschränkungen das Sponsoring bilden den Kern eines Kommunikationskonzeptes und sind damit integraler Bestandteil des Personalmarketingansatzes. Bei der Gestaltung und Umsetzung der Kommunikation (Promotionsvariable) ist immer auf eine gezielte Abstimmung mit den anderen Variablen des Personalmarketingmixes (Produkt-, Preis- und Plazierungsvariablen) zu achten, denn nur im optimalen Zusammenspiel miteinander kann sich die Wirksamkeit der einzelnen Instrumente des Mixes voll entfalten, können Synergien freigesetzt werden. Im Rahmen der Personalmarktingkommunikation wird nicht in erster Line der Arbeitsplatz angeboten, sondern Prestige, soziale Anerkennung, Karriere, Kommunikation und Herausforderungen. Die primäre Aufgabe ist nicht, das Unternehmen selbst zu präsentieren, sondern den Anteil des einzelnen am Erfolg und der Kompetenz eines Unternehmens darzustellen. Dies wird heute bereits von vielen Unternehmen klar erkannt und auch eindeutig kommuniziert.

Wer eine erfolgreiche Kommunikation betreiben will, muß viele Aktivitäten und Maßnahmen in den Dienst dieser Idee stellen. Die Kommunikation im Personalmarketing hat zwangsläufig auch Auswirkungen auf das gesamte Unternehmen und das Unternehmensimage. In der Praxis heißt das konkret: Eine konsequente Zielgruppenorientierung ist das kennzeichnende Merkmal einer aktiven Kommunikation. Mitarbeiterorientiertes, partnerschaftliches Denken, Flexibilität und Anpassungsbereitschaft können wesentliche Eckpfeiler der Kommunikation zur Imagebildung, Penetration und zur Positionierung des Unternehmens sein. Ziel einer langfristigen Positionierung ist, grundsätzlich als attraktiver Arbeitgeber akzeptiert zu werden. Dabei sollte jedes Unternehmen bestrebt sein, sich klar von relevanten Mitbewerbern abzugrenzen. Durch ein zielorientiertes Kommunikationskonzept ergibt sich die Möglichkeit, einen Alleinstellungsstatus (USP = Unique Selling

Proposition) zu erlangen und sich so zu differenzieren, daß kaum Gefahr besteht, von Mitbewerbern kopiert oder imitiert zu werden. Positionierungskonzepte haben immer langfristigen Charakter. Der Aufbau eines positiven Images braucht viel Zeit, während es relativ schnell geht, ein aufgebautes Image zu verspielen.

Ziel der Personalmarketingkommunikation muß es sein, die Attraktivität des Unternehmens nach innen und außen transparent zu machen. Vor der Neueinführung oder der Modifikation personalpolitischer Instrumente kann in Zusammenarbeit mit kreativen und innovationsfreudigen Mitarbeitern wirkliche Pionierarbeit geleistet werden, denn der eigentliche Prüfstein des Erfolges personalpolitischer Programme und Instrumente ist immer die Akzeptanz bei der Zielgruppe. Ein Großteil der Unternehmen hat hiermit jedoch zentrale Probleme. Programme und Instrumente wie Unternehmensgrundsätze, Führungsleitsätze, Personalbeurteilung und Mitarbeitergespräch sind eher Selbsttäuschungsritual und Schubladenpapier denn wesentlicher Eckpfeiler eines ausgefeilten Konzeptes.

Es sind jedoch vielfach nicht die sachlich überzeugenden Instrumente und Argumente, die den Erfolg des Personalmarketings ausmachen. Zunehmend übernimmt die Personalmarketingkommunikation die Funktion, den Arbeitsplatz oder das Unternehmen als Arbeitgeber in einer arbeitsmarktbezogenen Erlebniswelt eigenständig und unabhängig zu positionieren. Oftmals vorhandene Vergleichbarkeit der personalpolitischen Instrumente bei verschiedenen Unternehmen macht gefühlsbetonte oder emotionale Kommunikation notwendig. Aber auch hier kann zuviel des Guten getan werden. So erinnern einige Kommunikationsstrategien internationaler Konzerne eher an Produkte der Freizeitindustrie als an Personalmarketing. Im Angebot stehen Rafting, Gletscherwanderung, Paragliding und Bunjisprung. Das Ergebnis solcher Kommunikationskonzepte ist vielfach eher der gefräßige Haifisch und weniger der kooperative Delphin als Mitarbeiter. Im Gegensatz dazu haben andere erfolgreiche Konzerne und auch mittelständische Unternehmen eher auf Vertrauen, Interaktion, Solidität und Wertschöpfung gesetzt.

Hier Eigenständigkeit zu zeigen und zu realisieren ist eine bedeutsame Funktion des Kommunikationskonzeptes. Erfolge sind vielfach darauf zurückzuführen, daß es gelungen ist, eine Idee oder einen Ansatz sehr stark mit einer prägenden Vorstellung zu verknüpfen (Analogie).

Personalmarketing kann intern und extern nur dann erfolgreich sein, wenn Zweck, Ziele, Grundsätze, Programme und Instrumente für die relevanten Zielgruppen bekannt und verständlich sind. Zielsetzung eines Kommunikationskonzeptes ist einerseits die konsequente Information der Mitarbeiter und andererseits eine optimale Darstellung des Unternehmens für potentielle Mitarbeiter, Partner und Interessenten. Kommunikation im Personalmarketing richtet sich also immer nach innen und außen mit dem Ziel der Gewinnung und Bindung. Auch ein mehrschichtiges und umfassendes Konzept wird an Durchschlagskraft verlieren, wenn die angestrebten Ziele nicht von den Mitarbeitern mitgetragen werden. Es genügt keinesfalls, hier und da einmal ein paar Imageanzeigen zu schalten oder Broschüren zu produzieren; entscheidend ist eine planvolle, gezielte und konsequente Vorgehensweise, so daß sich Einzelmaßnahmen sinnvoll ergänzen und in ihrer Wirkung verstärken können.

Das Personalmarketing braucht also ein eigenständiges Kommunikationskonzept, das sich am Auftreten des Gesamtunternehmens orientiert, jedoch eigenständig und zielgruppenorientiert ist. Die Märkte zeigen eine ungebrochene Dynamik vor allem vor dem Hintergrund der geschilderten starken Polarisierung und durch neue und veränderte Wettbewerbsbedingungen. Ursprünglich waren moderne Personalinstrumente vielfach freiwilliger Natur. Jetzt finden sich bereits Indikatoren dafür, daß Mitarbeiter und Interessenten einen rechtlich begründeten Anspruch definieren.

Personalmarketing ist eine Idee, ist ein strategischer Wettbewerbsvorteil am Markt und ist auch Leistung an sich. Wesentliche Bestimmungsfaktoren des in diesem Sinne verstandenen Personalmarketings sind die vielfältigen Berührungspunkte zwischen Vorgesetztem und Mitarbeiter. Diese Berührungspunkte bestehen meist über einen längeren Zeitraum und sind häufig durch eine langfristige Entwicklung charakterisiert. Sowohl für die Kommunikationsstrategie des Personalmarketings als auch für die des Unternehmens gilt es, diese Berührungspunkte zu erkennen und entsprechend zu formen.

Für die Kommunizierbarkeit des Leistungsangebots gelten einige Besonderheiten, die im Hinblick auf die Formulierung des Kommunikationskonzeptes (Abb. 53, s. S. 210) von Bedeutung sind. Zunächst einmal handelt es sich um eine immaterielle Leistung. Diese Leistungen, Programme und Instrumente sind nicht vorzeigbar und auch nicht lagerbar. Sie sind auch nicht als Massenprodukt herzustellen. Diese Leistungen sind vielmehr

Abb. 53: Bestimmungsfaktoren für die Kommunizierbarkeit des Leistungsangebotes

immer durch Individualität und Dezentralisierung gekennzeichnet, sie sind ein einzelfallorientierter Prozeß und immer eine Situation, die individuell realisiert werden muß. Die Leistungen sind durch Abstraktion gekennzeichnet, in dem Sinne, daß Programme und Instrumente als Know-how-pool charakterisiert werden können. Nur daraus ergibt sich eine Bedeutung für die Schaffung von strategischen Wettbewerbsvorteilen.

Wegen der Nichtbegreifbarkeit der Leistung ist der Anteil an search qualities, d. h. Eigenschaften, die vor dem Eintritt in das Unternehmen überprüft werden können, verhältnismäßig gering, während der Anteil an experience qualities, d. h. Eigenschaften, die erst während der Zugehörigkeit beurteilt werden können, vergleichsweise groß ist. Das hat zur Folge, daß die Erwartungen hinsichtlich der verschiedenen Aspekte der Leistungsqualität vielfach nicht vollständig ausgeprägt sind, sondern sich erst im Verlauf des Arbeitsalltages bilden. Insbesondere, wenn keine Störungen auftreten, werden dem Mitarbeiter seine eigenen Erwartungen an das Leistungsangebot kaum bewußt. Jedoch nimmt seine diesbezügliche Aufmerksamkeit stark zu, wenn Probleme auftreten.

In diesem Zusammenhang ist vor allem die imagebildende Funktion deutlich hervorzuheben. Es besteht die Möglichkeit, sich in den Vorstellungen der Zielgruppen kontinuierlich, systematisch und langfristig von den Mitbewerbern abzuheben, ohne daß die Mitbewerber kurzfristig in der Lage wären, die Anstrengungen nachzuahmen. Es ist davon auszugehen, daß dadurch wettbewerbsrelevante Zeitvorsprünge von 3–5 Jahren realisiert werden können.

Die Herausbildung von echten Präferenzen kann und sollte auch einen vergütungspolitischen Spielraum schaffen. Das soll jedoch keinesfalls bedeuten, daß sich Unternehmen mit erfolgreichem Personalmarketing der vergütungspolitischen Diskussion entziehen können. Zwar ist tendenziell in den Vorstellungen der Mitarbeiter die präferenzbildende Wirkung moderner Personalprogramme um so höher, je mehr sie von dem Nutzen dieser Maßnahmen überzeugt sind, jedoch muß auch hier immer differenziert werden. Damit zeigt sich der Handlungsrahmen, der kommunikationspolitisch durch das entsprechende Konzept transparent gemacht werden muß.

6.1 Die Einbindung in die Corporate Identity

Wenn sich Produkte und Dienstleistungen immer mehr angleichen und sich das Anspruchsverhalten kontinuierlich erhöht, sind motivierte und engagierte Mitarbeiter mehr als gefragt. Sie entscheiden über den Erfolg oder Mißerfolg eines Unternehmens. Wird den Mitarbeitern eine entsprechende Perspektive für ihre Erwartungen und Bedürfnisse gegeben, dann können sie sich auch mit dem Unternehmen identifizieren. So gesehen sind die bisherigen harten Führungsstrategien nicht mehr en vogue. In komplexen und dynamischen Situationen sind die sogenannten weichen Führungskonzepte viel erfolgreicher. Gesucht wird der Mitarbeiter, der sich hineinversetzt in seine Arbeitssituation und selbständig und eigenverantworlich mitdenkt. Die Corporate Identity stellt hierzu sicherlich einen geeigneten Rahmen zur Verfügung. Dieser Rahmen bildet die gewollte und bewußte Grundlage für ein Wirgefühl im Unternehmen und dadurch auch für eine individuelle Positionsbestimmung. Gefördert werden Personalimage und -identität. Corporate Identity (*Pümpin/Kobi/Wüthrich*, 1985, S. 8) fördert und unterstützt damit ebenfalls die hier als grundlegend beschriebenen Dimensionen Prozeß-, Ergebnis- und Wertequalität, prägt so das wahrnehmbare und gewollte Personalimage und damit den Personalmarketingerfolg.

Für das Personalmarketing gilt es, ein Profil, einen guten Ruf und eine führende Position im Personalmarkt, in der Gesellschaft aufzubauen und abzusichern. Die Prägung eines einheitlichen Erscheinungsbildes und eine kontinuierliche Weiterentwicklung sind dafür wesentliche Voraussetzungen. Das Gesamterscheinungsbild und das einzelner Teile soll nach innen und außen eindeutig, klar und unverwechselbar sein. Voraussetzung für das Erreichen dieses Ziels ist auch eine gezielte und professionelle Selbstdarstellung.

Die einzelnen Elemente der Corporate Identity fördern die Identitätsbildung nach innen und definieren die Kommunikation nach außen. Sie fördern und unterstützen alle Einzelbereiche, nicht nur die des Personalmarketings, in ihren Wirkungen und verstärken so insgesamt die Außenwirkung. Bei der Einbindung des Personalmarketings in die Corporate Identity ist in jedem Fall der Marketingverantwortliche oder, wenn vorhanden, der Verantwortliche für die Unternehmens-Corporate-Identity (CI) miteinzubeziehen. Dabei ist es durchaus sinnvoll, daß sich das Personalmarketing innerhalb des Rahmens der unternehmensweiten Corporate Identity eigenständig positioniert. Die Folge ist die Entwicklung einer Corporate Identity eigens für das Personalmarketing. Eine Projektgruppe Personalmarketing CI, der neben den Personalmarketingverantwortlichen auch die oben erwähnten Personen angehören, moderiert, steuert und kontrolliert den Entwicklungsprozeß. Corporate Identity für das Personalmarketing gemeinsam entwickeln ist gelebte Corporate Identity. Selbstdarstellung und Gemeinsamkeit sind keine Gegensätzlichkeiten, die sich ausschließen, jedenfalls so lange nicht, wie sich insgesamt ein einheitliches Bild ergibt. Es sind Pole, die in Wechselbeziehungen zueinander stehen.

Die Idee der Corporate Identity unterscheidet sich von der klassischen Werbung und Öffentlichkeitsarbeit vor allem durch die Koordination und Integration aller für ein Unternehmen wichtigen kommunikativen Maßnahmen, um dadurch Synergieeffekte zu erreichen. Ziele sind die Verbesserung der Identität und des Images durch

- **Corporate Culture**
  Identifizierung der Mitarbeiter mit dem Unternehmensleitbild
- **Corporate Design**
  Erkennungs- und Wiedererkennungswert des Personalmarketings anhand typischer Merkmale
- **Corporate Communication**
  Positive Imagebildung des Personalmarketings als Potential zur Entscheidungsbeeinflussung

Erfolgreiche Unternehmen haben schon immer eine mehr oder weniger intensive Werbung und Öffentlichkeitsarbeit betrieben. Corporate Identity ist für das Personalmarketing jedoch wesentlich mehr als Werbung und Öffentlichkeitsarbeit. Ein Unternehmen positioniert immer auch seinen Namen und sein Image, mit dem die Mitarbeiter sich identifizieren, herausheben und persönlich auszeichnen können. Ein schlechtes oder nicht vorhandenes Image oder eine nur kurzfristige Bekanntheit hemmen den Erfolg. Die umfassende Corporate-Identity-Konzeption wird damit zu einer wichtigen Frage bei der langfristigen Sicherung des Unternehmens.

Um die Glaubwürdigkeit des Personalmarketings ist es meist schlecht bestellt, wenn sich die in Imagekampagnen kommunizierten Attribute wie mitarbeiterorientiert, international, partizipativ, flexibel, innovativ und umweltbewußt, nicht auch im Verhalten widerspiegeln. Ähnlich wie bei der persönlichen Kommunikation

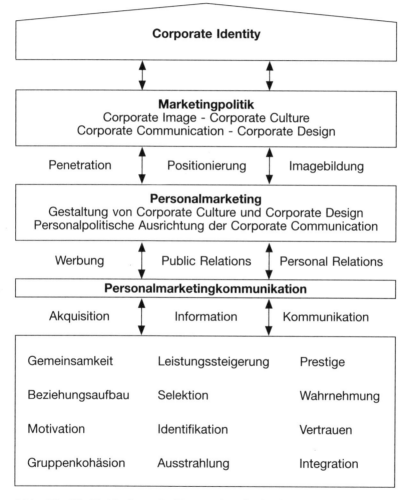

Abb. 54: Die Einbindung der Personalmarketingkommunikation in die Corporate Identity

faßt man ja auch hier erst zueinander Vertrauen, wenn man in seinen Äußerungen und seinem Verhalten eine Übereinstimmung erkennt. Denken und Handeln aller Unternehmensbereiche müssen widerspruchsfrei und glaubwürdig in eine Corporate Identity (Abb. 54, s. S. 213) umgesetzt werden.

Diese Sichtweise impliziert, daß alle Programme und Instrumente des Personalmarketings auch auf ein gemeinsames kommunikationspolitisches Ziel ausgerichtet werden. Eine Corporate Identity im Personalmarketing integriert das dynamische Managementsystem mit Werbung, Kommunikation und Öffentlichkeitsarbeit. Insgesamt wird immer deutlicher, daß einzelne und isolierte Maßnahmen kaum wirksam sind. Gefordert ist eine ganzheitliche Darstellung und eine entsprechende Abstimmung aller Einzelmaßnahmen. Was Corporate Identity tatsächlich bewirken kann, zeigt sich als langfristige wirksame Grundlage für den Unternehmenserfolg.

6.2 Planungsparameter der Personalwerbung

Die Einbindung der Personalwerbung in die Corporate Identity und der Prozeß der Definition der Werbeziele und der sich daraus ableitenden Planungsparameter wird von zahlreichen Aktivitäten beeinflußt. Ausgehend von der beschriebenen sorgfältigen Marktanalyse und der sich daraus entwickelnden Marketingkonzeption ist ein strategischer Werbeplan zu entwickeln. Dieser hat, aufbauend auf den Marketingzielen, die grundsätzlichen Richtungen und Aussagen für die Werbebotschaften im Unternehmen zu definieren. Basis ist auch die jeweilige Konstellation der eigenen Situation und das Mitbewerbsverhalten am Markt. Sollen die entsprechenden Werbemaßnahmen nicht an Wirksamkeit verlieren, dann sind die genauen Werbeziele zu präzisieren und zu dokumentieren. Diese Werbeziele müssen immer mit den Gesamtzielen des Unternehmens abgestimmt und mit diesen in einem Zielsystem vereinbart werden. Sind die generellen Werbeziele des Unternehmens fixiert und bekannt, lassen sich darauf aufbauend spezielle, personalmarketingorientierte Werbeziele formulieren. Dies bedeutet nicht, daß nicht auch personalmarketingorientierte Ziele und Vorstellungen Eingang in Marketingüberlegungen finden.

Da die Werbung den Bereich der Maßnahmen bildet, der schon sehr früh im Mittelpunkt der Betrachtungen stand, verwundert es kaum, daß oftmals Werbung mit Marketing gleichgesetzt wurde und daß es sich bei der Entdeckung des Personalmarketings um eine findige

Idee von Werbefachleuten handelt. Diese Werbefachleute, die keineswegs über das nötige Fachwissen im Personalmanagement verfügten, haben das Schlagwort Personalmarketing ohne neuen Inhalt regelrecht ausgenutzt (*Goossens*, 1973, S. 45). So sollte auf dem Weg zum kreativen Personalmanagement den Personalfachleuten beigebracht werden, wie professionell um Personal geworben wird.

Im Gegensatz dazu wird in der hier vertretenen Konzeption die gesamte Kommunikation als die Klammer und das Verbindungsstück zwischen den Produktvariablen (Leistungsangebot) auf der einen Seite und den Preis- und Plazierungsvariablen auf der anderen Seite gesehen. Für alle Variablen ist die Glaubwürdigkeit des Auftritts entscheidend. Um gezielte Personalwerbung handelt es sich, wenn eine vakante Position kurzfristig besetzt werden soll. Im Prinzip geht es darum, geeignete Bewerber durch Stellenanzeigen in Printmedien zur direkten Kontaktaufnahme aufzufordern. Bei der allgemeinen Personalwerbung geht es eher um einen langfristig vorausschauenden Beziehungsaufbau mit potentiellen Interessenten durch unterschiedliche Werbemittel. Hierbei wird Personalwerbung als umfassende Lösung verstanden und umfaßt alle Formen der werblich eingesetzten Kommunikation. Die personalbezogene Unternehmensdarstellung umfaßt sowohl interne als auch externe Maßnahmen. Denn Personalwerbung bedeutet auch, bereits vorhandene Mitarbeiter stets neu zu umwerben. Eine systematische Vorgehensweise macht die folgenden Schritte notwendig:

o **Problemanalyse**
  Ist-Situation hinsichtlich der Zielsetzungen
o **Briefing**
  Grundsätzliche Aufgabenstellung
o **Entwurf**
  Maßnahmen, Zusammenstellung und Reihenfolge
o **Präsentation**
  Vorstellung der entwickelten Vorschläge
o **Genehmigung**
  Verabschiedung der Vorschläge
o **Realisation**
  Umsetzung, Erweiterung, Kontrolle

Neben der mittel- und langfristigen Zielsetzung ist stets auch die Berücksichtigung der aktuellen Unternehmenslage von Bedeutung. Auf diesen grundsätzlichen Überlegungen aufbauend, lassen sich die Planungsparameter der Personalwerbung genauer umschreiben (Abb. 55, s. S. 216).

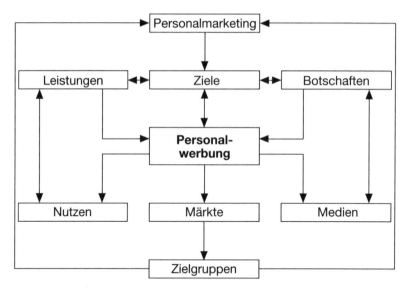

Abb. 55: Planungsparameter der Personalwerbung

In bezug auf die Leistungen des Unternehmens ergibt sich eine Reihe von Fragen: Haben das Leistungsangebot oder Teile davon (beispielsweise die Personalentwicklung) einen einzigartigen Wettbewerbsvorteil, den sog. USP (Unique Selling Proposition)? Was grenzt es von der Konkurrenz ab? Kann das Personalmarketing das Unternehmen umfassend gesellschaftsfähig machen (Brand Image), oder stimmt es auf Identifikation und Integration (Empathy) ein? Dabei stellt sich die Frage, in welchen Personalmärkten und für welche Zielgruppen das Leistungsangebot zu positionieren ist.

Ziele entwickeln sich häufig aus Vorstellungen über die Verstärkung der Identifikationsmöglichkeiten, der Rücksicht auf den Informationsstand der Mitarbeiter und Bewerber und der Rolle der Personalwerbung in der Corporate Identity. Als grundlegende Ziele der Personalwerbung sind zu nennen:

o Schaffung eines positiven Personalimages
o Erhöhung des Attraktivitätsgrades
o Veränderung von Einstellungen und Vorstellungen
o Bestätigung vollzogener Beitrittsentscheidungen
o Bewirkung von Beitrittsentscheidungen
o Bekanntmachung eines neuen Ausbildungskonzeptes

Von Bedeutung ist dabei auch die Kernaussage der Personalwerbung – die Werbebotschaft. Grundbotschaft wird der Eindruck genannt, den der Mitarbeiter oder Bewerber wahrnehmen und empfangen soll. Die Grundbotschaft ist der Kern, der in der werblichen Aussage immer gleich bleibt. In der Regel setzt sich die Grundbotschaft aus dem Slogan (beispielsweise: Talent braucht Ziele) und dem Bildmotiv zusammen. Die Grundbotschaft wird mit den Elementen Layout, Illustration und Text gestaltet. Hinzu kommen wichtige Nebenaussagen, die das Entscheidungsverhalten mitbeeinflussen sollen. Nebenbotschaften können Themen wie interessante Aufgabenstellungen, Freiräume und Eigenverantwortung, Chancen und Leistungsorientierung sein.

Neben der exakten Zielgruppenabgrenzung durch demographische, qualitative und anforderungsbezogene Daten haben die Werbemittel einen entscheidenden Einfluß auf die erfolgreiche Zielgruppenansprache. Normalerweise kommen für die Personalwerbung die folgenden internen und externen Werbemittel in Betracht:

o Stellenanzeigen (intern und extern)
o Personalimageanzeigen
o Broschüren (Karriereprogramme)
o Mitarbeiterzeitungen (intern)
o Plakate (Anwerbung von Auszubildenden)
o CD-Rom-Informationen (Spezialistenanwerbung)
o Beilagen in Fachzeitschriften (Imagewerbung)
o Fach- und Produktmessen
o Hochschulkontaktmessen
o Kongresse (Fach- und Spezialkongresse)
o Funkspots (Anwerbung von Auszubildenden)

Bei der Kombination der Werbemittel oder Medien ist ausnahmslos auf eine synergiebildende Auswahl zu achten.

6.3 Zielgruppenorientierte Medienauswahl

Die Notwendigkeit einer zielgruppenorientierten Medienauswahl, eines ganzheitlichen Kommunikationskonzeptes und einer systematischen Planung der Werbemaßnahmen im Unternehmen ergibt sich aus mehreren Gründen. Sicherlich erfordert die Dynamik der sich verändernden Medienlandschaft eine permanente Anpassung aller kommunikativen Maßnahmen. Auch die Komplexität des Themas Image und die Innovationsrate der Produkte und Dienstleistungen zwingt zur Modernisierung und Anpassung des Kommunikationsverhaltens. Nicht zuletzt sind die in der Werbezielsetzung festgelegten Orientierungspunkte nicht immer als Handlungsmaximen universell anwendbar und bedürfen der entsprechenden Interpretation. Die Forderung, die Personalmarketingkommunikation wirklich systematisch und ganzheitlich ausrichten zu können, macht einen kontinuierlichen Abstimmungsprozeß zwischen Unternehmen und Umwelt notwendig. Art und Umfang dieses Prozesses sind im einzelnen nur bei Kenntnis einer individuellen Situation zu bestimmen. In jedem Fall handelt es sich aber hier um ein komplexes und vielschichtiges System der Umsetzung.

Gerade bei der Umsetzung einer qualitätsorientierten Unternehmensstrategie ist eine zielgruppenorientierte Medienauswahl erforderlich. Potentielle Mitarbeiter sind für das Unternehmen zu interessieren und für eine Mitarbeit zu gewinnen und vorhandene Mitarbeiter intensiv an das Unternehmen zu binden. Damit die Medienauswahl erfolgreich geplant und realisiert werden kann, sollten möglichst alle wesentlichen Medien in die Diskussion einbezogen werden. Es muß an dieser Stelle jedoch gleich darauf hingewiesen werden, daß für die Werbung im Personalmarketing besondere Rahmenbedingungen zu beachten sind. Gerade Maßnahmen im Rahmen der Personalmarketingkommunikation sollen zu einer Positionierung des Unternehmensimages bei einer breiten Zielgruppe beitragen. Entsprechend der unterschiedlichen externen und internen Adressaten sind die folgenden zielgruppenspezifischen Medien einsetzbar (Abb. 56).

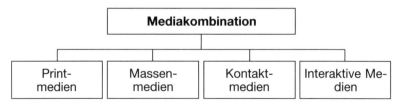

Abb. 56: Die wichtigen Medien bei der Mediakombination

Imagebroschüren und Informationsletter (Printmedien)

Die Imagebroschüren und Informationsletter als Printmedien im engeren Sinne eignen sich besonders dazu, umfassende Informationen für Interessenten und Bewerber bereitzustellen. Hiermit wird meist auch eine langfristige Imagebildung erzeugt. Kombiniert mit Karriere-Checklisten oder detaillierten Ausbildungs- oder Karriereprogrammen, aber auch Produktbeschreibungen, ergeben sich hierbei vielfältige Möglichkeiten. Nicht zu vergessen ist, daß diese primär nach außen gerichteten Maßnahmen auch Wirkung nach innen zeigen, das heißt den Attraktivitätsgrad bei den Mitarbeitern beeinflussen. Mitarbeiterzeitungen können dann die Mediakombination abrunden.

Um die Einsatzmöglichkeiten dieser klassischen Werbemittel im voraus zu testen, ist es sinnvoll, im Rahmen einer sog. Pilotpräsentation einen Pretest vorzunehmen. Das heißt, der Erfolg des Werbeträgers wird vorab getestet. Man kann mit ausgewählten Mitarbeitern oder Zielgruppen (beispielsweise Studenten) einen konstruktiven synergiefördernden Prozeß einleiten, Anregungen integrieren und damit die Personalwerbung, auch in Abgrenzung zur wenig informativen und wenig konstruktiven allgemeinen Werbung, einer neuen Dimension zuführen. Personalmarketing beinhaltet innovative Leistungen, und diese erfordern eine neue innovative, zielgruppenorientierte Werbung.

Presse, Funk und Fernsehen (Massenmedien)

Zu den Massenmedien gehören Tageszeitungen, Publikumszeitschriften, Fachzeitschriften, Wochenzeitungen, Anzeigenblätter (Printmedien im weiteren Sinne), aber auch Rundfunk, Fernsehen und Kino. Als Hilfsmittel bei der optimalen Auswahl der Werbeträger helfen Studien und Analysen der verschiedenen Zeitungsverlage sowie die Mediaunterlagen der einzelnen Zeitungen und Zeitschriften. In der Bundesrepublik Deutschland gibt es für die Mediawerbung auch umfangreiche Nachschlagewerke. Diese Nachschlagewerke enthalten alle Zeitungen, Zeitschriften und sonstige Medien mit Anschriften und Kosten. Personalanzeigen sind hier das klassische Instrument.

Angesichts der Vielzahl von Stellenanzeigen im Anzeigenteil der relevanten Medien muß eine Anzeige sehr gut gestaltet sein, damit sie im Anzeigendschungel überhaupt die notwendige Beachtung findet. Professionell gestaltete Personalanzeigen bringen nur dann den gewünschten Erfolg, wenn das Personalmarketing insgesamt stimmt, d. h. wenn sie von Interessenten gelesen werden, die eine positive Einstellung zu dem inserierenden Unternehmen als Arbeitgeber besitzen. Und dies läßt sich nur über den Prozeß der Imagebildung und im Zusammenspiel aller Instrumente des Kommunikationsmixes erreichen.

Messen und Ausstellungen (Kontaktmedien)

Bei Messen und Ausstellungen findet eine Kontaktaufnahme am Point of Interest statt. Firmenkontakt-, aber auch Industriemessen haben sich für die Personalwerbung etabliert. Sie werden oftmals als Unterstützung oder Ergänzung anderer Werbemittel benutzt. Häufig wird diese Werbung auch in Zusammenarbeit und Kooperation mit der Vertriebs- und Serviceorganisation des Unternehmens realisiert. Kontakte zu Hochschulen und diversen Verbänden und Institutionen stellen ein wichtiges Potential für die Personalwerbung dar, ermöglichen sie doch eine intensive persönliche Kontaktaufnahme, aber auch den Gedankenaustausch mit Professoren, Experten und Studenten. Notwendig ist sowohl die umfassende und systematische Nutzung bereits bestehender Kontakt- und Kommunikationsmöglichkeiten als auch die Anbahnung neuer Verbindungen.

Bewährt hat sich auf Messen der gemeinsame Einsatz von Personalfachleuten und Fachkräften, die einen guten Überblick über das Unternehmen haben. Auch Nachwuchsführungskräfte aus den verschiedenen Funktionsbereichen können sehr glaubwürdig, weil an ihrem eigenen Beispiel, die beruflichen Möglichkeiten im Unternehmen aufzeigen. Bei der Auswahl dieser Mitarbeiterinnen und Mitarbeiter sind hohe Anforderungen an Kommunikationsfähigkeit und Überzeugungskraft zu stellen.

Firmenkontaktmessen haben eine hohe Akzeptanz bei den Studenten erreicht. Die Entwicklung geht jedoch eindeutig zu Veranstaltungen mit eher individuellem Charakter, in denen sich Unternehmen einem kleineren Kreis in Form von Seminaren oder Workshops qualitativ umfassend präsentieren können. Im Rahmen einer systematischen Personalkommunikation ist die Koordination sämtlicher Kontakte zwingend notwendig.

Multimedia (interaktive Medien)

Bislang zeichnet sich die Personalwerbung nicht immer durch Kreativität und Vielfalt aus. Multimedia ist sicherlich zu einem aktuellen Stichwort geworden. Digitale Bildinformationen in Kombination mit Informationssystemen haben gerade im Personalmarketing bereits für Aufmerksamkeit gesorgt. Sie haben aber auch einige nennenswerte Vorteile. Der Interessent kann sich über die gesamte Breite der vorhandenen Informationen zielorientiert und interaktiv informieren. Beim Einsatz dieser neuen Medien im Rahmen der Personalwerbung entsteht beispielsweise schon durch eine Präsentation im Internet gerade bei der jüngeren, technologisch sehr interessierten Generation der Eindruck von Innovationskraft und Professionalität. Die kommunikative Botschaft wird durch den Einsatz eines innovativen Mediums verstärkt.

Über 90 % aller Wahrnehmungen laufen über Auge und Ohr. Die Wahrnehmungswerte von Hören und Sehen gleichzeitig machen ein Mehrfaches vom Behaltenswert des Lesens aus. Mit multimedialen Konzepten werden diese Erkenntnisse genutzt und eine optimale Ansprache realisiert. Die Zielgruppe wird außerdem selektiv und individuell angesprochen. Die größten Wahrnehmungserfolge sind also durch Interaktivität zu erzielen, wobei möglichst viele Wahrnehmungskanäle genutzt werden. Eine Vertiefung der in dieser Weise aufgenommenen Informationen kann durch eigenes, aktives Agieren erreicht werden.

6.4 Personalmarketing und Public Relations

Public Relations haben zum Ziel, durch die Pflege der Beziehungen zur Öffentlichkeit Vertrauen zu schaffen und meinungsbildend zu wirken. Sie sind deshalb keinesfalls mit der werblichen Kommunikation gleichzusetzen. Dennoch sind sie ein wichtiger Teil des Kommunikationskonzeptes. Public Relations bezeichnen in der Regel einen Interaktionsprozeß zwischen dem Unternehmen und einer nach Zielgruppen gegliederten Öffentlichkeit. Jetzt gibt es aber nahezu 100 Definitionen von dem, was als Öffentlichkeitsarbeit oder PR (*Bredemeier*, 1991, S. 13) bezeichnet werden könnte. Wie unterscheidet sich Öffentlichkeitsarbeit von Werbung oder Promotion?

Promotion ist, wenn ich ein Mädchen toll finde, ihr sage, was für ein toller Mann ich bin und dann frage, ob sie mit mir ausgeht.

Werbung ist, wenn ich ein Mädchen toll finde, ihr sage, wie toll sie aussieht und dann frage, ob sie mit mir ausgeht.

Public Relations (Öffentlichkeitsarbeit) ist, wenn ich ein Mädchen toll finde, sie aber schon so viel Gutes über mich gehört hat, daß sie mich fragt, ob ich mit ihr ausgehe.

Bei der Öffentlichkeitsarbeit geht es also um die zielgerichtete Pflege der Beziehungen zur Öffentlichkeit mittels Presse, Funk und Fernsehen, um die ideellen Grundlagen für das Vertrauen der Öffentlichkeit zu schaffen. Durch Veröffentlichung in den Medien wird auch die Glaubwürdigkeit der Informationen erhöht. Die

Funktionen (Tabelle 11) der Public Relations sind mehr als vielfältiger Natur (*Meffert*, 1986, S. 494).

Tabelle 11: Die Funktionen der Public Relations

Image	Aufbau, Gestaltung und Pflege des Vorstellungsbildes bei den relevanten Zielgruppen (Mitarbeiter, Interessenten etc.)
Beziehung	Aufbau und Gestaltung von Kontakten zu allen intern und extern relevanten Bereichen des Unternehmens
Information	Verbreitung von sachbezogenen Informationen, Berichten und Mitteilungen nach innen und außen
Stabilisierung	Erhöhung der Stabilität eines Unternehmens in kritischen Situationen (beispielsweise bei Massenentlassungen)
Werbung	Das Bild in der Öffentlichkeit kann auch entsprechend positive Auswirkungen auf die Werbung ausüben
Kontinuität	Schaffung und Gewährleistung eines einheitlichen Erscheinungsbildes nach innen und außen

Öffentlichkeitsarbeit ist also veröffentlichte Meinung durch gezielte Pressearbeit. Öffentlichkeitsarbeit bedeutet deshalb auch, einmal über den eigenen Schatten springen zu dürfen und zu wollen.

Public Relations werden sehr entscheidend durch die Medien geprägt und transportiert. Der Medienerfolg basiert vielfach auf der Grundlage, Gespräche zu führen, Pressemitteilungen zu formulieren und zu argumentieren. Die Fähigkeit zur persönlichen Kommunikation mit den Medienvertretern ist sicherlich die Grundlage wirkungsvoller Kontaktpflege. Meldungen zu produzieren ist nicht ganz einfach. Warum sonst wandern in den Redaktionen 99 % der eingehenden Meldungen letztlich in den Papierkorb? Meistens sind es Meldungen ohne Informationswert, dazu noch schlecht aufbereitet oder recherchiert und vielfach ohne Aufhänger. Manchmal lösen sie sogar Abwehr- und Antireaktionen aus.

Wie kommt man mit Medienvertretern ins Gespräch? Briefliche Kontakte sind nicht besonders erfolgsträchtig. Der Griff zum Telefonhörer, kurze Vorstellung zur Person, Terminvereinbarung ist da schon besser. Kein Wunder, der Dialog ist da, und der Redakteur läßt die Sekretärin nicht so schnell mal eine Absage formulieren. Es hört sich zwar paradox an, ist aber leider Realität. Journalisten lechzen nach Neuigkeiten, kommt aber jemand, der diese scheinbar hat, dann macht man ihm oftmals das Leben schwer. Der Hintergrund ist klar: Jeder Journalist hat bereits genügend Zeit verplempert mit Leuten, die ebenfalls glaubten, die ganz besonderen News anzubieten.

Für die professionelle Aufbereitung einer wirklichen Neuigkeit ist folgendes zu beachten und zu beherzigen: Der Titel entscheidet darüber, ob der Artikel publiziert wird oder ungelesen in den Papierkorb wandert. Manchmal empfiehlt es sich, mehrere Titel (Headlines) zur Auswahl zu geben. Der Lead – in Illustrierten, Fachzeitschriften und vielen Zeitungen oft fett gedruckt – gibt zusammenfassend prägnant die wichtigsten Textinhalte wieder. Er ist oftmals die zweite Entscheidungshilfe (nach der Headline) für die Leser weiterzulesen. Die Exploration: Wer-Was-Wann-Wo-Wie-Warum? Hauptaussagen, Nebenaussagen, weitere Nebenaussagen – diese Reihenfolge ermöglichst es den Redaktionen, die Texte zu kürzen, ohne den Text verändern zu müssen. Redakteuren wird die Arbeit erleichtert, wenn sie von hinten kürzen können. Dabei bietet es sich an, jeweils mit Seitenrandmarkierungen anzugeben, wieviele Anschläge der Text bis zu dieser Stelle hat (das hilft bei der textredaktionellen Planung). Der Schluß sollte im wahrsten Sinne des Wortes einen Schlußpunkt (zum Beispiel Schlußfolgerung) setzen. Eine nochmalige knappe Zusammenfassung des Gesamttextes sollte nicht vorgeschaltet werden.

Interviews, Pressekonferenzen sowie Radio- und Fernsehauftritte sind weitere Anlässe, mit Medienvertretern in Kontakt zu kommen. Als Grundsatz soll hier gelten: Natürlichkeit kommt oft besser an als aufgesetzte Verhaltensweisen.

Interviews finden zu verschiedenen Anlässen statt und verfolgen unterschiedliche Informationszielsetzungen. Ziel kann sein, eine Meinung zu einem Thema oder Sachverhalt zu erfragen (Meinungsinterview), etwas über eine Person zu erfahren (Persönlichkeitsinterview), oder aber man will einen sachlichen Beitrag mit einem persönlich Statement unterlegen und befragt deshalb jemanden kurz per Telefon (Telefon- oder Blitzinterview). Findet ein Interview unvorbereitet statt, spricht man von einem kalten Interview.

Generell sollten professionelle Interviews gut vorbereitet werden. Wichtig sind Informationen über das Thema, warum jemand als Interviewpartner ausgewählt wurde, über den Journalisten und die Rahmenbedingungen des Interviews (Ort, Dauer, Aufzeichnungsform). Zur weiteren Vorbereitung gehört insbesondere die rhetorische Vorbereitung. Wichtige Punkte und Argumente sind stichwortartig zu notieren und gegebenenfalls vorzuformulieren.

Die Pressekonferenz hat das Ziel, gegenüber ausgewählten Pressevertretern ein Statement zu einem bestimmten Sachverhalt abzugeben. Das Statement ist inhaltlich und rhetorisch gut vorzubereiten. Erforderlich ist unbedingt ein angemessenes Umfeld, d. h. ein dementsprechender Raum und eine professionelle Verpflegung. Gerade der letzte Aspekt ist in seiner Bedeutung nicht zu unterschätzen.

Auch beim Radio- und Fernsehauftritt gilt: Niemals unvorbereitet hineingehen, niemals zu einer unvorbereiteten Aktion drängen lassen. Wenn der Journalist eine notwendige Vorbereitungszeit nicht einräumen will, zeigt das seine mangelnde Professionalität oder vielleicht sogar böse Absicht. Man sollte auch in Erfahrung bringen, ob der Beitrag live gesendet wird und ob noch andere – und wenn ja, welche – Personen als Interviewpartner zugegen sind. Kurze Sätze und eine leicht verständliche, auf das Zielpublikum ausgerichtete Sprache erleichtern das Verständnis beim Zuhörer. Sollte der Beitrag nicht live gesendet werden, besteht die Möglichkeit den Beitrag noch einmal zu sehen und Korrekturen bezüglich Schnitt und Bildunterlagen mit dem Journalisten abzusprechen.

6.5 Erfolgsfaktor Personal Relations

Zu den Personal Relations zählen alle Maßnahmen, die sich um eine qualifizierte Zielgruppe bemühen und im Rahmen dieser Kommunikationsidee eine direkte Interaktion durch Praktika, Seminare, Besuchsprogramme oder Vorstellungs- und Informationsgespräche erreichen wollen. Ziel dieser Maßnahmen ist es, den potentiellen Mitarbeiter und Interessenten zu einer positiven Reaktion anzuregen. Die Einsatzmöglichkeiten reichen dabei vom Kontaktaufbau über die Kontaktpflege mit Interessenten bis hin zur Gewinnung von Führungskräften. Personal Relations bedeuten nach dem hier vertretenen Personalmarketingverständnis aber nicht nur Außen-, sondern auch Innenorientierung. Die Pflege der Beziehungen zu den sog. faktischen Mitarbeitern durch Mitarbeitergespräche, Mentoren- und Patenprogramme sowie Personalentwicklungsmaßnahmen, die zum Teil bereits ausführlich in Kapitel 4 behandelt wurden, bewirkt den Aufbau einer langfristigen Bindung mit hohem Engagement. Wichtig ist es, den Mitarbeitern das Unternehmen jeden Tag neu zu verkaufen.

Aktive Personal Relations beinhalten einmal kontinuierliche Maßnahmen wie die permanente Kontaktaufnahme und Kontaktpflege durch Praktika und zum anderen aktuelle, aktionsbezogene Maßnahmen bei Seminaren oder Veranstaltungen. Personal Relations sind ein kontinuierlicher Prozeß, der eine langfristige Mitarbeiter- und Interessentenbindung zum Ziel hat. Durch gezielte und direkte Ansprache sollten Streuverluste möglichst gering gehalten werden. Zusammenfassend bieten gerade Personal Relations eine bessere, intensivere und individuellere Ansprache und damit mehr qualifizierte Kontakte; Kontakte, die sich naturgemäß entscheidend auch auf das Personalimage auswirken. Für die Entwicklung der Personal Relations bedeutet dies:

○ Im Rahmen des Personalmarketings sollten zunehmend Personal-Relations-Aktivitäten realisiert werden.
○ Der qualifizierte Dialog ist zukünftig eines der wichtigsten Instrumente der Kommunikation.
○ Personal Relations werden zu entsprechenden Wettbewerbsvorteilen führen.

Denn angesichts des intensiven Wettbewerbs um die richtigen Bewerber sind gerade die Instrumente von Bedeutung, mit deren Hilfe eindeutige und nachhaltige Präferenzen geschaffen werden können. Interessante Praktika oder praxisorientierte Studienarbeiten bilden hier eine wichtige Grundlage. Auch Praktikanten erwarten Information über konkrete Aufgaben und Projekte. Eine zentrale Rolle für die Beurteilung des Praktikums spielt die Betreuung in den jeweiligen Bereichen oder Abteilungen. Ein Praktikantenfragebogen, der gezielt alle wichtigen Erfolgsfaktoren überprüft, sowie daran anschließende Gespräche helfen, intensiv mit den Betreuern über die Chancen von Praktika und die Notwendigkeit einer intensiven Betreuung zu sprechen. Das Praktikantenprogramm wird sicherlich abgerundet durch eine angemessene Vergütung, Wohnraumbeschaffung und flexible Arbeitszeiten. Ein derart gestaltetes Programm ist marketingorientiert und garantiert hohe Werbewirksamkeit. Für Praktika gelten die gleichen Auswahlprinzipien wie bei Mitarbeitern. Bei besonders qualifizierten Praktikanten gilt es, auch nach Beendigung des Programms den Kontakt zu halten, etwa durch Information über die Entwicklung des bearbeiteten Projektes oder durch Einladungen zu Fachvorträgen oder Seminaren.

Wettbewerbsvorteile können sich auch durch eine sehr professionelle Bewerberkommunikation ergeben. Wird eine Bewerbungsaktion perfekt geplant, und ist der Personalbereich stark genug, die Realisierung auch durchzusetzen, ist mit einer straffen Durchführung (Abb. 57) ein entscheidender Erfolg zu erzielen.

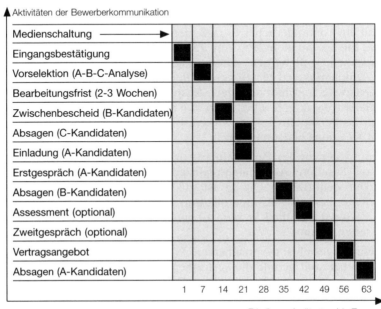

Abb. 57: Der Prozeß der Bewerberkommunikation als Personal Relations Instrument

Am Bewerbungseingangstag geht ausnahmslos die schriftliche Eingangsbestätigung an den Bewerber (Kandidaten) raus. Eine inhaltliche Nachricht wird innerhalb kurzer Zeit versprochen. Dabei sollte auf die Bearbeitungsfrist von 2–3 Wochen hingewiesen werden. Der Bewerber ist zu informieren, daß er in jedem Falle weitere Nachrichten unaufgefordert erhält. Nach spätestens 3 Wochen wird dem sog. Erste-Wahl-Bewerber (A-Kandidaten) ein genauer Gesprächstermin genannt. Ein derart betreuter Bewerber ist positiv motiviert zum ersten Kontakt und erwartet, daß auch die übrigen Begleitumstände am neuen Arbeitsplatz sich entsprechend vorteilhaft vom üblichen Standard abheben.

Bei den Kandidaten, die nicht erste Wahl sind, ist ein Zwischenbescheid wenige Tage nach der Eingangsbestätigung fällig. Weniger interessante Bewerber (C-Kandidaten) erhalten die Absage innerhalb von 21 Tagen. Bei Absagen nach rein schriftlichen Kontakten empfiehlt es sich, verbindliche Informationen mit logischen Argumenten zu verknüpfen. Zu den Argumenten, die der Bewerber gut nachvollziehen kann, gehört sicherlich der Hinweis auf andere Bewerber, deren Profil nicht grundsätzlich besser gewesen sei, die aber dem ganz speziellen Anforderungsprofil etwas näher gekommen seien. Insgesamt ist so positiv wie möglich zu formulieren. Eine Absage darf niemals negativ wirken. Auch der abgelehnte Kandidat ist dann mit der Durchführung des Bewerbungsverfahrens zufrieden, und das Unternehmen hat seine Versprechen gehalten. Die Formulierung einer Absage ist immer eine heikle Sache. Durch innovative und individualisierte Formulierungen und Textbausteine statt der üblichen Standardsätze bieten sich für das Unternehmen Möglichkeiten zur Profilierung. Der negative Beigeschmack einer Absage kann so entscheidend gemildert werden.

Natürlich hat eine solche marketingorientierte Vorgehensweise Konsequenzen. Personalabteilung und Fachvorgesetzte müssen, und dies ist eminent wichtig, intensiv kooperieren. Die abgegebenen Versprechungen müssen gegenüber allen Kandidaten gehalten werden.

Beispiel 10: Briefbeispiele für die Kommunikation mit Bewerbern (Bewerberkommunikation) s. S. 228–232.

Je nach Funktion und Situation kann das erste Vorstellungsgespräch mit den A-Kandidaten spätestens nach 4 Wochen anberaumt werden. Für jeden Bewerber ist der Vorstellungstermin ein äußerst wichtiger Anlaß. Bewerber stellen deshalb in der Regel sehr hohe Anforderungen an das Vorstellungsgespräch. Hier gilt es, die Details des Personalmarketings in den Griff zu bekommen. Der Bewerber sollte zwar bei Gesprächen keine geschönte Situation wahrnehmen, doch muß vieles optimal vorbereitet sein. Der Empfang ist zu informieren, daß Bewerber erwartet werden. Das Sekretariat ist darauf vorbereitet, und auch eine evtl. Besichtigung relevanter Unternehmensbereiche ist eingeplant. Alle vorgesehenen Gesprächspartner stehen zur Verfügung. Es sollten mindestens 2–3 Interviewer, beispielsweise der Personalreferent, der direkte Vorgesetzte und der Chef des direkten Vorgesetzten jeweils getrennt zugegen sein, um objektivere Einschätzungen zu erzielen. Es gilt als Grundsatz, daß jedes Anforderungskriterium durch zwei

Beispiel 10: Bewerberkommunikation

Briefbeispiel für die Eingangsbestätigung der Bewerbungsunterlagen

Herrn
Klaus Kayser
Heinrichstraße 24

40001 Düsseldorf

Ihre Bewerbung als Personalreferent

Sehr geehrter Herr Kayser,

wir bestätigen den Eingang Ihrer Bewerbung und danken Ihnen für das unserem Unternehmen entgegengebrachte Interesse.

Unsere Anzeige in der FAZ hatte die erhoffte breite Resonanz. Wir haben daraufhin zahlreiche Bewerbungen erhalten, deren sorgfältige und eingehende Prüfung einige Zeit in Anspruch nehmen wird.

Bitte haben Sie ein wenig Geduld. Sie werden so schnell wie möglich wieder von uns hören.

Mit freundlichem Gruß

Briefbeispiel für die Absage an einen C-Kandidaten

Herrn
Heinrich Graf
Schloßallee 33

40001 Düsseldorf

Ihre Bewerbung als Personalreferent

Sehr geehrter Herr Graf,

wie wir Ihnen bereits mitteilten, hatte unsere Anzeige eine besonders große Resonanz. Das Niveau fast aller Bewerbungen ist erfreulich hoch, so daß uns in diesem Fall die Entscheidung besonders schwerfällt.

Beispiel 10: Bewerberkommunikation (Fortsetzung)

Nach sorgfältigen Prüfungen sind wir zu dem Ergebnis gekommen, daß wir Ihnen aufgrund Ihrer speziellen Ausbildung und Ihrer bisherigen Berufserfahrung die in unserem Hause ausgeschriebene Position nicht anbieten können. Bitte sehen Sie in dieser ausschließlich sachbezogenen Entscheidung keinerlei Werturteil über Ihre Person oder Ihre Qualifikation.

Für Ihr Vertrauen und Ihr Interesse möchten wir Ihnen nochmals danken. Wir wünschen Ihnen für die Zukunft alles Gute und reichen Ihnen Ihre Bewerbungsunterlagen als Anlage zurück.

Mit freundlichem Gruß

Briefbeispiel für den Zwischenbescheid an einen A- oder B-Kandidaten

Herrn
Klaus Kayser
Heinrichstraße 24

40001 Düsseldorf

Ihre Bewerbung als Personalreferent

Sehr geehrter Herr Kayser,

Ihre Bewerbung erscheint uns sehr interessant, doch bitten wir um Ihr Verständnis, wenn wir zur Prüfung aller eingegangenen Zuschriften noch einige Zeit benötigen.

Wir werden uns so schnell wie möglich wieder mit Ihnen in Verbindung setzen.

Mit freundlichem Gruß

Beispiel 10: Bewerberkommunikation (Fortsetzung)

Briefbeispiel für die Einladung an einen A-Kandidaten

Herrn
Klaus Kayser
Heinrichstraße 24

40001 Düsseldorf

Ihre Bewerbung als Personalreferent

Sehr geehrter Herr Kayser,

Ihre Bewerbungsunterlagen haben wir inzwischen sehr eingehend geprüft. Sie gehören nach sorgfältiger Prüfung aller funktionsrelevanten Aspekte zu dem kleinen Kreis der Bewerber, die wir gerne zu einem persönlichen Gespräch bitten möchten.

Als zeitlichen Rahmen haben wir dafür die 33. Woche vorgesehen. Wir möchten Sie bitten, sich hinsichtlich einer genauen Terminabstimmung mit unserer

Frau Duczek (Telefon 05251-280-909)

in Verbindung zu setzen. Zur Vorbereitung auf das Gespräch überreichen wir Ihnen als Anlage die Bewerberinfo von A-Z und unsere Unternehmens- und Führungsgrundsätze.

Wir freuen uns auf das Gespräch mit Ihnen und wünschen Ihnen eine gute Anreise.

Mit freundlichem Gruß

Beispiel 10: Bewerberkommunikation (Fortsetzung)

Briefbeispiel für die Absage an einen B-Kandidaten

Herrn
Willy König
Grafenberger Allee 172

40001 Düsseldorf

Ihre Bewerbung als Personalreferent

Sehr geehrter Herr König,

wir kommen zurück auf unseren Zwischenbescheid. Ihre Bewerbungsunterlagen haben wir inzwischen eingehend und sorgfältig geprüft.

Leider müssen wir Ihnen mitteilen, daß wir Sie bei der Besetzung der ausgeschriebenen Position nicht berücksichtigen konnten. Auch in anderen Bereichen unseres Unternehmens können wir Ihnen eine Ihrer Ausbildung und Ihren Vorstellungen entsprechende Tätigkeit nicht anbieten. Unsere Entscheidung bedeutet in keiner Weise eine Bewertung Ihrer Fähigkeiten und Kenntnisse. Wir danken für Ihre Bemühungen und bedauern, Ihnen keinen positiven Bescheid geben zu können.

Wir wünschen Ihnen für die Zukunft alles Gute und reichen Ihnen Ihre Bewerbungsunterlagen als Anlage zurück.

Mit freundlichem Gruß

Beispiel 10: Bewerberkommunikation (Fortsetzung)

Briefbeispiel für die Absage an einen A-Kandidaten

Herrn
Klaus Kayser
Heinrichstraße 24

40001 Düsseldorf

Ihre Bewerbung als Personalreferent

Sehr geehrter Herr Kayser,

wir haben das Gespräch mit Ihnen noch in besonders positiver Erinnerung. Leider müssen wir Ihnen dennoch mitteilen, daß wir uns für einen anderen Bewerber entschieden haben. Diese Entscheidung ist uns in Ihrem speziellen Fall nicht leicht gefallen.

Bitte betrachten Sie diese Entscheidung unter dem Gesichtspunkt, daß die Qualifikationsmerkmale in der Kombination, wie sie uns für die angebotene Position vorschwebt, von einem anderen Bewerber aufgrund seiner Ausbildung und seiner bisherigen praktischen Erfahrungen ein wenig besser erfüllt werden konnte. Hierbei waren allein die besonderen Gegebenheiten unseres Hauses und die speziellen Anforderungskriterien an die Position zu berücksichtigen.

Wir sind sicher, daß Sie bei Ihrer Suche nach einem neuen Tätigkeitsfeld kurzfristig erfolgreich sein werden. Für die Zukunft wünschen wir Ihnen alles Gute und reichen Ihnen Ihre Bewerbungsunterlagen als Anlage zurück.

Mit freundlichem Gruß

verschiedene Interviewer überprüft werden muß. Für den Ablauf eines Bewerbungsgespräches (Abb. 58) sollte die folgende Vorgehensweise zugrunde gelegt werden.

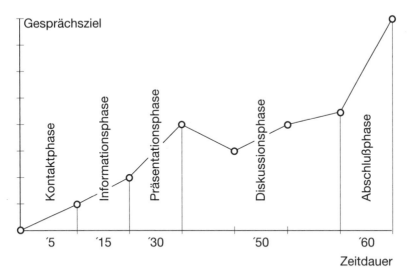

Abb. 58: Phasen des Bewerbungsgespräches

An die Kontaktphase – die jeweiligen Zeitangaben sind als grobe Richtgröße zu verstehen – zum Aufbau einer positiven Beziehung schließt sich die Informationsphase mit Themen wie beispielsweise die Einführung in die Geschichte des Unternehmens, das Produktprogramm, die Strukturen und Prozesse an.

In der darauffolgenden Phase hat der Kandidat die Möglichkeit, eine Beschreibung der wesentlichen Ereignisse, die sein bisheriges Lebensskript am nachhaltigsten beeinflußt haben, zu geben. Die Darstellung und Beschreibung des Funktions- und Verantwortungsbereichs mit gezielt integrierten Fragen bezüglich funktionsspezifischer Anforderungskriterien leiten die Diskussionsphase ein. Das Klima der Diskussionsphase soll bewußt oszillierenden Charakter haben.

Die Zusammenfassung der wichtigen Gesprächsergebnisse und die Verständigung über das weitere Vorgehen leiten die Abschlußphase ein. Mit einem Dank für das Gespräch wird ein positiver Gesprächsabschluß erreicht.

Beispiel 11: Bewerberinformation von A–Z s.S. 234–238.

Beispiel 11: Bewerberinformation von A–Z

Diese Bewerberinformation möchte Ihnen einige Hinweise über unser Unternehmen geben und Sie bei Ihrer Entscheidung für unser Unternehmen unterstützen.

Altersversorgung
Als Mitarbeiter haben Sie automatisch Anrecht auf die Leistungen der betrieblichen Altersversorgung. Sie zahlen dafür keine Beiträge. Das Unternehmen trägt alle Kosten. Bei der Arbeitsaufnahme erhalten Sie eine Broschüre, die Sie über alle Einzelheiten informiert.

Arbeitserlaubnis
Wenn Sie aus einem Land kommen, das nicht der Europäischen Union angehört, benötigen Sie eine gültige Arbeitserlaubnis. Bitte legen Sie Ihre augenblickliche Arbeitserlaubnis vor, wir lassen diese auf unser Unternehmen umschreiben.

Arbeitspapiere
Zur Arbeitsaufnahme benötigen wir Ihre Lohnsteuerkarte, den Sozialversicherungsausweis und die Kontonummer Ihres Bankkontos zur Überweisung Ihres Gehaltes, außerdem die Daten Ihrer Sparverträge oder Versicherungen nach dem Vermögensbildungsgesetz und Ihre Angaben über die Krankenversicherung.

Arbeitsvertrag
Der Arbeitsvertrag hat bei uns ausnahmslos Schriftform. Mit der Unterzeichnung des Arbeitsvertrages kommt das Arbeitsverhältnis zu den vereinbarten Bedingungen zustande. Sie erhalten von uns beim positiven Ausgang des Bewerbungsverfahrens den bereits von uns unterzeichneten Vertrag zugesandt. Wir bitten Sie, uns Ihre Entscheidung innerhalb von sieben Tagen bekanntzugeben. Bitte bedenken Sie, daß wir für jede offene Stelle nur einem Bewerber eine Zusage geben können.

Ausbildung und Praktika
Die kontinuierliche Aus- und Weiterbildung hat in unserem Unternehmen einen hohen Stellenwert. Für die Bereitstellung von Ausbildungs-, Praktikanten- und Werkstudentenplätzen unternehmen wir große Anstrengungen.

Auslandstätigkeit
Mitarbeiter, die großes Interesse haben, für unser Unternehmen im Ausland tätig zu werden, erhalten Informationen im Rahmen unseres internen Stellenpools durch die Bekanntmachungen von offenen Stellen unserer Ländergesellschaften in aller Welt.

Beispiel 11: Bewerberinformation von A–Z (Fortsetzung)

Betriebsarzt
Zur akuten Hilfe bei Unfällen und zur Versorgung bei Erkrankungen steht unser Betriebsarzt zur Verfügung. Er berät Sie darüber hinaus auf Wunsch auch in allgemeinen Fragen zur Gesundheit.

Betriebsrat
Der Betriebsrat ist die gewählte Interessenvertretung aller Arbeitnehmer. Er überwacht die Einhaltung der relevanten Schutzgesetze und Verordnungen, der Bestimmungen des Tarifvertrages und der Betriebsvereinbarungen. Er ist Vermittler für den Fall von Meinungsverschiedenheiten zwischen Mitarbeitern und der Geschäftsführung.

Betriebsvereinbarungen
Zur Festlegung verschiedener, für den Betrieb allgemeinverbindlicher Regelungen werden zwischen Betriebsrat und Geschäftsführung Betriebsvereinbarungen abgeschlossen. Sie beziehen sich in unserem Unternehmen auf die Arbeitszeit, auf die Führungsgrundsätze, auf die Altersversorgung und ähnliches. Aktuelle Betriebsvereinbarungen werden jedem Mitarbeiter bei der Arbeitsaufnahme ausgehändigt.

Betriebsverfassung
Das Betriebsverfassungsgesetz ist die Basis der Zusammenarbeit zwischen Betriebsrat und Geschäftsführung. Es regelt die gegenseitigen Rechte und Pflichten und die Mitwirkungs- und Mitbestimmungsmöglichkeiten des Betriebsrates.

Bewerbungsgespräch
Wenn wir aufgrund Ihrer Unterlagen den Eindruck haben, daß die ausgeschriebene Funktion für Sie geeignet ist, laden wir Sie zu einem ersten persönlichen Gespräch ein. Wir möchten Sie kennenlernen und Ihnen die Möglichkeit geben, sich bei uns zu informieren und unser Unternehmen etwas näher kennenzulernen. Auf der Basis dieses Gesprächs laden wir Sie ein zweites Mal, gegebenenfalls auch zu einem Assessment Center ein. Die entstehenden Kosten werden voll von uns übernommen.

Bewerbungsverfahren
Eine rasche, reibungslose und mißverständnisfreie Bearbeitung Ihrer Bewerbung garantieren wir Ihnen, wenn wir Ihre kompletten Bewerbungsunterlagen zur Verfügung haben. Dazu gehören Bewerbungsanschreiben, Zeugniskopien und ein tabellarischer Lebenslauf. Wir bitten Sie, unseren Bewerbungsbogen sorgfältig auszufüllen.

Beispiel 11: Bewerberinformation von A–Z (Fortsetzung)

Casino
Für Ihr Wohl zur Mittagszeit sorgt unser Casino. Es bietet Ihnen täglich eine reichhaltige Auswahl von preiswerten Gerichten (Normalkost, Schonkost, Vegetarisches, Fitkost), zubereitet nach den aktuellen Erkenntnissen der Ernährungswissenschaft.

Dialog
Das ist der Titel unserer Mitarbeiterzeitschrift, die jeden Monat erscheint und Sie über Aktuelles in unserem Unternehmen informiert. Die Redaktion freut sich über jede Mitarbeit von Ihnen.

Doppelte Haushaltsführung
Im Rahmen einer doppelten Haushaltsführung erhalten Sie von uns eine steuerfreie Trennungsentschädigung für Ihre Mehraufwendungen. Für die Zeit, in der Sie die Trennungsentschädigung erhalten, übernehmen wir die Kosten für 2 Heimfahrten mit der Deutschen Bahn AG (1. Klasse) oder einen Flug pro Monat. Diese Leistungen sind auf maximal 3 Monate beschränkt, mit einer einmaligen Verlängerungsmöglichkeit bis zu weiteren 3 Monaten.

Führungsgrundsätze
Gemeinsam erfolgreich ist der Grundsatz unserer Führungsphilosophie. Wir sind der Meinung, daß der Mitarbeiter als Persönlichkeit anerkannt und gefördert werden muß, damit er sich beruflich und persönlich entwickeln kann. Er soll nicht als Arbeitskraft gesehen werden. Jeder Mitarbeiter kann sicher sein, daß Menschen, die sich von diesen Grundsätzen leiten lassen, in unserem Hause seine Partner sind.

Gleitzeit
Als eines der ersten Unternehmen haben wir diesem modernen Arbeitssystem zum Durchbruch verholfen. Neben stunden- und halbtageweiser Gleitzeitentnahme können Sie im Laufe Ihrer Lebensarbeitszeit volle Gleittage ansparen. Mit den Einzelheiten können Sie sich nach Ihrer Arbeitsaufnahme beim Lesen der Betriebsvereinbarung vertraut machen.

Mitarbeitergespräch
Unsere Betriebsvereinbarung sieht vor, daß mit jedem Mitarbeiter zweimal im Jahr ein Mitarbeitergespräch geführt wird. In diesem Gespräch werden Aufgaben- und Entwicklungsziele diskutiert. Zum Mitarbeitergespräch erhalten Sie bei Ihrer Einstellung eine ausführliche Broschüre.

Negative Entscheidung
Einer gewissen Anzahl von Bewerbern können wir leider keine Aufgabe anbieten, ebenso wie wir von manchen Bewerbern Absagen erhalten. Die Gründe dafür sind vielfältig. Wenn Sie in der Tages-

Beispiel 11: Bewerberinformation von A–Z (Fortsetzung)

presse, in Fachzeitschriften, Vorlesungsverzeichnissen von Hochschulen oder in anderen Medien eine unserer Personalanzeigen sehen, die Ihrer Meinung nach besser zu Ihrem Eignungsprofil paßt, bewerben Sie sich einfach wieder.

Personalakte
Für jeden Mitarbeiter wird eine Personalakte geführt, die alle im Zusammenhang mit dem Arbeitsverhältnis notwendigen Unterlagen enthält. Wenn Sie wollen, können Sie jederzeit Einblick in diese Akte nehmen.

Personalbereich
Mit dem haben Sie in unserem Unternehmen zu allererst Kontakt. Später steht er Ihnen zur Beratung und zur Information bei allen Fragen im Zusammenhang mit Ihrem Arbeitsverhältnis zur Verfügung. Der Personalbereich berät Mitarbeiter und Vorgesetzte in personalpolitischen und arbeitsrechtlichen Fragen und ist die von der Geschäftsführung beauftragte Stelle als Verhandlungspartner des Betriebsrates.

Personalentwicklung
Eine zentrale Forderung in unserer Zeit des raschen technischen und ökonomischen Wandels ist die individuelle und bedarfsorientierte Personalentwicklung. Wir eröffnen Ihnen die Möglichkeit zur Personalentwicklung durch eine gezielte und systematische Laufbahn- und Karriereplanung.

Probezeit
Die Probezeit, die nicht unbedingt mit der Einarbeitungszeit identisch sein muß, beträgt grundsätzlich 6 Monate. Während dieser Zeit lernen Sie Ihre Umgebung, die Kollegen, den Vorgesetzten und die Organisation kennen. Sie machen sich außerdem vertraut mit Ihrem künftigen Aufgabengebiet.

Serviceautomaten
Für den kleinen Hunger zwischendurch und für Getränke sowie für die vielen Dinge des täglichen Bedarfs stehen Ihnen eine Reihe von Serviceautomaten zur Verfügung. Sie können dort Ihren individuellen Bedarf decken.

Stellenpool
Jede offene Stelle in unserem Unternehmen wird zuerst innerbetrieblich ausgeschrieben. Sollte wider Erwarten Ihr Start in unserem Unternehmen nicht optimal verlaufen oder sollte in Ihrer persönlichen Entwicklung der Zeitpunkt für den nächsten beruflichen Schritt gekommen sein – tun Sie ihn in unserem Unternehmen.

Beispiel 11: Bewerberinformation von A–Z (Fortsetzung)

Umweltschutz und Sicherheit
Der Umwelt- und Sicherheitsingenieur sowie eine Reihe von Fachkräften für Arbeitssicherheit wirken in allen Fragen des Umweltschutzes, der Unfallverhütung und der Arbeitssicherheit beratend und planend mit. Sie überprüfen Betriebsanlagen und Arbeitsmittel und wachen über die Einhaltung der einschlägigen Vorschriften und Verordnungen.

Urlaub
Die Dauer des Jahresurlaubs beträgt 30 Arbeitstage. Für die Urlaubstage des Jahres erhalten Sie zusätzlich zum Grundgehalt oder Grundlohn einen Urlaubsgeldzuschuß in Höhe von 50 % Ihrer normalen Bezüge.

Vergütung
Ihr Gehalt stellt die Vergütung für einen Kalendermonat unter Zugrundelegung der tariflichen Arbeitszeit dar. Es setzt sich zusammen aus dem Tarifgehalt, einer Leistungszulage und einer freiwilligen oder sonstigen Zulage. Das Servicebüro unseres Personalbereichs sorgt für die richtige und pünktliche Abrechnung Ihrer Bezüge und berät und informiert Sie über alle damit zusammenhängenden Fragen. Am 15. November eines jeden Jahres erhalten Sie ein Weihnachtsgeld. Wer nach dem Vermögensbildungsgesetz Sparleistungen erbringt, erhält monatlich 52,– DM.

Vorschlagswesen
Wir sind überzeugt, daß alle Mitarbeiter mit Ideen und Verbesserungsvorschlägen zur Optimierung der Unternehmensprozesse beitragen können und sollen. Für Verbesserungsvorschläge, die zu rationelleren oder verbesserten Abläufen und Prozessen führen, erhalten Sie entsprechende Prämien. Unser Vorschlagswesen wird geregelt in einer Betriebsvereinbarung, die Sie beim Eintritt erhalten.

Zeugnis
Jeder ausscheidende Mitarbeiter erhält ein qualifiziertes Zeugnis, das Auskunft gibt über Art, Umfang und Dauer der Beschäftigung und über Führung und Leistung. Desgleichen erhalten Sie auf Wunsch ein Zwischenzeugnis bei einer Versetzung oder beim Wechsel Ihres direkten Vorgesetzten.

Zwischenbescheid
Innerhalb von 7 Tagen nach Eingang Ihrer Bewerbung bestätigen wir Ihnen deren Eingang. Die genaue Prüfung Ihrer Unterlagen halten wir so kurz wie möglich. Spätestens nach weiteren 14 Tagen erhalten Sie einen Zwischenbescheid, eine persönliche Einladung oder eine Absage.

Um für die Auswahlentscheidung einen Konsens der Interviewer zu erzielen, können Anforderungskriterien anhand eines Anforderungsprofils bewertet werden. Durch eine so objektivierte Personalauswahl wird versucht, den Grad der Übereinstimmung zwischen dem Eignungsprofil der Bewerber und dem Anforderungsprofil möglichst objektiv und genau zu ermitteln. Eher subjektive Aspekte, wie Sympathie oder ein instinktives Gefühl für den richtigen Kandidaten, dürfen dabei jedoch nicht unter den Tisch fallen. Auch hier gilt, wie schon in Kapitel 2 bei der Informationsbeschaffung erwähnt, daß die wichtigen Informationen oft zwischen den Zeilen stecken. Die Personalauswahl muß für alle Beteiligten vertraulich und harmonisch sein. Die geforderte Wertequalität wird in den Katalog der individuellen Persönlichkeitsanforderungen, die an alle Bewerber gestellt werden, aufgenommen. Basis für die Auswahl ist einzig und allein die Fach-, Sozial- und Managementkompetenz ohne Berücksichtigung sonstiger Daten wie beispielsweise Alter, Behinderung, Geschlecht, Nationalität oder Religion.

Die Interviewer einigen sich bezüglich der Anforderungskriterien auf eine gemeinsame Wertung. Bei signifikaten Abweichungen werden weitere Abstimmungen bezüglich der fraglichen Items vorgenommen. Aufgrund der Bewertung aller Anforderungskriterien wird eine Eignungsrangliste erstellt. Der Bewerber, dessen Eignungsprofil dem Anforderungsprofil am besten entspricht, bekommt das Vertragsangebot. War der Bewerber zum entscheidenden Gespräch im Unternehmen, und hat er nach einer evtl. vereinbarten Frist seinerseits sein ausgeprägtes weiteres Interesse erklärt, dann muß durch kurzfristiges Übersenden eines Vertragsangebotes unverzüglich gehandelt werden. Bei einer Absage nach einem Bewerbungsgespräch sollte noch einige Tage abgewartet werden, bevor die Absage abgeschickt wird. Sie erfolgt in Form und Inhalt nach psychologischen und marketingorientierten Gesichtspunkten. Nach persönlichem Kontakt, also nach einem durchgeführten Gespräch, sind konkrete Informationen erforderlich. Die Absage eines A-Kandidaten muß individuellen Charakter haben.

Neue Mitarbeiter sollten sich durch ein systematisches Einführungs- oder Auftaktprogramm möglichst umgehend in das Sozialgefüge des Unternehmens und des Arbeitsteams integrieren können und sich wohlfühlen. Der neue Mitarbeiter soll die Unternehmensgrundsätze, Programme und Instrumente möglichst schnell und umfassend kennenlernen und sich damit identifizieren. Erst mit einer systematischen Personalintegration können die Personal Relations als abgerundet gelten.

Grundlegende Instrumente zur Personaleinbindung sind Mentorenprogramme zur gezielten Integration in die neue Aufgabe und Abteilung, Feedbackgespräche mit dem Personalreferenten nach 1 und nach 3 Monaten sowie eine Klimabeurteilung nach 6 Monaten. Traineeprogramme für Führungsnachwuchskräfte sollten u. a. auch diese Aufgabe erfüllen. Diese Instrumente der Personaleinführung werden nach einem Jahr durch eine periodische und umfassende Personalbeurteilung abgelöst.

Die Grundregel für jegliche Bewerberkommunikation lautet: Wer schnell reagiert, erzielt den größten positiven Effekt. Das gilt für die Einladung nach Erhalt der schriftlichen Bewerbung ebenso wie für Aussagen nach dem persönlichen Kennenlernen im Vorstellungsgespräch. Wer es schafft, hierbei mit jeweils einigen Tagen auszukommen, erreicht einen Vorsprung vor anderen Unternehmen, wenn es gilt, aus Bewerbern Mitarbeiter zu machen.

Beispiel 12: Checkliste Neuer Mitarbeiter

Name, Vorname	Abteilung/Kennziffer
Eintrittsdatum	Funktionsbezeichnung
Geburtsdatum	Vergütungsstufe/-gruppe

1. Mitarbeitergespräch mit dem Personalreferenten

1.1. Einstellungsformalitäten

    Arbeitsvertrag
    Arbeitspapiere
    Personalkennziffer
    Sonderregelungen

1.2. Informationen

    Unternehmensgrundsätze
    Führungsgrundsätze
    Betriebsvereinbarungen
    Geschäftsbericht
    Presseinformationen

Beispiel 12: Checkliste Neuer Mitarbeiter (Fortsetzung)

1.3. Einführungsseminar

    Unternehmensbesichtigung
    Kooperationstraining
    Teambildung

2. Mitarbeitergespräch mit dem direkten Vorgesetzten

2.1. Einarbeitung
    Aufgabenstellung
    Arbeitsmaterial

2.2. Informationen
    Besondere Einrichtungen
    Sonstige Informationen

3. Fördermaßnahmen

3.1. Seminare/Training/Coaching

3.2. Projektaufgaben/Sonderaufgaben

Bemerkungen:

_____
_____
_____
_____
_____
_____
_____
_____

Datum und Unterschrift: Mitarbeiter   Vorgesetzter   Personalbereich

6.6 Marketingkommunikation in der Praxis

Ausgehend von der Fragestellung einer praxisorientierten Marketingkommunikation stellt sich nochmals die Frage: Wie lassen sich Personalprogramme, Arbeitsplätze, Karrieremöglichkeiten oder Laufbahnplanungen spannend und interessant darstellen? Wie ist Personalarbeit originell und witzig zu positionieren? Wie erreicht man ein unverwechselbares, prägnantes Erscheinungsbild? Welche konzeptionelle Idee, welche Gestaltung motiviert auch Mitarbeiter zu einer hohen Identifikation mit dem eigenen Unternehmen? Wie kann eine emotionale Bindung erreicht werden?

Dabei muß die Gestaltung eigenständig genug sein, um dem Unternehmen ein eigenes Profil zu verleihen. Besonders zu berücksichtigen sind auch psychologische Aspekte der Werbewirkung (Abb. 59), vor allen Dingen Wahrnehmungsaspekte. Für die Wahrnehmung gilt, daß der erste Eindruck meist durch Gefühle und Emotionen geprägt wird. Erst danach werden wichtige Inhalte erkannt und differenziert.

Für die Gestaltung von Botschaften ist diese Erkenntnis aus zwei Gründen besonders wichtig. Eine negative Botschaft oder ein negativer Ersteindruck kann zur schnellen Distanz führen, noch bevor sich der Betrachter eingehend damit auseinandersetzt. Außerdem besteht die Gefahr, daß sich dieses negative Gefühl mit dem Unternehmen und den Produkten verbindet und diese mit negativen Emotionen belegt.

Positioniert werden kann das Unternehmen einerseits in seiner Gesamtheit (Personal- oder Imagewerbung) oder zum anderen durch konkrete spezielle Arbeitsplatzangebote (Personalanwerbung). Die daraus abgeleiteten internen und externen Werbeziele lauten:

intern
- o Erhöhung der Akzeptanz im Unternehmen
- o Identifikation und Motivation der Mitarbeiter
- o Schaffung eines eigenen klaren Profils
- o Erhöhung der Bedeutung des Personalmarketings

extern
- o Information der relevanten Zielgruppe
- o Profilierung als innovativer Arbeitgeber im Markt
- o Abgrenzung vom Wettbewerb (Alleinstellung)
- o Rekrutierung potenieller Mitarbeiter

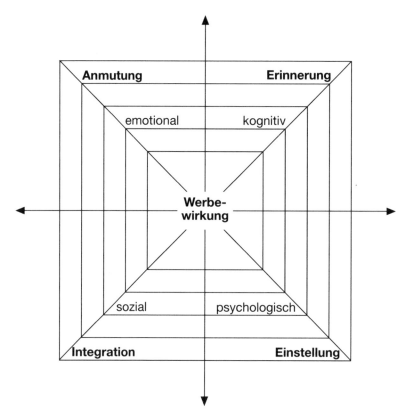

Abb. 59: Aspekte der Werbewirkung

Jede Werbebotschaft hat ihre eigenen Kern- und Nebenaussagen, die dementsprechend einzeln definiert werden müssen. Dabei spiegelt insbesondere die Kernaussage gleichsam als Konzentrat oder Extrakt die wesentliche Botschaft des Personalmarketings wider. Kernaussagen können sein:

o Leistung und Aufstieg
o Gemeinsam erfolgreich
o Lust auf Leistung
o Bewegung und Fortschritt
o Einstieg zum Aufstieg
o Teamwork ist das A und O
o Talent braucht Ziele

Für die angestrebten Werbeziele eignen sich Broschüren, Personalanzeigen und Imageanzeigen. Die Broschüren können bei verschiedensten Veranstaltungen zum Einsatz kommen oder werden auf Anfrage versandt. Anzeigen sollten in zielgruppenadäquaten Fachzeitschriften oder Tageszeitungen geschaltet werden. Ergänzend müssen Personal Relations als kontinuierliche Maßnahme in den Gesamtprozeß integriert werden.

Nachdem das Gerüst der Werbekonzeption feststeht, kann der Prozeß der kreativen Umsetzung beginnen. In dieser Phase ist nach einer konzeptionellen Idee zu suchen, die vom Grundsatz her allen Werbemitteln zugrunde gelegt werden kann. Eine grundlegende Konzeptionsidee für Personalwerbung ist die Anwendung von Synonymen in Verbindung mit positiven und originellen assoziativen Headlines. Diese Headline kann in der Umsetzung auf ein Schlagwort reduziert werden. Auf dieser Grundlage kann eine Werbebotschaft mit differenzierten Ausprägungen zur Grundlage aller Aktivitäten gemacht werden. Entsprechend der Werbestrategie sind die verbalen und visuellen Komponenten der Werbung genau zu definieren. Sie haben dann generelle Gültigkeit und sind Basis der lokalen und nationalen oder auch internationalen Kampagnen.

Da die Personalwerbung in einer breitgefächerten, sehr heterogenen Zielgruppe unter Berücksichtigung lokaler und regionaler Gegebenheiten gezielt Denkprozesse initiieren soll, muß das Erscheinungsbild der Werbung der optimale Ausdruck der zu kommunizierenden Inhalte sein. Die Visualisierungstechnik ist immer typisch und eignet sich zum Transport fachlich rationaler Aussagen ebenso wie zur Übermittlung emotionaler Inhalte. Es muß besonderer Wert darauf gelegt werden, die fachlich rationalen Inhalte mit emotionalen Inhalten wie beispielsweise Sport und Leistungsbereitschaft zu kombinieren. Diese Strategie der Werbebotschaft ermöglicht gleichermaßen eine branchenspezifische wie generelle Kommunikation bei einem konsequenten und geschlossenen Erscheinungsbild.

Ein bestimmter Themenbezug wirkt als roter Faden im gesamten Erscheinungsbild und hat einen hohen Wiedererkennungsgrad. Bildbotschaften wirken in der Regel animierend und sprechen verschiedene Zielgruppen an. Für die Bewertung der Wirkung eines Layouts kann davon ausgegangen werden, daß nur wenige der herkömmlichen Personalimageanzeigen wahrgenommen werden und der Text gelesen wird. Die durchschnittliche Betrachtungsdauer einer Anzeige beträgt nur wenige Sekunden. Zu fragen ist also, wie die spontane Wirkung oder die Wirkung in der ersten

Sekunde ist. Das bedeutet für die praktische Umsetzung und Gestaltung, daß die Werbebotschaft sich auf das wirklich Wesentliche konzentrieren, Interesse wecken, einfach und klar sein muß. Der Sender der Werbebotschaft darf nicht austauschbar sein, die Botschaft muß eine kommunikative Leitlinie formen, attraktiv sein und begeistern.

Auf dieser Grundlage sind folgende Aspekte besonders zu beachten:

o Bildassoziation (Motiv)
o Headline-Stellung
o Bodytext (Textaufbau)
o Firmenzeichen (Logo)
o Anschnitt
o Adresse

Der Betrachter nimmt zunächst die Bildassoziation wahr. Darauf folgt die Headline und dann der Textaufbau. Um dem psychologischen Empfinden des Lesers nachzukommen, empfiehlt es sich, diese Reihenfolge grundsätzlich beim Aufbau einer Personalanzeige zu berücksichtigen. Wichtig ist außerdem, daß alle Elemente einer Anzeige zusammen einen Gesamteindruck hinterlassen, der das Unternehmen in der Wahrnehmung des Betrachters z. B. als konservativ, innovativ oder solide erscheinen läßt (Abb. 60, s. S. 246).

Bildassoziation

Die Bildassoziation bestimmt entscheidend den Erfolg der Anzeige. Sie weckt Interesse und schafft eine positive Atmosphäre. Sie entscheidet darüber, ob der Leser die Anzeige übersieht oder betrachtet und, wenn Aufmerksamkeit geweckt wurde, auch textlich näher durchleuchtet. Die bedeutende Aufgabe der Bildassoziation ist es, positive Assoziationen auszulösen und damit beim Betrachter Aufmerksamkeit zu erzielen.

Headline

Die Headline ist das zweite wichtige Entscheidungskriterium, ob die Anzeige gelesen wird oder nicht. Headline und Bildassoziation müssen in einem Zusammenhang stehen, um entsprechende Gesamtassoziationen beim Leser auszulösen. Neben der Bildassoziation hat die Headline die Aufgabe, auch erste Aspekte der Verständlichkeit und der inhaltlichen Information zu transportieren. Eine prägnante Aussage, die auch emotional berührt, ist meist erfolgreicher als fachspezifische Aussagen.

Talent braucht Ziele

Innovative Technologie, beispielhafte Fertigungsqualität und ein weltweites Vertriebs- und Servicenetz haben uns zum führenden Hersteller von Druckmaschinen gemacht.

Als international tätige Unternehmensgruppe mit 12000 engagierten Mitarbeitern erzielen wir einen Umsatz von 3,3 Mrd. DM.

Erfolg ist das Ergebnis von Spitzenleistungen, aber auch Aufforderung, das fortzuführen, was sich bewährt hat.

Für den weiteren Ausbau unseres Unternehmens suchen wir überdurchschnittliche Hochschul- und Fachhochschulabsolventen der Fachrichtungen:

- Maschinenbau, Elektrotechnik und Informatik sowie
- Wirtschafts-Ingenieure
- Diplom-Kaufleute
- Betriebswirte

Wir wenden uns an engagierte, verantwortungsbewußte Bewerber, die mit uns am selben Strang ziehen wollen. Unseren hohen Ansprüchen stellen wir die Entwicklungsmöglichkeiten und die Sicherheit in einem großen Unternehmen entgegen.

Damit auch Ihr Talent bei uns zum Zuge kommen kann, senden Sie bitte Ihre Bewerbungsunterlagen an:

Heidelberger Druckmaschinen AG
Hauptabteilung Personal
Kurfürsten-Anlage 52 - 60
69115 Heidelberg

Abb. 60: Beispiel für den Aufbau einer Anzeige

Bodytext oder Textaufbau

Eine wirklich zündende, packende Bildassoziation und Headline müssen sofort im ersten Satz des Textaufbaus ihre Fortsetzung finden, sonst wendet sich der Leser ab. Hier muß sein Interesse für die Vorzüge des Unternehmensangebots weiter geweckt und vor allem aufrechterhalten werden. Ist nun der konkrete Wunsch vorhanden, das Unternehmen kennenzulernen, wird der Spannungsbogen geschlossen, der Leser wird zu Reaktionen aufgefordert.

Das Logo

Das Unternehmenslogo gibt der Anzeige Identität und Unverwechselbarkeit. Das Logo soll den Erinnerungswert einer Anzeige prägen. Hierbei ist Kontinuität im Auftreten das Grundprinzip. Einheitliches Corporate Design bestimmt das gesamte Konzept.

6.7 Möglichkeiten der Erfolgskontrolle

Bei der Werbeerfolgskontrolle sind die kommunikative und die ökonomische Werbeerfolgskontrolle zu unterscheiden, wobei sich die kommunikative Werbeerfolgskontrolle im Kern mit der Frage nach der qualitativen Wirkung einer Maßnahme beschäftigt, während die Ökonomische versucht, den wirtschaftlichen Erfolg zu messen durch eine Gegenüberstellung von Aufwendungen und der Veränderung von Erfolgsgrößen wie z. B. Umsatz.

Der kommunikative Erfolg der Personalwerbung kann in der Praxis anhand verschiedener Fragenkomplexe, die als Voraussetzung für den Werbeerfolg angesehen werden können, überprüft werden. Wichtige Fragestellungen sind beispielsweise: Informiert die Personalwerbung über den Nutzen der personalpolitischen Programme und Instrumente? Spricht die Personalwerbung auch persönliche Motiv an? Aktualisiert die Personalwerbung akute und latente Motive? Sind die Werbebotschaften verbalisiert, um Lernprozesse in Gang zu setzen? Ist der Inhalt der Werbung für die Zielgruppe nachvollziehbar?

Die konsequente und pragmatische Werbeerfolgskontrolle im Unternehmen läßt sich mit einem kontrollierten Pretest nach der Delphi-Methode durchführen. Es ist nahezu ausgeschlossen, die Werbewirkung anhand tatsächlicher Verhaltensweisen zu beurteilen, da sämtliche Verhaltensweisen der angesprochenen Personen von vielen unterschiedlichen Einflußgrößen abhängen.

Für die Werbemittelerfolgskontrolle stehen in der Literatur auch apparative Verfahren, wie beispielsweise die Ermittlung des Blickverlaufs oder Hautwiderstandsmessungen (*Kroeber-Riel*, 1984, S. 98), oder mathematische Optimierungsmodelle zur Verfügung. Hinzu kommen qualitativ ausgerichtete Befragungsmethoden. Sie basieren auf unterschiedlichen Überlegungen und versuchen in der Regel, Anworten auf 6 Qualitätskriterien zu geben.

1. **Erfolg der Nutzenpräsentation**
   Inwieweit konnte die Werbebotschaft einen konkreten Nutzen transportieren?
2. **Aufmerksamkeitserfolg**
   Wie viele Personen haben der Botschaft Aufmerksamkeit geschenkt und können sich daran erinnern?
3. **Erinnerungserfolg**
   Wie stark ist die Erinnerung an einzelne Komponenten der Werbebotschaft?
4. **Emotionaler Erfolg**
   Wie wirkt sich die Werbebotschaft auf die Gefühle aus?
5. **Kontakterfolg**
   Wie viele Kontakte mit potentiellen Interessenten hat es tatsächlich gegeben, und wie viele waren geplant?
6. **Interessenerfolg**
   Inwieweit konnte die Botschaft Interessenten veranlassen, weiteres Interesse zu bekunden?

Ein vereinfachtes Verfahren zur Werbeerfolgskontrolle ist die Methode der direkten Ermittlung. Das Verfahren ist auch bei der Personalwerbung anwendbar. Auf der Grundlage der eingehenden Bewerbungen wird der sich daraus im weiteren Verlauf ergebende Erfolg ermittelt. Bei dieser Methode wird durch Befragung ermittelt, welche Bereiche entscheidungsrelevant waren. Einschränkend ist allerdings zu sagen, daß diese Maßnahmen immer ex post, also im nachhinein, Informationen über den Erfolg anbieten, d.h. sie liefern immer nur Informationen für die Bestätigung oder Modifikation bereits realisierter Werbemaßnahmen.

Eine eher langfristige ganzheitliche Sichtweise der Erfolgskontrolle, die zudem alle kommunikationspolitischen Maßnahmen ins Kalkül zieht, muß sich mit der Frage beschäftigen, welche langfristigen Wirkungen auf die Attraktivität des Unternehmens als Arbeitgeber in der Öffentlichkeit, bei potentiellen Bewerbern und vor allem auch bei den Mitarbeitern im Unternehmen von der Personalmarketingkommunikation ausgehen. Diese Auswirkungen sind sicherlich nur sehr schwer zu extrahieren, und mit letzter Sicherheit werden sie wohl nie empirisch nachgewiesen werden können. Sie sind jedoch der eigentliche Erfolg, wenn man als Ziel der Kommunikation im Personalmarketing eine Steigerung der Attraktivität des Unternehmens im Auge hat und Erfolg definiert als Ausmaß der Zielerreichung.

Wie können diese Wirkungen nun wenigstens ansatzweise erfaßt und gemessen werden? Die Attraktivität und das Image des Unternehmens lassen sich nicht objektiv und in konkreten Zahlen messen. Sie werden im Rahmen psychologischer und sehr individueller Bewertungsprozesse herausgebildet, die sich zum größten Teil auf der unbewußten Ebene abspielen, und manifestieren sich in der Einstellung des einzelnen zum Unternehmen. Einstellungen können durch die folgenden 3 Merkmale oder Komponenten charakterisiert werden (*Staehle*, 1990, S. 158):

- **Kognitive Komponente**
  umfaßt das Wissen, das der einzelne vom Unternehmen hat, und zwar als Ergebnis bewußter Wahrnehmung
- **Affektive Komponente**
  umfaßt die Emotionen, die bezüglich des Unternehmens bestehen, und zwar in Form einer emotionalen Bindung
- **Handlungskomponente**
  umfaßt die Handlungsprädispositionen, die in bezug auf das Unternehmen bestehen

Es muß gelingen, diese Variablen und insbesondere ihre Veränderung im Zeitablauf zu erfassen. Image- und Einstellungsforschung bei Mitarbeitern, Bewerbern und in der breiten Öffentlichkeit können hier sicherlich Anhaltspunkte für die Bestimmung des Erfolges liefern.

Mit der Erfolgskontrolle scheint sich der Kreis zu schließen, denn hier kommen erneut die Instrumente zum Einsatz, die zu Beginn dieses Buches im Rahmen der Informationsbeschaffung vorgestellt wurden. Erfolgskontrolle bedeutet, auf dem laufenden zu bleiben, Informationen zu sammeln für die kontinuierliche Verbesserung des Personalmarketings. Controlling heißt das Schlagwort in diesem Bereich, das Hilfestellung und Rechtfertigungsgrundlage zugleich sein soll.

7. Auf dem laufenden bleiben – Controlling

Vertrauen ist gut, Kontrolle ist besser. Vor allem in Krisenzeiten scheinen sich immer mehr Unternehmen auf diese Worte zurückzubesinnen. Controlling erlebt augenblicklich einen Boom und ist schon seit längerem nicht nur ein aktuelles Thema in Unternehmen, sondern auch auf Kongressen und Seminaren und an den Universitäten.

Angesichts rückläufiger Absatzquoten, steigenden Kostendrucks und einer Dynamisierung der wirtschaftlichen und gesellschaftlichen Rahmenbedingungen scheint der Wunsch nach effektiver, d. h. auf die Ziele des Unternehmens ausgerichteter, und effizienter Kontrolle größer denn je, zumal nahezu alle Unternehmen vom Wandel betroffen sind und versuchen, sich einer Schlankheitskur zu unterziehen, die sie wieder fit macht für den Wettbewerb.

Gerade in wirtschaftlich schweren Zeiten – das Wort Rezession ist ja noch in aller Munde – ist der Personalbereich der Bereich im Unternehmen, der am kritischsten beäugt wird, dem auch am schnellsten die Wirtschaftlichkeit abgesprochen wird, weil man ja oft keine konkreten Zahlen und Fakten hat, und der von Veränderungen am stärksten betroffen ist. Erste Reaktion auf schwindende Gewinnmargen sind oft Kürzungen im Etat des Personalbereichs, weil „das ja doch nichts bringt". Dies ist jedoch kein Grund, den Kopf in den Sand zu stecken. Nein, vielmehr ist es Chance und Herausforderung zugleich, sich den Schwierigkeiten zu stellen und jenseits der Hochglanzbroschüren der 80er Jahre kreative und originelle Ideen und Konzepte auf den Weg zu bringen, um sinnvolle und qualitativ hochwertige Arbeit zu leisten.

Hierbei stellt sich wiederholt die Frage, wo sich die Personalverantwortlichen im Wechselspiel zwischen Markt, Wettbewerb, Mitarbeiter, Kunde und Unternehmensleitung grundsätzlich positionieren (*Scholz*, 1994, S. 21). Dies ist zugleich auch die Frage nach dem Selbstverständnis, die Frage nach der Rolle, die man sich selbst zuschreibt (Abb. 61).

Dabei bedeutet reine Mitarbeiterorientierung, daß Anregungen und Zielvorstellungen der Mitarbeiter von den Personalverantwortlichen aufgenommen werden, die dann auf operativer, taktischer und strategischer Ebene umgesetzt werden. Was bei der Mitarbeiterorientierung als Bottom-up-Prozeß abläuft, stellt sich im Falle einer

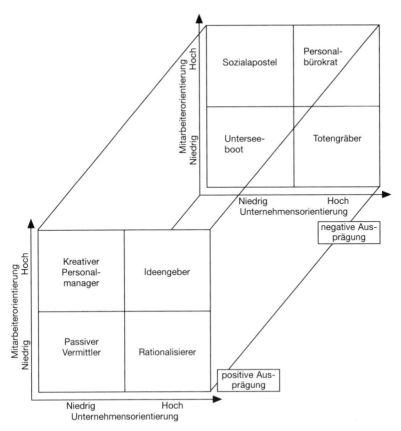

Abb. 61: Selbstverständnis des Personalbereichs bei schlechter Wirtschaftslage (Quelle: *Scholz*, 1994, S. 26)

unternehmensorientierten Personalverantwortung als Top-down-Verfahren dar. Hier ist Personalverantwortung nur ein reines Ausführungs- und Umsetzungsorgan der Unternehmensleitung. Nicht mehr und nicht weniger.

Personalmarketing als Denk- und Handlungskonzept muß sicherlich als ein Selbstverständnis eingeordnet werden, bei dem sich die Personalverantwortlichen als Ideengeber verstehen, die mehr als wichtige Impulse und Anregungen geben, durch den bestmöglichen Einsatz der Humanressourcen eine Qualität des Unternehmens zu realisieren, die langfristig das Überleben sichert. Werte-, Prozeß- und Ergebnisqualität müssen hier gleichermaßen berücksichtigt werden. Qualitätsorientierte Personalverantwortliche versuchen, besonders in einer schlechten Wirtschaftslage, die unterschiedlichen Vorstellungen und Interessen durch kreative Lösungen in Einklang zu bringen, während Personalbürokraten sich dann in einer reinen Abwicklerfunktion sehen. Gerade in eher schwierigen Zeiten fällt die Personalverantwortung wesentlich stärker ins Gewicht, zumal der Mensch, seine Fähigkeiten und sein Engagement, zu einem wichtigen Erfolgsfaktor für das Unternehmen geworden sind. Rationalisierungsvorteile allein reichen nicht mehr aus, um sich im Wettbewerb zu behaupten. So liegt es auf der Hand, daß in einer solchen Situation Personalverantwortliche mit einem negativ geprägten Rollenverständnis die Situation eher verschärfen als auffangen. Alle positiven Ausprägungen können dagegen in Abhängigkeit vom Lebenszyklus des Unternehmens, von seinem Reifegrad und seiner Strategie als angemessen und erfolgreich eingestuft werden. Davon unberührt bleibt natürlich die Frage, ob die gesamten Personalaufgaben einem bestimmten Bereich im Unternehmen zugeordnet werden oder – ganz im Sinne des Personalmarketings – jeden im Unternehmen angehen.

Wer Personalmarketing erfolgreich realisieren will, muß über ein funktionsfähiges Controlling verfügen, das nicht nur in der Lage ist, ex post eine Kontrolle der eingesetzten Instrumente und Maßnahmen zu gewährleisten, sondern das auch – gleichsam als Frühwarnsystem – rechtzeitig Aufschluß über Veränderungen der Rahmenbedingungen des Personalmarketings liefert. Entscheidende Aktionsfelder sind hierbei der Wandel im Arbeitsmarkt, bei den gesellschaftlichen Werthaltungen, in der Technologie und in der Wirtschaft.

Die Notwendigkeit eines Controllings für das Personalmarketing ergibt sich also einerseits aus dem Selbstverständnis des Personalmarketings als einem dynamischen und integrativen Denk- und Handlungskonzept. Nur durch eine permanente Evaluation der Ziele, Strategien, Instrumente und Programme gelingt es, deren Effizienz und Effektivität auf Dauer zu gewährleisten. Andererseits sieht sich das Personalmanagement der meisten Unternehmen aus den geschilderten Gründen und unabhängig von der Rolle, die es sich selbst zuschreibt, heute mehr denn je gezwungen, seine Argumentationsfähigkeit im Wettbewerb um die Zuteilung finanzieller Mittel, personeller Ressourcen und unternehmensweiter Befugnisse entscheidend zu verbessern (*Bartscher/Steinmann*, 1990, S. 388). Zudem lassen sich durch ein systematisches Controlling sicherlich folgende Vorteile realisieren:

o Die Aktionsfelder, die den Mitarbeiter als strategischen Erfolgsfaktor aktivieren sollen, werden einer konsequenten Wirkungskontrolle unterzogen.
o Durch klare Erfolgsindikatoren entsteht Fairness im Führungsprozeß. Willkürliche Einzeleindrücke verlieren an Gewicht.
o Eine konsequente Umsetzungskontrolle fördert Vertrauen und Glaubwürdigkeit bezüglich der Realisation von Maßnahmen bei allen Mitarbeitern.
o Mitarbeiter mit Aufgaben im Personalmarketing erhalten einen Maßstab für ihren Erfolg und können so motiviert werden.

Aber, werden jetzt viele denken, Sachinvestitionen lassen sich rechnen, Investitionen in umfassende Personalkonzepte aber nicht. Dies gilt natürlich nur, wenn man lediglich quantitative Indikatoren und Meßgrößen heranzieht und alles in Mark und Pfennig ausdrücken will. Controlling für das Personalmarketing darf sich nicht auf die Gewinnung quantitativer Informationen beschränken, sondern muß viel stärker eigene qualitative Größen entwickeln und nutzen. Dies gilt einmal mehr, wenn man bedenkt, daß Personalmarketing als Philosophie einen entscheidenden Einfluß auf die zentralen Wettbewerbsfaktoren Wertequalität, Prozeßqualität und Ergebnisqualität hat.

7.1 Controlling als integratives Konzept

Controlling lediglich mit Kontrolle zu übersetzen oder gleichzusetzen, führt zu einem Controllingverständnis, das dem hier vertretenen Personalmarketinggedanken nicht entspricht, in der Praxis aber doch sehr häufig zu finden ist. Controlling wird so sogar zum Gegensatz von vertrauensvoller Zusammenarbeit. Gerade diese Vorbehalte können nicht nur für die Akzeptanz und Anwendung des Controllings im Rahmen einzelner Themenbereiche, sondern auch für das gesamte Aufgabenspektrum im Personalbereich sehr dysfunktional wirken.

Die Beschreibung des Controllings als Planungs- und Steuerungsinstrument schafft hier nur bedingt Abhilfe. Das Bild des traditionellen Regelkreises als Assoziation zur Steuerung weckt die Vorstellung einer eher außengesteuerten Vorgehensweise und läßt zumindest in gewissem Maße eine Kausalität zwischen den einzelnen Variablen des Regelkreises vermuten. Komplexere Aufgaben, turbulentere Umwelten und die neuen Technologien erfordern jedoch eine andere Sichtweise der Dinge. Mitarbeiter müssen sowohl besser ausgebildet als auch mehr sich selbst organisierende, d. h. selbstverantwortliche Mitarbeiter sein. Zudem scheint die Fähigkeit zur frühzeitigen Antizipation einschneidender Veränderungen und Abweichungen zwingend notwendig. Für das Controlling bedeutet dies, daß damit zum einen auch Ansätze und Instrumente zu einem Selbstcontrolling etabliert werden müssen (*Wunderer/Schlagenhaufer*, 1994, S. 13). Zum anderen ist hiermit eng verknüpft die Überlegung, daß ein Controllingsystem niemals geschlossen sein darf, sondern auch die Möglichkeit bieten muß, sich selbst, die grundlegenden Werte und Handlungsprämissen in Frage zu stellen sowie frühzeitig auf geänderte Rahmenbedingungen reagieren zu können (Frühwarnsystem).

Controlling so verstanden ist mehr Evaluation als Planung und Steuerung. Planung und Steuerung haben in diesem Sinne unterstützende Funktionen für die Evaluation. Zweck oder Ziel dieser Evaluation im Personalmarketing ist die Abschätzung von personalbezogenen Entscheidungen, insbesondere ihrer ökonomischen und sozialen Folgen. Die Dimensionen, die davon berührt werden, sind Effektivität, Effizienz und Kosten (Abb. 62), aber nach dem hier vertretenen Konzept sehr viel stärker auch die Qualität des Unternehmens und damit die zentralen Größen Werte-, Prozeß- und Ergebnisqualität.

Diese drei Ebenen des Controllings (*Wunderer/Sailer*, 1987, S. 601) sind dabei nicht als Alternativen, sondern als verschiedene Seiten einer Medaille zu sehen. Kostencontrolling versucht eine Kalkulation der Personalkosten und der Kosten für die Erstellung der Infrastruktur, die alle nutzen, die Personalverantwortung tragen, wobei dies in bestimmten Fällen eine eigens dafür geschaffene Abteilung sein kann. Nach dem hier vertretenen Personalmarketinggedanken ist es durchaus sinnvoll, Qualitätskosten in die Betrachtung einzubeziehen. Qualitätskosten entstehen immer dann, wenn es nicht gelingt, Mitarbeiter-, Kunden- und Prozeßorientierung optimal zu verwirklichen. Wirtschaftlichkeitscontrolling soll die Produktivität personalwirtschaftlicher Maßnahmen durch einen Vergleich von tatsächlichem mit geplantem Ressourceneinsatz abbilden. Hier ist aufgrund der Länge der Wirkungsketten und der daraus folgenden Schwierigkeit, über eine eindeutige Zielhierarchie die Planung und Steuerung des Personalbereichs mit der Erfolgssteuerung des Gesamtunternehmens zu verknüpfen, eine langfristige Perspektive zu wählen. Effektivitätscontrolling schließlich beschäftigt sich mit dem Beitrag von Personalmaßnah-

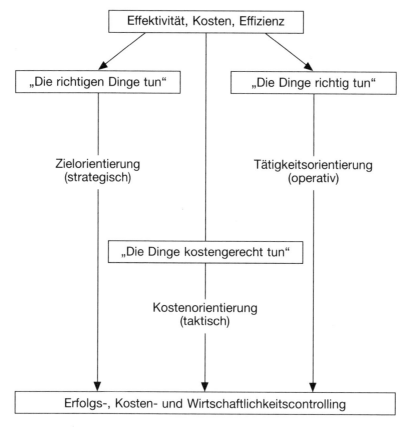

Abb. 62: Dimensionen des Controllings für das Personalmarketing

men zum Unternehmenserfolg. Als Ansatzpunkt kann wiederum die Qualität des Unternehmens als übergeordnetes Ziel dienen.

Über die Möglichkeiten zu einem Selbstcontrolling nachzudenken, hat auch Auswirkungen auf die grundsätzliche Sichtweise von Controlling. Ist es ähnlich wie Führung als eine Managementfunktion zu sehen, die weitgehend alle Führungskräfte innerhalb ihres Bereiches wahrnehmen sollten? Dies würde bedeuten, daß der Personalabteilung auch in diesem Zusammenhang eher eine koordinierende und unterstützende denn eine operativ ausführende Funktion zukommt. Oder ist Controlling Aufgabe eines Controllers, der demzufolge eine Unterstützungsfunktion für das Management ausübt und sowohl koordinierende und integrierende als auch operative Aufgaben wahrnimmt? Controlling wird so zur Funktion und Institution im Unternehmen.

Unumgänglich erscheint es, Controlling des Personalmarketings nicht nur als Evaluationsprozeß und Managementaufgabe, sondern als umfassenden Lernprozeß zu betrachten (Abb. 63). Es genügt nicht, aufgrund einer wahrgenommenen Abweichung der tatsächlich realisierten Ergebnisse von den angestrebten Ergebnissen oder Folgen des Handelns seine Strategie zu ändern oder zu überlegen, welche unvorhersehbaren und nicht beeinflußbaren Ereignisse die Abweichung verursacht haben könnten. Vielmehr ist die grundsätzliche Überprüfung aller handlungsleitenden Werte und Prämissen zwingend erforderlich, denn solange grundlegende Vorstellungen und Werte unverändert bleiben, ist es nicht möglich, Denk- und Handlungskonzepte und Strategien erfolgreich zu ändern. Dies ist ungleich schwieriger, da damit auch das Selbstverständnis von Personalmarketing und auch der Controllingprozeß selbst in Frage gestellt werden. Nur so ist eine wirkliche Weiterentwicklung möglich, nur so läßt es sich vermeiden, daß man sich im (Regel-)Kreis dreht.

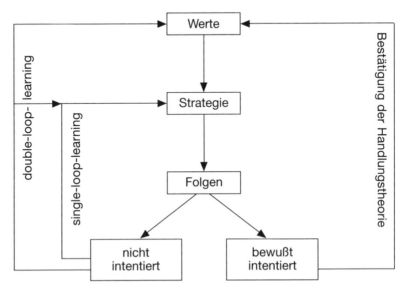

Abb. 63: Controlling als Evaluations- und Lernprozeß

Personalmarketingcontrolling ist und hat eine Philosophie, die grundlegend getragen wird von impliziten Annahmen über den sog. Faktor Personal im Unternehmen. Ein wichtiger Leitsatz ist: Abweichungen sind nicht grundsätzlich negativ, sondern ein Ansporn. Die Philosophie selbst ist die Art und Weise, wie man dieses Instrument entwerfen, gestalten und einsetzen will, welche Grundlagen und Ziele in seinen Kalkülen zum Ausdruck kommen und wie die Besonderheiten des Faktors Arbeit und des Menschen im Unternehmen berücksichtigt werden. Eine Controllingphilosophie muß sich demnach mit folgenden Prämissen und Besonderheiten auseinandersetzen (*Wunderer/Schlagenhaufer*, 1994, S. 12):

o Im Zentrum des Personalcontrollings steht das menschliche Potential sowie dessen Arbeitsergebnisse.
o Der Mensch als Ganzes und seine Persönlichkeit sind dabei nur ausschnittweise zu erfassen.
o Die menschliche Arbeit ist die eigentliche Quelle für Wertschöpfung im Unternehmen.
o Die Konstrukte „Wert" und „Wertschöpfung" entsprechen der Sichtweise von Controlling im Personalbereich, sind jedoch normativ belastet. Meßmethodische Probleme und enge Definitionen tragen ebenfalls zur Skepsis bei.
o Wertepluralität, ein geändertes Wertebewußtsein und ein stärkeres Selbstbewußtsein machen andere Organisationsumwelten nötig, was auch den Controllingbereich betrifft. Strategien und Funktionen müssen auch hier neu definiert werden.
o Je mehr Controlling als prognostische und antizipative sowie steuerungsorientierte Funktion verstanden wird, desto mehr werden damit die eingebauten Unsicherheiten und Risiken in diesem Bereich auch in bezug auf die Reaktionen von seiten der Mitarbeiter zu berücksichtigen sein. Controllinginstrumente in der gewohnten Art reichen damit sicher nicht mehr aus.

Eine so gestaltete Controllingphilosophie hat sicherlich auch Auswirkungen auf die daraus abgeleiteten Strategien, Handlungsprogramme und Instrumente. Auf der operativen Ebene muß man sich mit einigen Problemen und Besonderheiten auseinandersetzen.

Personalentscheidungen haben neben einer ökonomischen eine stark politische Dimension. Sie sind nur begrenzt autonom zu treffen. Man denke da nur an Unternehmensverfassung und Führungsgrundsätze. Personalentscheidungen haben häufiger einen Time-lag gegenüber Sachinvestitionen und sind dabei nur selten integraler Bestandteil. Obgleich also die Perspektive für Personalentscheidungen häufig langfristiger ist als für Sachentscheidungen, steht meist weniger Zeit zu deren Vorbereitung und Durchführung zur Verfügung. Zudem sind sie in ihrer Wirkung erst auf lange Sicht zu beurteilen. Hier kann Controlling integrierend wirken.

Vielfach hat man es mit eher indirekten Wirkungszusammenhängen und qualitativen Faktoren zu tun. Gerade indirekte Einflußfaktoren und qualitative Zusammenhänge, die zudem oft Schwankungen und Unsicherheiten unterliegen und daher nur schwer zu prognostizieren sind, sind kaum zu evaluieren und begrenzt erfaßbar. Schätzverfahren mit all ihren Nachteilen gewinnen an Bedeutung. Dies wird noch potenziert, wenn man soziale Folgen personaler Entscheidungen mit ins Kalkül zieht. Eine Ursachenanalyse und Erfolgszurechnung ist kaum mehr möglich, und herkömmliche Rentabilitäts- und Wirtschaftlichkeitskriterien können dann natürlich nicht mehr greifen. Es müssen in einem kreativen Prozeß neue Evaluationsmethoden, Maßstäbe und Kennziffern gesucht werden. Außerdem sind, wie schon angedeutet, die Wertmaßstäbe und Prämissen generell zu überdenken. Es muß gelingen, einen Ausgleich zu schaffen zwischen eher ökonomisch fundierten Größen und Verhaltens-, Prozeß- und Potentialkriterien. Vor dem Hintergrund der Zukunfts- und vor allem der Prozeßorientierung kommt dem Potential der Mitarbeiter eine zentrale Rolle zu bei der Abschätzung zukünftiger Chancen im Markt.

Noch einmal: Controlling ist im Rahmen des Personalmarketings sicherlich mehr als Steuerung und Kontrolle, nämlich Evaluation. Schlagworte, die den Kern des Konzepts beschreiben, sind: systematisch, integrierend, antizipativ und strategisch-gestaltend.

Der Controllingbegriff des Personalmarketings ist im Vergleich zum herkömmlichen Personalcontrollingbegriff weiter zu fassen in dem Sinne, daß neben Mitarbeitern auch Kunden und Umwelt als zentrale Bezugspunkte gesehen werden. Man kann deshalb vielleicht von einer stärkeren Außenorientierung und Ausrichtung auf (gesamt-)unternehmerische Zusammenhänge sprechen. Dabei gelten wesentliche Sachverhalte des Personalcontrollings auch hier uneingeschränkt. Als Begriff wird im folgenden neben Personalmarketingcontrolling auch Personalcontrolling oder der allgemeine Begriff Controlling verwendet. Personalmarketingcontrolling soll dann lediglich Besonderheiten akzentuieren.

7.2 Strategien auf dem Prüfstand

Endpunkte fixieren bedeutet: Ziele haben. Mittel und Wege finden bedeutet: Strategien planen. Viele Schritte gehen bedeutet: Programme realisieren. Ziele, Strategien und Handlungsprogramme sind die zentralen Bezugspunkte, an denen sich ein erfolgreiches Personalmarketing im Rahmen des Controllings messen lassen muß. Zwischen ihnen bestehen vielfältige Wechselbeziehungen (Abb. 64). Strategien legen die grundsätzliche Marschrichtung fest und stellen dabei die Verbindung her zwischen Zielen und ihrer Realisation in der konkreten Situation. Ihr Erfolg und ihre Angemessenheit zeigt sich jedoch erst an Erfolg oder Mißerfolg von Programmen und Maßnahmen. Erfolg ist wiederum nur mit Bezug auf die Ziele zu ermitteln. Einflüsse durch Mitarbeiter, Kunden und die Umwelt müssen hier vor dem Ziel der Schaffung einer Qualitätsorganisation miteinbezogen werden.

Abb. 64: Bezugspunkte eines Strategiecontrollings

Bei der Beschäftigung mit Personal(marketing)strategien stellt sich die grundsätzliche Frage, ob die diese der Unternehmensstrategie folgen oder ob die Unternehmensstrategie durch personale Entscheidungen determiniert wird (*Staehle*, 1990, S. 731). Dies ist wie so oft bei unternehmerischen Zusammenhängen das Henne-und-Ei-Problem. Man kann beide nicht losgelöst voneinander betrachten, schon gar nicht, wenn man Personalmarketing als neuen Unternehmensgedanken begreift. Personalcontrolling als eine Aufgabe strategischer Personalverantwortung kann hier sicherlich integrieren und koordinieren durch den Einsatz von Planungs-, Bewertungs-, Steuerungs- und Kontrollinstrumenten auf der Grundlage einer personalorientierten Evaluationsphilosophie.

Aufgabe ist dabei die Wirkungsanalyse von instrumentellen, funktionalen und ökonomischen Entscheidungen sowie die Integration sozialer und ökonomischer Sachverhalte. So verstanden kann Personalmarketingcontrolling auch Informationen zur Evaluation von Unternehmensstrategien liefern. Dies gelingt aber nur, wenn Kundenorientierung, Mitarbeiterorientierung und Umweltorientierung gleichermaßen im Mittelpunkt stehen. Unter strategischen Gesichtspunkten müssen demnach folgende Aufgaben erfüllt werden (*Wunderer*, 1993, S. 139):

o Koordination der Personalplanung mit der Unternehmensplanung sowie mit anderen Bereichsplänen vor allem unter dem Gesichtspunkt der Bereitstellung erforderlicher Personalressourcen durch eine strategisch orientierte Personalplanung
o Abschätzung von wichtigen Einflußfaktoren auf alle zukünftigen personalwirtschaftlichen Sachverhalte (qualitativ und quantitativ), und dies insbesondere im Hinblick auf deren Einfluß auf die zentralen Dimensionen Werte-, Prozeß- und Ergebnisqualität
o Planung, Bewertung und Kontrolle von Leistungspotential und Leistungsmotivation sowie der Leistungsergebnisse und -kosten der Mitarbeiter
o Klärung von Schnittstellen zwischen dem Personalbereich und anderen Unternehmensbereichen in bezug auf die damit verbundenen Controllingaufgaben
o Übersicht über Struktur und Entwicklung der Personal- und damit Qualitätskosten und dadurch bessere Entscheidungsgrundlagen im Sinne einer marktorientierten Sichtweise und Perspektive

In der Praxis haben dabei sicherlich die Analyse und Überwachung der Personalkosten(struktur) ein ganz besonders hohes Gewicht. Dies hängt sicher mit dem steigenden Kostendruck und dem gestiegenen internen Wettbewerb um finanzielle und personelle Ressourcen zusammen. Eine solche Einengung auf den Kostenaspekt ist vor dem Hintergrund des hier vertretenen Personalmarketingkonzeptes auf Dauer wenig effektiv.

Sieht man Personalcontrolling als unternehmensinternes Planungs- und Kontrollsystem für das Personalmarketing, das die Umsetzung von Strategien in konkrete Maßnahmen überwachen und somit auch einen Beitrag zur Steuerung des Unternehmens leisten soll (*Weber*, 1990, S. 63), lenkt das den Blick auf einen weiteren Aspekt strategischer Kontrolle, die Evaluation der Personalmarketingstrategien selbst. Noch einmal: Kontrolle wird nach dem hier vertretenen Ansatz positiv gesehen und nicht als Gegensatz zu vertrauensvoller Zusammenarbeit, Kontrolle geht auch weiter, als Abweichungen lediglich zu konstatieren. Bei der Evaluation von Personalmarketingstrategien lassen sich grundsätzlich drei Ansatzpunkte unterscheiden:

o Prämissenkontrolle
o Fortschrittskontrolle
o Ergebniskontrolle

Die Prämissenkontrolle soll zeigen, ob die der Strategieentwicklung zugrundeliegenden Annahmen, Werte und Wirkungszusammenhänge, kurzum alle Informationen, die für ihre Entwicklung erhoben und verwertet wurden, richtig waren. So gesehen ist sie aber nicht nur eine Rückschau, sondern auch ein Blick nach vorn. Richtig bedeutet in diesem Zusammenhang, neben der Bewertung der Aktualität der Informationen auch ein Augenmerk darauf zu haben, welche Informationen ausgewählt werden müssen und welche dabei die größte Wichtigkeit haben. Es gilt hier, Trends und Entwicklungen zu beobachten und kritisch zu hinterfragen, ob die eigene Wahrnehmung der Realität angemessen ist. Im Rahmen der Prämissenkontrolle kann beispielsweise überprüft werden, in welcher Lebenszyklusphase sich das Unternehmen befindet oder welches Personalmarketingszenario, Gorilla, Haifisch oder Delphin, zutreffend ist. Beides liefert Informationen über den Reifegrad des Unternehmens, der ja, wie schon gesagt, ein wichtiger Faktor ist für die Bestimmung der Strategie.

Die Fortschrittskontrolle ist ein wesentlicher Aspekt für die Aufrechterhaltung des Umsetzungsprozesses. Sie soll zum einen helfen, den Bedarf für eine Anpassung der Umsetzung aufzuzeigen. Zum anderen ist sie auch ein wichtiges psychologisches Moment, und zwar aus folgenden Gründen: Wer sieht, daß seine Vorhaben Schritt für Schritt verwirklicht werden, schöpft daraus eine ungeheure Motivation. Zudem können so einmal angefangene Projekte nicht still und leise im Sande verlaufen. Wichtige Voraussetzung ist aber ein gewisses Maß an Ehrlichkeit.

Ergebniskontrolle bedeutet, den Erfolg messen. Konnten die angestrebten Ziel nicht erreicht werden, muß eine Abweichungsanalyse Antwort auf folgende Fragen liefern:

o Sind bei der Festlegung der Ziele Fehler gemacht worden? Vielleicht aufgrund unkorrekter Annahmen?
o Sind die Abweichungen auf Fehler bei der Strategieumsetzung zurückzuführen?
o Welche unvorhersehbaren Ereignisse sind vielleicht ursächlich für die Abweichung verantwortlich?

Eine Evaluation der Personalmarketingstrategien darf hier nicht haltmachen, sondern muß versuchen, auch die Bewertung der Strategien und deren Umsetzung durch die Mitarbeiter zu erfassen, beispielsweise durch Beobachtung, Befragung oder Dokumentenanalyse (*Wunderer/Schlagenhaufer*, 1994, S. 46). Personalmarketingcontrolling leistet so einen wichtigen Beitrag zur offenen Kommunikation und vertrauensvollen Zusammenarbeit im Unternehmen. Controlling wird zum Kommunikator. Außerdem dürfen auch hier Aspekte des Kosten-, Effizienz-, und Effektivitätscontrollings (quantitative Orientierung) nicht vernachlässigt werden.

Zusammenfassend betrachtet leistet Controlling neben der Wahrnehmung strategischer Aufgaben Wesentliches zur Evaluation von Personalmarketingstrategien. Nicht vergessen werden sollte der Beitrag zur Integration von Unternehmens- und Personalstrategien.

7.3 Die Idee des wertvollen Mitarbeiters

Obwohl in unserer Gesellschafts- und Wirtschaftsordnung sehr schnell nach dem Wert und dem Nutzen der Dinge gefragt wird, ist der Gedanke, den Wert eines Mitarbeiters für das Unternehmen zu ermitteln und in strategische sowie operative Überlegungen einzubeziehen, noch relativ neu und dementsprechend selten. Liegt das vielleicht an den Schwierigkeiten, die mit der Wertbestimmung verbunden sind, oder meinen wir, wenn wir vom Wert sprechen, doch eher die Kosten? Zudem ist der Begriff Wert vielfach stark normativ belastet und erscheint deshalb als objektiver Maßstab nicht adäquat. Aus Sicht des Personalmarketings ist die Beschäftigung mit dem Wert eines Mitarbeiters für das Unternehmen im Rahmen von Controllingüberlegungen von zentraler Bedeutung. Die Fragen, die bleiben sind: Wie kann man diesen Wert bestimmen, und was ist überhaupt Wert in diesem Zusammenhang?

Die Beschäftigung mit Wert und Wertschöpfung beginnt mit der Frage von Karl Marx, welcher Produktionsfaktor überhaupt einen Mehrwert erzielen könne. Sie scheint aber auf dem Weg in unsere moderne Industriegesellschaft vorübergehend verlorengegangen zu sein. Heutzutage deckt sich die Sichtweise in der Praxis weitgehend mit der Auffassung, daß der Mensch beziehungsweise seine Arbeit wertschöpfend sei, jedenfalls wenn man den nach außen verbreiteten Parolen Glauben schenken darf. Wertschöpfung wird streng ökonomisch definiert als Differenz zwischen den vom Unternehmen abgegebenen und den vom Unternehmen übernommenen Leistungen oder positiv als die Eigenleistung des Unternehmens (*Wunderer*, 1992, S. 205). Im Kontext des hier beschriebenen qualitätsorientierten Personalmarketings ist jedoch zu überlegen, ob und wie die Qualitätsdimensionen Werte-, Prozeß- und Ergebnisqualität durch den Wertschöpfungsbegriff erfaßt werden können. Mit der Beschränkung auf rein monetäre Größen wird dies sicherlich nicht gelingen.

Wert und Qualität sind zwei Größen, die sich nur sehr schwer definitorisch fassen lassen. Beide sind in starkem Maße abhängig von der subjektiven Wahrnehmung und somit auch von Interessen, Erfahrungen, Einstellungen und Stimmungslagen derjenigen, die sie in der konkreten Situation bestimmen. Wert und Qualität sind also auch zeitabhängig. Eine näherungsweise Begriffsbestimmung erhält man, wenn man Wert und Qualität beschreibt als den Nutzen, den etwas für eine bestimmte Zielgruppe bringt. Im Falle des Personalmarketings wäre der Wert personalwirtschaftlicher Leistungen bestimmt durch den Nutzen, den die internen und externen Kunden, d.h. alle Zielgruppen im beschriebenen Aktionsportfolio, haben oder, besser gesagt, wahrnehmen. Der Wert des Mitarbeiters für das Unternehmen wäre folgerichtig der Nutzen, den er für das Unternehmen in Form seiner Leistungsbeiträge oder seines Leistungspotentials hat. Der Wert eines Mitarbeiters liegt aber auch in seiner Persönlichkeit. Nutzen aus Sicht des Personalmarketings muß sich immer am Beitrag der erbrachten Leistungen zur Werte-, Prozeß- und Ergebnisqualität messen lassen.

Konzepte, die sich damit beschäftigen, den Wert aller Mitarbeiter des Unternehmens (Humanressourcen) zu erfassen, sind die Ansätze der Humanvermögensrechnung oder auch Human Value Accounting (Abb. 65). Da es einen Wert des Humanvermögens an sich nicht gibt, kann eine exakte und umfassende Bewertung nicht realisiert werden. Die Lösung sind hier Ersatzgrößen, die einmal von der Input-Seite betrachtet die Kosten bzw. Aufwendungen für das Humanvermögen als Wert ansetzen und zum anderen von der

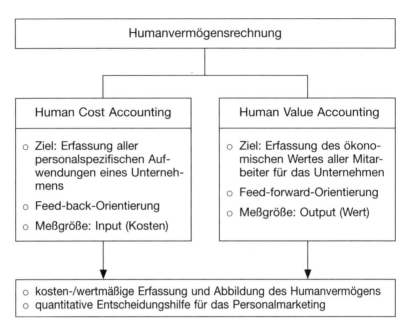

Abb. 65: Ansätze der Humanvermögensrechnung (in Anlehnung an: *Wunderer/Schlagenhaufer*, 1994, S. 81)

Output-Seite betrachtet den Leistungsbeitrag der Mitarbeiter oder Salden aus Aufwand und Ertrag heranziehen (*Bartscher/Steinmann*, 1990, S. 393).

Eine solche quantitativ-orientierte Betrachtungsweise des Mitarbeiters, der ja im Rahmen der Humanvermögensrechnung quasi als langlebiges Investitionsgut betrachtet wird, kann sicherlich nicht den Menschen als Ganzes und seinen wirklichen Wert für das Unternehmen erfassen. Der Mitarbeiter verkommt zum Investitionsobjekt, eine Sichtweise, die man aus der Sicht des Personalmarketings sicherlich nicht teilen kann, jedenfalls nicht als alleinige Perspektive.

Was diese Ansätze auf jeden Fall leisten, ist, ein Bewußtsein zu bilden für den Wert eines Mitarbeiters. Bisher werden Mitarbeiter in der Praxis eher als Kostenfaktoren und Personalfreisetzungen als Möglichkeiten zur Kostenreduzierung gesehen (*Bartscher/Steinmann*, 1990, S. 400). Die Hauptaufgabe dieser Konzepte kann nur in einer Ergänzung der qualitativen Zielgrößen innerhalb des Personalmarketings liegen.

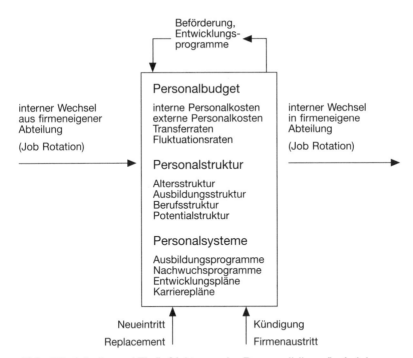

Abb. 66: Inhalte und Einflußfaktoren der Personalbilanz (in Anlehnung an: *Wunderer/Schlagenhaufer*, 1994, S. 84)

Ebenfalls ergänzenden Charakter haben auch Personalbilanzen (Abb. 66). Denn will man die Qualität der Mitarbeiter erfassen, läuft man mit einer Beschränkung auf die Personalbilanz Gefahr, sich zu stark auf quantitative Ziele zu konzentrieren oder bestimmte Aspekte personalwirtschaftlicher Aufgaben nicht zu berücksichtigen (*Wunderer/Schlagenhaufer*, 1994, S. 84). Auch Personalmarketing kann in einer Personalbilanz nicht oder nur sehr schwer abgebildet werden, da man lediglich versucht, Stärken und Schwächen der Personalstruktur sichtbar zu machen.

Führt man den Wertschöpfungsgedanken konsequent und nicht nur quantitätsorientiert weiter, so liegt es nahe, die Personalabteilung aus der Sicht des Wertschöpfungs-Center-Ansatzes zu betrachten (Abb. 67 s. S. 266). In diesem Denkmodell ist die Personalabteilung quasi ein Unternehmen im Unternehmen, das alle Grundfunktionen, wie Forschung, Entwicklung, Erstellung von Produkten, Marketing und Verwaltung, selbständig und eigenverantwortlich ausübt

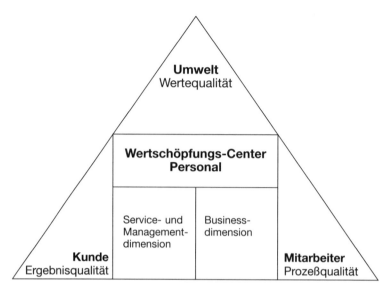

Abb. 67: Wertschöpfungs-Center Personal (in Anlehnung an: Wunderer, 1994, S. 260)

(*Wunderer/Schlagenhaufer*, 1994, S. 93). Wird die Personalabteilung als eine Wertschöpfungseinheit verstanden, dann liegt ihre (strategische) Aufgabe darin, als Unternehmen im Unternehmen Wettbewerbsvorteile aufzubauen, die dann Wertschöpfung für das Unternehmen insgesamt sind. Wettbewerbsvorteile entstehen gemäß der hier vertretenen Sichtweise vor allem dadurch, daß es gelingt, im Rahmen eines qualitätsorientierten Personalmarketings als Arbeitgeber attraktiv zu erscheinen. Die Personalabteilung wird so zu einem Leistungs- und Servicezentrum und strategischen Erfolgsfaktor für das Unternehmen.

Über die Differenzierung in zwei Hauptdimensionen, eine Management- und Service- sowie eine Business-Dimension, gelingt es, qualitative und ökonomische Aspekte gleichermaßen in die Betrachtung zu integrieren. Die Management- und Servicedimension konzentriert den Wertschöpfungsaspekt auf eine bedürfnis- und bedarfsgerechte sowie eine innovative, flexible, professionelle und problemlösungsorientierte Unterstützung der wesentlichen Zielgruppen des Personalmarketings (*Wunderer*, 1992, S. 205) und trägt so zur Sicherung von Werte-, Prozeß- und Ergebnisqualität bei. Abbildung 68 zeigt die wesentlichen Unterstützungsleistungen der

Abb. 68: Elemente des Wertschöpfungs-Centers (Quelle: *Wunderer*, 1994, S. 261)

Personalabteilung aus dieser Sicht. Die Business-Dimension des Wertschöpfungs-Centers dagegen konzentriert sich auf klassische ökonomische Größen: Kosten und Aufwendungen, bewertbare Leistungen und Erträge sowie Differenzen und Relationen zwischen beiden.

Wer Personalmarketing als Wertschöpfungs-Center begreift, das sowohl qualitative als auch quantitative Aspekte integriert, kann der quantitativen Bewertung des Mitarbeiterpotentials lediglich unterstützende Funktion zugestehen, auch und gerade im Rahmen des Personalmarketingcontrollings. Bei einer solchen Sichtweise ist eine sog. Scheinlegitimation durch Quantifizierung obsolet. Der Wert eines Mitarbeiters ist dann auch sein Wert als Persönlichkeit, der nicht durch die Rendite als Anlageobjekt bestimmt wird.

7.4 Controlling und Qualitätsmanagement

Für den Nutzen eines Personalmarketingcontrollings ist es von zentraler Bedeutung, sich Gedanken zu machen, welche Maßstäbe und Meßgrößen angelegt werden sollen. Dies betrifft vor allem die Frage, ob eher qualitative oder quantitative Größen für die Evaluation des Personalmarketings herangezogen werden sollten, welche Größen dabei sinnvoll erscheinen und ob nicht die Integration qualitativer und quantitativer Maßstäbe notwendig und am ehesten erfolgversprechend ist. Letzteres ist vor allem deshalb interessant, weil eher kurzfristig angelegte Maßnahmen des Personalmarketings vielfach über weitverzweigte Wirkungsnetze mit langfristigen, nicht quantitativ erfaßbaren Tatbeständen verknüpft sind. Das Ganze ist eben mehr als die Summe seiner Teile. Dieses Ganze abzubilden kann sicherlich nicht gelingen, wenn Maßstäbe und Meßgrößen zu einseitig ausgerichtet sind.

Wer die Zeichen der Zeit erkennt, schreibt sich Qualität auf seine Fahnen. Dabei geht es nicht um eine kurzfristige Modeerscheinung, die man eben mal mitmacht und die im nächsten Jahr wieder ganz anders aussehen kann, sondern um eine langfristige strategische Ausrichtung. Es gilt, in einer schnellebigen Zeit die Balance zu finden zwischen der Anpassung an eine immer größere Umweltdynamik und der Notwendigkeit, sich nicht ständig wie ein Fähnchen im Wind zu drehen, sondern sich auch selbst treu zu bleiben. Die Devise lautet immer noch: Sowohl als auch statt entweder oder. Qualität als Grundsatz und Leitmaxime für das Personalmarketing ist hier schon mehrfach diskutiert worden. Dies sei hier nochmals herausgehoben, um ihre Bedeutung für das Personalmarketing und für die Ausrichtung und Führung des Unternehmens allgemein herauszustreichen. Maßstäbe, Steuerungs-und Evaluationsgrößen für Qualität müssen sicherlich in erster Linie qualitativ sein.

Durch die Herkunft des Controllingansatzes aus der finanzwirtschaftlichen Sphäre sind Überlegungen für ein Controlling im Personalbereich jedoch vielfach stark quantitativ geprägt. Gerade im Finanzbereich versuchen Heerscharen von Controllern, Kosten, Aufwendungen, Investitionen und Erträge, kurzum sämtliche monetären Größen in einem Unternehmen, mit immer ausgefeilteren Methoden und Instrumenten möglichst exakt und zeitnah zu erfassen. Durch eine unreflektierte Übernahme einer solchen Controllingphilosophie oder eine übereifrige Konzentration auf die Quantifizierung personalwirtschaftlicher Sachverhalte begibt sich das Personalmarketingcontrolling in einen Wettbewerb, den es nicht gewinnen kann und auch nicht gewinnen muß. Denn die Besonderheiten des sog. Faktors Personal erfordern eigenständige und paßgenaue Instrumente auch für das Controlling.

Durch die Betrachtung des Personalmarketings als Wertschöpfungs-Center mit einer primär qualitativ orientierten Management- und Servicedimension sowie einer hauptsächlich quantitativ ausgerichteten Businessdimension ist schon vieles gesagt (*Wunderer*, 1994, S. 260). Zum einen können so personalpolitische Sachverhalte mit marktorientierten Problemen verknüpft werden, was den Personalbereich von dem Vorwurf befreit, unternehmerische Aspekte personalwirtschaftlichen Handelns zu vernachlässigen. Zum anderen liegt es auf der Hand, daß zu einem solchen Konzept nur ein Controlling paßt, das qualitative und quantitative Maßstäbe integriert. Zentrale Bezugsgröße muß dabei der Nutzen sein.

Trotzdem eine Trennung in qualitatives und quantitatives Controlling vorzunehmen, wie dies in der Diskussion um ein Controlling für den Personalbereich oft getan wird, ist sinnvoll, um aus den wesentlichen Merkmalen und Begrenzungen beider Sichtweisen Gestaltungsempfehlungen für ein integriertes Konzept abzuleiten (Tabelle 12).

Tabelle 12: Quantitatives und qualitatives Personalcontrolling

	Quantitäts-orientierung	**Qualitäts-orientierung**
Konzept	Wirkungskettendenken (kausal)	Wirkungsnetzdenken (integrativ)
Maßstab	materiell	materiell und immateriell
Meßgrößen	Kennzahlen	Leitbild Kennzahlen
Ziel	Gewinnmaximierung durch quantitatives Wachstum	Existenzsicherung durch qualitatives Wachstum
Perspektive	kurzfristig	langfristig
Steuerung	Gewinnsteuerung	Potentialsteuerung
Szenario-Typ	Gefräßiger Haifisch	Kooperativer Delphin

Damit das Personalcontrolling seine zentralen Funktionen (Lotsen-, Evaluations-, Integrations- sowie Informations- und Servicefunktion) bestmöglich erfüllen kann, ist es notwendig, Kennzahlen und Instrumente systematisch und zielorientiert zu einem System zu integrieren. Für ein solches System gibt es sicherlich keine allgemeingültige Struktur, vielmehr muß es den individuellen Bedürfnissen des Unternehmens entsprechen (*Schulte*, 1990, S. 364).

Zentrale Zielsetzungen wie beispielsweise die Sicherung von Prozeß-, Ergebnis- und Wertequalität bilden dabei den Ausgangs-

Tabelle 13: Kennzahlen und Instrumente des Personalmarketingcontrollings

	Quantitative Information	**Qualitative Information**
Prozeßqualität	Fluktuationsrate	Mitarbeitergespräche
	Absentismus	Beurteilungsverfahren
	Nutzungsgrad von Sozialleistungen	Assessment Center
		Management-Audit
	Weiterbildungskosten pro Mitarbeiter	Arbeitsklimauntersuchung
(Mitarbeiter)	Leitungsspanne	
Ergebnisqualität	Beschwerderate	Kundenzufriedenheitsanalyse
	Absatzkennzahlen	Imageforschung
	Mitarbeiterproduktivität	Werbewirksamkeitsanalyse
	Vorstellungsquote	
	Beschaffungskosten pro Eintritt	Tests am Arbeitsmarkt
(Kunde)		Stärken-/Schwächenanalyse
Wertequalität	Frauenanteil	Szenario-Technik
	Behindertenanteil	Einstellungsforschung
	Zahl der Ausbildungsplätze	Arbeitsmarktforschung (Verhaltensaspekte)
	Kosten für soziales Engagement	Berufsbildanalyse
(Umwelt)	Kosten für Umweltschutz	Delphi-Methode

punkt der Überlegungen. Die daraus abgeleiteten Aufgaben, Programme und Maßnahmen sind in ihren Auswirkungen nach innen und außen sowie in ihrer Wirkungsweise zueinander zu analysieren. Als letztes erfolgt dann die Bestimmung qualitativer und quantitativer Kennzahlen und Meßgrößen sowie die Auswahl der Instrumente zur Erhebung der dazu notwendigen Informationen. Wichtig ist in diesem Zusammenhang auch die Bestimmung des Erhebungszeitraumes.

In Unternehmen, die schon auf dem Weg zum kooperativen Delphin sind, sind viele Funktionen und Instrumente (z. B. Personalstatistiken, Personalinformationssystem, Evaluation der Ausbildung) schon eingesetzt oder zumindest in Ansätzen vorhanden. Es geht aber nun darum, diese für das Personalcontrolling nutzbar zu machen, indem sie mit klaren Zielsetzungen eingesetzt und auf die Evaluation ausgerichtet werden.

Einen Überblick über mögliche Kennzahlen und Erhebungsmethoden gibt Tabelle 13. Dabei werden die aus Personalmarketingsicht für ein Unternehmen zentralen Erfolgsfaktoren Ergebnis-, Prozeß- und Wertequalität zur Systematisierung verwendet und gleichzeitig als allgemeine Ziele und Maßstab des Personalmarketingcontrollings betrachtet.

7.5 Instrumente eines ganzheitlichen Prozeßcontrollings

Controlling bedeutet nicht nur, aber auch, Informationen zu beschaffen. Dabei benutzt das Controlling als letzter und zugleich erster Schritt bei der Realisierung eines ganzheitlich verstandenen Personalmarketings viele der schon bei der Informationsbeschaffung angesprochenen Instrumente. Gleichzeitig sind Maßnahmen und Programme der Unternehmensentwicklung (Kapitel 4) immer auch Möglichkeiten und Chancen, controllingrelevante Informationen zu erhalten. Nur wer Augen und Ohren immer offen hält, kann sich umfassend informieren. Aus diesem Grund werden hier nur einige der Instrumente im Rahmen des Controllings angesprochen, die bisher noch nicht diskutiert worden sind: Exit- und Transfergespräche, Management-Audits und Möglichkeiten zur Selbstkontrolle, weil Controlling insbesondere vor dem Hintergrund des gestiegenen Selbstbewußtseins der Mitarbeiter auch Möglichkeiten zum Selbstcontrolling beinhalten muß. Insgesamt reicht das Spektrum der Instrumente von klassischen personalwirtschaftlichen wie Personalplanung, -beurteilung, -befragung und Assessment Center über die sehr stark quantitativ orientierten Ansätze der Humanvermögensrechnung bis hin zu strategischen wie Szenario-Technik, Stärken-Schwächen-Analyse und Portfolio-Betrachtungen (*Wunderer/Schlagenhaufer*, 1994, S. 67).

Begreift man Personalmarketingcontrolling als kontinuierlichen Lern- und Entwicklungsprozeß, so liegt klar auf der Hand, daß Evaluation durch Controlling nicht nur dann angesagt ist, wenn man gerade nichts Besseres vorhat, sprich: keine dringenderen Probleme anliegen, sondern fest institutionalisiert werden muß. Dies bedeutet auch, alle Instrumente nicht nur sporadisch einzusetzen. Denn gerade der Vergleich über die Zeit liefert interessante Informationen und gibt im Falle einer positiven Entwicklung Kraft und Motivation.

Nur zur Orientierung: Als Funktionen und Instrumente, die für Praktiker von besonderer Bedeutung sind, ermittelten *Wunderer/ Sailer* (1988, S. 120):

o Ermittlung und Auswertung personalwirtschaftlicher Kenngrößen (z. B. Arbeitsproduktivität, Wertschöpfung, Personalstruktur, Absenz- und Fluktuationsraten) integriert in einem Personalinformationssystem (98%)
o Personalbedarfsplanung verstanden als quantitative, nicht als qualitative Potential- und Entwicklungsplanung (94%)
o Personalbudgetierung und Personalkostenrechnung (83%)

Die hier schon mehrfach angesprochene starke Quantitätsorientierung der Praxis wird durch diese Ergebnisse belegt. Es gibt also noch viel zu tun.

Exitgespräche

Exit- oder Austrittsgespräche können als persönliches Gespräch oder als schriftliche Befragung mit aus dem Unternehmen ausscheidenden Mitarbeitern durchgeführt werden. Ziel ist es, Informationen über die Trennungsgründe und -motive und dadurch wichtige Personalmarketinginformationen zu erhalten. Außerdem kann ein bereits beendetes oder zu Ende gehendes Arbeitsverhältnis nach bestimmten Kriterien bewertet werden, und zwar von beiden Seiten, dem Mitarbeiter und dem Unternehmen, vertreten durch den direkten Vorgesetzten oder jemanden aus dem Personalbereich. Sinnvoll ist es, wenn alle ausscheidenden Mitarbeiter ohne Unterschied der Stellung und Funktion grundsätzlich an Exitgesprächen teilnehmen. Diese Vorgehensweise erhöht sicherlich die Zuverlässigkeit und Gültigkeit der Exitgespräche.

Jedes Unternehmen muß sich bemühen, eine langfristige Personalstruktur aufzubauen und zu erhalten. Kontinuität in Positionen ist eine grundlegende Voraussetzung für die Umsetzung aller Strategien im Unternehmen. Personalmarketing ist damit auch für die Gewährleistung einer funktionsfähigen Personalstruktur verantwortlich. Kontinuität heißt jedoch nicht: halten um jeden Preis. Eine Ursachenklärung, vielleicht schon bevor der Austritt aus dem Unternehmen akut wird, kann als Alternativlösungen die Versetzung, die Weiterentwicklung und erst als letzte Alternative die Beendigung des Arbeitsverhältnisses aufzeigen. Letztere ist, wenn sie sich als einzig mögliche herauskristallisiert, auch konsequent durchzuführen. Outplacement bietet sich dann unterstützend an.

Exitgespräche sind im Rahmen des Personalmarketingcontrollings multifunktional: Sie erforschen Fluktuationsgründe und -motive, liefern Informationen über die Korrekturbedürftigkeit der Personalmarketingpolitik, beschreiben allgemeine Problembereiche im Unternehmen, analysieren und diagnostizieren die Führungsstruktur und schaffen ein positives Image (intern und extern).

Der Auflösung eines Arbeitsverhältnisses gehen oft Unzufriedenheit und Frustrationen voraus. Sie stellt somit in den meisten Fällen die Endphase eines länger andauernden Prozesses dar, an dessen Ende die Fronten auf beiden Seiten oftmals verhärtet sind und so die Gewinnung wirklich objektiver Informationen in einem Abschlußgespräch erschweren.

Die Besonderheit und Sensibilität der Situation erfordert eine besonders sorgfältige Vorbereitung von Exitgesprächen. Die Anfertigung eines Gesprächsleitfadens kann hier hilfreich sein. Dieser sollte folgende Mindestinhalte haben:

o Angaben zur Person des Mitarbeiters
o Gründe des Ausscheidens
o Arbeitsbedingungen
o Teamarbeit und Kooperationsfähigkeit
o Einstellung zur Unternehmenskultur und -philosophie
o Realisierte und geplante Entwicklungsmaßnahmen und mögliche Aufstiegschancen
o Führungsverhalten und Verhalten gegenüber Vorgesetzten
o Bisher ausgeübte Tätigkeit und angestrebte Position
o Gehalt und Sozialleistungen
o Bewertung der Personalpolitik
o Bewertung der Unternehmenspolitik

Der Nutzen des Exitgesprächs hängt entscheidend von der konstruktiven Mitarbeit der ausscheidenden Mitarbeiter, aber auch von der Offenheit und Ehrlichkeit ab, mit der nach Gründen für das Ausscheiden gefragt wird. Wo das Personalmarketing nicht glaubwürdig ist, wird die Basis für Exitgespräche sehr schwach sein. Sie werden zu einer Prozedur, die man ähnlich wie den Besuch beim Zahnarzt über sich ergehen läßt. Wichtigste Voraussetzung für ein produktives Gespräch ist eine ruhige und positive Atmosphäre. Beide Gesprächspartner müssen mit der Vorstellung in das Gespräch gehen, daß der jeweils andere o.k. ist. Eine sog. Ich-bin-o.k. – Du-bist-o.k.-Situation ist die beste Gesprächsgrundlage (*Harris*, 1975, S. 54). Wichtige Grundlagen der Kommunikation, wie sie in Kapitel 4 bereits beschrieben wurden, sind zu beachten.

Für ein Exitgespräch sollte man sich genausoviel Zeit nehmen wie für ein Einstellungsgespräch, der Zeitrahmen ist also in etwa gleich. Zwischen Tür und Angel geführte Exitgespräche bringen niemals Nutzen. Der Termin für das Gespräch sollte, je nach Kündigungsfrist, zu Beginn des letzten Arbeitsmonats liegen.

Nicht zu unterschätzen ist auch die Wirkung, die die Durchführung von Exitgesprächen auf die im Unternehmen verbleibenden Mitarbeiter hat. Sie werden vielleicht ermutigt, selbst Kritik zu üben, aber nur, wenn den Worten auch Taten folgen, d. h. die Erkenntnisse aus den Gesprächen auch für sie spürbar umgesetzt werden. Denn man kann immer davon ausgehen, daß sie die gleichen oder ähnliche Kritikpunkte haben oder zumindest um die der anderen wissen.

Transfergespräche

Transfergespräche mit Mitarbeitern, die ihren Arbeitsplatz innerhalb des Unternehmens wechseln, sind ein weiteres wichtiges Instrument. Die grundsätzliche Situation ist hierbei sicherlich anders, geht es doch nicht um eine Trennung, sondern lediglich um eine Änderung der Zusammenarbeit, im positivsten Fall sogar um eine Beförderung oder Ausweitung der Kompetenzen.

Für Transfergespräche ergeben sich deshalb zwangsläufig andere Befragungsinhalte als für Exitgespräche. Denn hier geht es auch darum, die gemeinsame Zukunft zu planen und zu gestalten, weshalb hier sehr viel stärker auf Wünsche und Vorstellungen des Mitarbeiters eingegangen werden muß. Grundsätzlich gelten aber viele bereits beschriebene Dinge auch hier gleichermaßen. Getreu dem Grundsatz der Kommunikation: Wer fragt, der führt, können

Wünsche und Vorstellungen der Mitarbeiter nicht in einem Monolog des Vorgesetzten gefunden werden. Fragen, fragen und nochmals fragen ist hier die einzig erfolgversprechende Vorgehensweise.

In der Tat können innerhalb des Unternehmens wechselnde Mitarbeiter wertvolle Detailinformationen über Prozesse, Führung und Zusammenarbeit geben. Beispielsweise ermöglicht vielleicht ein Abteilungswechsel es manchem Mitarbeiter eher, sich kritisch über den Führungsstil seines Vorgesetzten zu äußern oder andere organisatorische Defizite offenzulegen.

Insgesamt zeigt das bisher Gesagte, daß die Ergebnisse sowohl von Exit- als auch von Transfergesprächen als Grundlage dienen für weitere Vorgehensweisen und Maßnahmen. Mit der Auswertung der Exit- und Transfergespräche werden oftmals zentrale Aktionsfelder für das Personalmarketing begründet. Als Ursachen für die Trennung stellen sich häufig Schwächen in der Unternehmens- und Führungskultur heraus. Die Gründe einer erfolgreichen Zusammenarbeit hängen immer sowohl vom Leistungspotential des Mitarbeiters als auch von den Leistungsbedingungen ab, die er im Unternehmen vorfindet. Die Gestaltung der Leistungsbedingungen muß im Rahmen des Personalmarketings vor allem unter dem Gesichtspunkt der Beziehungspflege und Mitarbeiterorientierung (Prozeßqualität) betrachtet werden.

Management-Audit

Dreh- und Angelpunkt dieses Ansatzes ist die Frage: Wie fit ist eigentlich das Management eines Unternehmens insbesondere auf der oberen und der Top-Ebene? Sind die Führungskräfte fähig, die Herausforderungen der Zukunft zu meistern? Als Maßstab können hier sowohl ökonomische Effizienzkriterien als auch stärker verhaltensorientierte Variablen angelegt werden. Ein Management-Audit hat, egal ob nach quantitativen oder qualitativen Kriterien ausgerichtet, bei konsequenter Durchführung weitreichende Konsequenzen für die Organisations- und Personalpolitik. Er ist also kein Unternehmensplanspiel oder Beschäftigungstherapie für gelangweilte Manager. Begleitend zum jährlich vorgeschriebenen Financial-Audit, der die Zukunftssicherheit für Anleger und Aktionäre auf finanzwirtschaftlicher Basis dokumentieren oder eben widerlegen soll, ist er eine wichtige Ergänzung (*Wiegmann*, 1993, S. 684). So läßt sich die auch aus Sicht des Personalmarketings notwendige Verknüpfung von ökonomisch-marktorientierten und verhaltenswissenschaftlich-marktorientierten Betrachtungsweisen realisieren.

Wichtige Voraussetzung für den Erfolg eines Management-Audits ist die Kenntnis der strategischen Unternehmensausrichtung und der wenigstens mittelfristig definierten Verantwortlichkeiten. Es sollen nämlich nicht absolute Fähigkeiten, sondern situative Qualifikationen beurteilt werden. Den Ablauf eines Management-Audits (*Wiegmann*, 1993, S. 686) zeigt Tabelle 14. Es handelt sich hierbei um eine verhaltensorientierte Vorgehensweise.

Tabelle 14: Ablauf eines Management-Audits

	Analyse / Diagnose
Phase 1:	o Problemdefinition und Strategie-Briefing
Phase 2:	o Dokumentation zukünftiger Anforderungsprofile
	Durchführung
Phase 3:	o Konzeption und Durchführung von Management-Intensiv-Interviews
Phase 4:	o Plausibilitätsprüfung der im Interview ermittelten Ergebnisse
	Auswertung / Feedback
Phase 5:	o Erstellung individueller Asset/Liability-Konten und eines Teamprofils
Phase 6:	o Feedback an die Teilnehmer und Bericht an die Unternehmensleitung
	↓
	Zukunft durch Kenntnis des Managementpotentials

Die erste Phase beschäftigt sich vor allem mit der Festlegung der Informationen, die von diesem Prozeß erwartet werden. Ganz wichtig ist hier auch die Schaffung von Akzeptanz bei den betroffenen Mitarbeitern. Bewährt haben sich in diesem Zusammenhang 1- bis 2tägige Workshops, die es auch ermöglichen, einem externen Berater grundsätzliche Informationen über strategische Sachverhalte zu geben.

Nachdem in Phase 2 zukünftige Anforderungsprofile definiert und dokumentiert wurden, folgt in Phase 3 die eigentliche Informationsgewinnung in Form von Interviews. Diese sehr intensiv geführten Interviews beschäftigen sich mit einer Vielzahl von Inhalten, die sich im wesentlichen auf die Erfolgskriterien Initiative, Kompetenz, Anpassungsvermögen und Urteilsfähigkeit reduzieren lassen (*Wiegmann*, 1993, S. 688). Zu erwähnen ist noch, daß in dieser Phase Daten von mehreren Interviewern getrennt eingeholt werden.

In der 4. Phase versuchen die Interviewer, einen Konsens darüber herzustellen, ob die einzelnen Führungskräfte unter den in Phase 1 ermittelten Gegebenheiten in Zukunft erfolgreich sein werden.

In den Phasen 5 und 6 werden die so gewonnenen Erkenntnisse dokumentiert in sogenannten Asset/Liability-Konten, die sozusagen Soll (Schwächen) und Haben (Stärken) bezüglich der oben erwähnten Kriterien der einzelnen Führungskräfte aufzeigen. Zusätzlich wird noch ein Teamprofil angefertigt. Individuelles Feedback an die Betroffenen sowie ein Bericht an die Geschäftsleitung schließen das Projekt ab.

Grundsätzlich ist aus Gründen der Objektivität und der Qualifikation für die Durchführung eines Management-Audits die Unterstützung eines Beraterteams heranzuziehen. Letzteres betrifft insbesondere die psychologische Qualifikation, die für die Befragung notwendig ist. Der Umfang der Befragungen sollte die Zahl von 20 Führungskräften nicht übersteigen, da sonst die Struktur des Führungsteams nicht mehr abbildbar ist.

Gerade mit einer solchen qualitativen Methode läßt sich überprüfen, ob das Management in der Lage ist, eine unternehmensweit definierte Qualitätsstrategie in Zukunft erfolgreich zu realisieren. Interessant wäre es sicherlich, die Ergebnisse des Management-Audits auch vor dem Hintergrund der Lebenszyklusphase zu betrachten, um so Anhaltspunkte dafür zu gewinnen, ob man überhaupt das der Lebenszyklusphase angemessene Potential im Unternehmen zur Verfügung hat.

Selbstkontrolle

Mitarbeiter sind heute stärker Individualisten als noch vor einigen Jahren. Sie stellen höhere Ansprüche an Arbeitsbedingungen und die Möglichkeiten zur Selbstbestimmung. Gestiegenes Selbstbewußtsein und immer höhere Qualifikationen führen dazu, daß bestimmte Vorstellungen und Wünsche auch massiv eingefordert werden. Hinzu kommt, daß Personalmarketing als Denkansatz verstanden wird, der sozusagen jeden angeht, bei dem sich jeder einbringen kann und soll. Das bedeutet auch, daß jeder Mitarbeiter in gewissem Maße Verantwortung übernehmen muß für die Steuerung und Kontrolle. Dies betrifft insbesondere das eigene Arbeitsverhalten.

Die Möglichkeit zum Selbstcontrolling bieten heißt demnach, zum einen die Maßstäbe Effektivität und Effizienz auch am individuellen Arbeitsverhalten anzulegen. Dies setzt voraus, daß Instrumente und Hilfsmittel existieren, die den Mitarbeitern an die Hand gegeben werden können. Anregungen für solche Hilfsmittel gibt Beispiel 13 auf S. 280–282. Zum anderen müssen alle Informationen, die im Rahmen des Personalmarketingcontrollings gewonnen werden, prinzipiell jedem im Unternehmen zugänglich sein, soweit sie seinen Verantwortungsbereich betreffen.

Die Zielbestimmung und die Überprüfung der Zielerreichung sowie eine Analyse der eigenen Arbeitseffizienz im Rahmen einer Tätigkeitsanalyse sind fundamental wichtig für ein Selbstcontrolling. Bei der Zielanalyse empfiehlt sich folgende Vorgehensweise analog zum Aufbau des Formblattes:

Zuerst trägt der Mitarbeiter die Aufgabenkomplexe ein, die er wahrnimmt. Es geht also zunächst einmal darum, daß er selbst seine wichtigsten Funktionen so, wie er sie bisher wahrnimmt, erfaßt. Damit ist noch nicht ausgesagt, daß diese Funktionen alle sinnvoll sind und effektiv, d. h. zielorientiert, ausgefüllt werden.

Es reicht aber nicht aus, lediglich die Aufgaben, also das, was man macht, zu formulieren. Letztlich kommt es nicht darauf an, was man tut, sondern wozu man etwas tut. Und die Frage nach dem „Wozu" ist die Frage nach den Zielen und Ergebnissen, die der Mitarbeiter erreichen will, indem er bestimmte Aufgaben erfüllt. Denn Ziele beschreiben vorausgedachte Ergebnisse. Sie geben die Richtung an und den Punkt, der zu treffen beabsichtigt ist.

Ziele geben die Richtung an. Leistungsstandards präzisieren die Ziele, indem sie angeben, wann ein Ziel als erreicht gilt. Klassische Leistungsstandards sind:

o *Zeit*standard   bis wann?
o *Kosten*standard   wie teuer?
o *Qualitäts*standard   wie gut?
o *Quantitäts*standard   wieviel?

In der Spalte Ergebnis wird angegeben, anhand welcher Informationen festgestellt wird, ob die Leistungsstandards erfüllt und damit die Ziele erreicht worden sind. Hier werden also die Methoden angegeben, mit denen die erzielten Ergebnisse erfaßt werden können.

Die Zielanalyse gilt allerdings nicht unbegrenzt. Daher ist sie regelmäßig zu überprüfen, fortzuschreiben oder zu revidieren. Dies erfolgt nach 3–6 Monaten in der Ziel-Ergebnis-Analyse, die sinnvollerweise in die regelmäßig stattfindenden Mitarbeitergespräche integriert werden kann und soll. Die Fragestellungen hierzu lauten:

o Welche Ziele sind erreicht worden?
o Wie sind die Leistungsstandards erfüllt worden?
o Warum konnte welches Ziel nicht erreicht werden?

Die Gründe für Zielabweichungen können liegen in: Fehlern beim Festlegen der Ziele, Fehlern in den Vollzugshandlungen oder unabsehbaren Ereignissen. Die diagnostizierten Ursachen sind zu berücksichtigen beim Formulieren neuer Ziele für die nächste Periode, beim Definieren von Innovationszielen, beim Aufstellen eines Verbesserungsprogramms und beim Präzisieren von persönlichen Entwicklungszielen.

7.6 Informationen gezielt nutzbar machen

Entsprechend der drei Dimensionen des Controllings (Effektivität, Effizienz und Wirtschaftlichkeit) gibt es drei Ebenen, auf denen eine Fülle von Informationen vorliegen. Diese Informationsebenen existieren bezüglich aller Tätigkeitsfelder des Personalmarketings. Aber die Informationen lediglich zu haben, bringt noch keinen Nutzen. Wer soll welche Informationen bekommen und wie? Das ist eine Frage, die im Zusammenhang mit einem Controllingsystem für das Personalmarketing ebenfalls zu klären ist.

Angesichts der Vielzahl von Analysemethoden, die – werden sie alle angewandt – sicherlich sehr detaillierte und vor allem umfangreiche Informationen liefern können, muß man sich mit der Frage auseinandersetzen, wieviele und welche Informationen überhaupt

Beispiel 13: Ziel- und Tätigkeitsanalyse

Zielanalyse:

Schlüssel-aufgaben	Ziele	Qualitäts- und Leistungs-standards	Ergebnisse/ Informationen

Voraussetzungen:

Beispiel 13: Ziel- und Tätigkeitsanalyse (Fortsetzung)

Tätigkeitsanalyse:

Tag: Ziele: (1)						
Längere Störungen: (2)						
Beginn der Tätigkeit	Zeit in Minuten	Tätigkeit	Ziel „wozu?"	Wichtigkeit A | B | C	Störungen (kürzer als 5 Minuten) was? | wer?	Bemerkungen
(3)	(4)	(5)	(6)	(7)	(8)	(9)

Beispiel 13: Ziel- und Tätigkeitsanalyse (Fortsetzung)

Erläuterungen:

(1) Ziele: Tagesziele festhalten. Abends prüfen: Sind die geplanten Ziele erreicht worden? Ziele für den nächsten Tag formulieren.

(2) Störungen: Hier werden längere Unterbrechungen aufgezeichnet (länger als 5 Minuten). Hier sollten dem Arbeitsfeld angepaßte Abkürzungen benutzt werden, beispielsweise:
RF = Rückfragen,
IP = Informelle Pausen wie Kaffee trinken.

Bei jeder Auswertung der Tätigkeitsanalyse ist bei jeder Störung zu fragen: Wie hätte sie vermieden werden können?

(3) Beginn: Immer nur die Anfangszeiten der Tätigkeiten notieren.

Zeit in Minuten: Erst am Tagesende die Dauer in Minuten ausrechnen und für jede Tätigkeit summieren.

(4) Tätigkeit: Arbeiten in Stichworten festhalten. Bei gleichen Arbeiten nur noch die Nummer eintragen.

(5) Ziel: Zweck der jeweiligen Tätigkeit.

(6) A-B-C: Tätigkeiten hinsichtlich ihrer Wichtigkeit und Dringlichkeit unterscheiden.

(7/8) Unterbrechungen: (kürzer als 5 Minuten) hier aufführen.

Was? Sinnvolle Abkürzungen wie beispielsweise:
W = warten,
G = Telefon geschäftlich,
P = Telefon privat

Wer? Analyse der Störfaktoren (Unterbrechungen):
A = andere
S = selbst

(9) Bemerkungen: Hinweise und Fragen zur Arbeitstechnik, Verbesserungsideen usw.

notwendig sind. Dies betrifft auch die Frage nach den Kosten der Informationsbeschaffung. Grundsätzlich angestrebt wird ein positives Verhältnis von Kosten und Nutzen. Positiv in dem Sinne, daß der Nutzen überwiegt.

Wenn Informationen wirklich nützlich sein sollen, darf das Ziel nicht maximale Information heißen, sondern optimale Information. Wer den Wald vor lauter Bäumen nicht sieht, läuft schnell in eine falsche Richtung, und dies, obwohl das Controllinginstrumentarium bis ins kleinste ausgefeilt ist. Controlling darf nicht zum Selbstzweck werden. Auch die Qualität der Informationen spielt hier eine entscheidende Rolle. Diese Qualität wird bestimmt durch das Ausmaß, in dem die vorliegenden Informationen der Zielsetzung der Informationsbeschaffung entsprechen. Zielsetzung ist: Informationstransparenz bei den Mitarbeitern zu schaffen durch rechtzeitige, umfassende, wahrheitsgetreue und verständliche Information über die finanziellen, marktorientierten, personalen und umweltorientierten Ziele, Probleme und Zusammenhänge des Unternehmens und der Abteilung, in welcher der Mitarbeiter tätig ist, sowie eine echte Vertrauens- und Lernkultur zu etablieren durch die ständige Verbesserung der gegenseitigen Beziehungen auf und zwischen allen Ebenen. Um hier Qualität zu gewährleisten, muß sich das Controlling einer permanenten Selbstkontrolle unterwerfen. Ein Hilfsmittel kann dabei das Setzen von Prioritäten mit Hilfe der A-B-C-Analyse sein. Informationen können so anhand ihres Beitrags zur Zielerreichung eingestuft und dann entweder erhoben oder nicht erhoben werden. Auf der Gegenseite sind zudem die Kosten (qualitativ und quantitativ) zu ermitteln.

Ein weiteres Problemfeld bei der Nutzung des Controllings sind die Mitarbeiter, genauer gesagt, ihre Ängste und Widerstände bezüglich Kontrolle. Oft herrscht ein Controllingverständnis vor, das Controlling als Gegensatz zu vertrauensvoller Zusammenarbeit begreift und die vielen Instrumente, mit denen geplagte Mitarbeiter sich herumschlagen müssen, als Schikane der Geschäftsleitung betrachtet. Angst ist nie ein guter Ratgeber, auch hier nicht. Ängste der Mitabeiter können, neben einer Urangst des Menschen vor Veränderungen, sein (*Wunderer/Schlagenhaufer*, 1994, S. 24):

o Angst davor, sozusagen ein „gläserner Mitarbeiter" zu werden
o Allgemeines Unbehagen bei Kontrollen
o Angst vor einer Beschneidung des eigenen Handlungs- und Entscheidungsspielraumes
o Angst vor direkter Verantwortlichkeit
o Angst, mit den Instrumenten nicht umgehen zu können

Um Ängste und Widerstände abzubauen, empfiehlt es sich, eine Controllingphilosophie gemeinsam zu etablieren und vor allen Dingen zu leben, die als klare Aussage hat: Abweichungen sind nicht grundsätzlich negativ, sondern ein Ansporn. Und: Fehler dürfen gemacht werden, um aus ihnen zu lernen. Generell ist hier auch die möglichst weitgehende Einbeziehung von Betroffenen bei der Gestaltung und Entwicklung ein gutes Mittel zum Abbau von Widerständen. Sie muß allerdings ehrlich gemeint sein. Eine einfache und benutzerfreundliche Gestaltung der Instrumente kann die Akzeptanz zusätzlich steigern.

Mit Blick auf die Eingangsfrage kann die Reihenfolge der Informationsabgabe bestimmt werden nach hierarchischen Aspekten, nach Abteilungsrelevanz oder nach Zielgruppen des Personalmarketings. Ein wichtiger Grundsatz ist sicherlich auch, daß nicht jeder immer über alles informiert sein muß. Zu viele Informationen können auch behindern, was jedoch nicht heißt, daß es legitim ist, aus welchen Gründen auch immer, Informationen bewußt vorzuenthalten. Dies widerspricht der Idee der offenen Kommunikation. Bei Informationen, die vor allem für bestimmte Unternehmensbereiche relevant sind, sollten zuerst die Mitarbeiter des entsprechenden Bereichs informiert werden, bevor die Informationen an den Rest der Belegschaft weitergegeben werden. Generell sollte, wie schon gesagt, nie etwas nach außen dringen, das die Mitarbeiter nicht schon wissen.

Zur zielgerichteten Weitergabe der Controllinginformationen ist insbesondere die Etablierung sich überlappender Kommunikationsgruppen geeignet. Diese können auf der Ebene des Gesamtunternehmens mit einer Vollversammlung aller Mitarbeiter beginnen und sich über eine Geschäftsleitungsbesprechung bis auf Gruppenebene fortpflanzen. Dabei werden grundsätzlich auch die Informationen aus Besprechungen auf der nächsthöheren Ebene weitergegeben. Der Informationsfluß läßt sich so institutionalisieren und koordinieren. Eine weitere Möglichkeit hierzu sind Mitarbeiterrundbriefe und interne Memos, wobei die persönliche Besprechung in Meetings sicherlich vorzuziehen ist, solange die Kosten den Nutzen nicht übersteigen und die Meetings effektiv und effizient durchgeführt werden. Hier empfiehlt sich eine direkte Evaluation im Anschluß an jede Besprechung, z. B. mittels Fragebogen.

Nur wenn auch die hier zuletzt diskutierten Aspekte ins Kalkül aufgenommen werden, kann Controlling im Personalmarketing das halten, was es verspricht: umfassende Evaluation innerhalb eines kontinuierlichen Lernprozesses.

8. Zukunft findet statt – die Wegbestimmung

Unternehmer, Manager und Wissenschaftler, alle reden von der Zukunft. Doch welche Zukunft meinen sie konkret? Große Ideen, von Utopien ganz zu schweigen, gibt es kaum noch. Oder vielleicht doch? Kann Personalmarketing zu einem richtigen Weg für eine zukunftsorientierte Unternehmenssteuerung werden? Angesichts der verschärften Wettbewerbssituation ist eine fundamentale Neuausrichtung der Unternehmen in Richtung leistungsfähiger Qualitätsorganisation erforderlich. Immer wieder werden in diesem Zusammenhang auch „In-Begriffe" wie Kreativität, Partizipation, Kommunikation und Ganzheitlichkeit als besonders wichtig für den langfristigen Erfolg eingestuft. Gleichzeitig muß aber festgestellt werden, daß bisher nur wenige Unternehmen konkrete Schritte vollzogen haben. So simpel die Zwecke und Ziele vielleicht zu umschreiben sind, so schwierig ist der Weg dorthin. Die Suche nach einem richtigen Weg führt sicherlich auch zu der philosophischen Grundfrage, warum Menschen heute arbeiten. Vieles ist nur Fassade, wenn unter diesen Rahmenbedingungen von Personalmarketing geredet wird. Sendepause auch bei klaren Entscheidungen und konsequentem Handeln. Die Personalmarketingwelle hat, so entsteht der Eindruck, zu einem Know-how geführt, das eher durch schillernde Begriffe als durch pragmatische Taten charakterisiert ist. Böses Erwachen, wenn dann festgestellt werden muß, daß alles nur ein Papiertiger ist und die gewünschte Vertrauensbasis zum Mitarbeiter weiter schwindet. Handeln statt Heulen lautet die Prämisse. Was tatsächlich fehlt, ist „Do-how" und der Mut zur unmißverständlichen Wegbestimmung mit konsequentem Handeln.

Durch Veränderungsprozesse werden vielfach bestehende Machtstrukturen in Frage gestellt. Widerstände gegen solche Entwicklungen sind weniger bei den Mitarbeitern als bei den Führungskräften im mittleren Management zu suchen. Eine unabdingbare Grundvoraussetzung für einen erfolgreichen Umbau ist das uneingeschränkte Commitment auf allen Ebenen. Veränderte Handlungsfelder zeichnen sich ab, aber vieles muß erst noch erarbeitet werden. Den Mitarbeitern fällt bei der Umsetzung eine ganz entscheidende Rolle zu.

Traditionell ausgerichtete Personalfunktionen, hier definiert als Bereich, Hauptabteilung oder Abteilung, verstehen sich kaum als wichtige laterale und vertikale Schnittstelle zwischen Unternehmensleitung und Linienverantwortlichen. Bislang hat sich die Personalfunktion viel zu wenig an marktorientierten Zielsetzungen orientiert und sich folglich mit der Entwicklung von Programmen und Instrumenten beschäftigt, die oftmals als kulturell abgehoben und praxis- beziehungsweise marktfern bezeichnet werden.

Aus dem bisher Gesagten ergibt sich als wichtiger Ansatzpunkt für die Wegbestimmung die Notwendigkeit eines integrierten Vorgehens. Basis ist die gleichberechtigte Integration personalpolitischer und gesamtunternehmerischer Aspekte. In beiden Fällen geht es gleichermaßen um die qualitative Gestaltung der marktbezogenen Produkt- und Leistungserstellung und damit auch um die Erlangung von strategischen Wettbewerbsvorteilen. Wenn also hier von der Notwendigkeit einer Integration gesprochen wird, so erfolgt dies in dem bewußten Gedanken, daß auch die Personalmarketingziele marktorientierte Ziele sind. Diese Entwicklung ist ein qualitativer Prozeß und muß nicht zwangsläufig ein Umbruch sein. Sich diesen Zeichen der Zeit zu öffnen, bedeutet auch, viel stärker externe Einflüsse und Tendenzen zu berücksichtigen. Dabei erhält auch die traditionelle Personalfunktion prägende Bedeutung. Die Idee, Personalmarketing als Konzept einer integrierten Unternehmensführung zu begreifen, ebnet neben der bisher üblichen Konzentration auf die Leistungsfaktoren Produkt und Kapital den Weg zu einer bewußten marktorientierten Auseinandersetzung mit dem Leistungsfaktor Personal.

8.1 Wo fängt man an? – Umbau statt Anbau

Bevor nun mit blindem Eifer Personalmarketing realisiert wird, sollte man sich einige grundsätzliche Gedanken machen, wo man anfängt, und, dies ist vielleicht noch wichtiger, wo man nicht anfängt. Es sind klare und eindeutige Prioritäten zu setzen, welche Programme und Instrumente zuerst angegangen werden sollen. Ein erfolgreicher Veränderungsprozeß unter dem Motto „Umbau statt Anbau" hängt von fünf zentralen Einfußgrößen ab: von der Konstitution des Unternehmens, von der relevanten Wettbewerbsposition, von dem Bewußtsein der Mitarbeiter, das für einen erfolgreichen Start unentbehrlich ist, von der dezentralen und/oder zentralen Verantwortlichkeit sowie der angemessenen und richtigen Mischung leichter, kurzfristiger Erfolge mit schwierigeren, längerfristigen Verbesserungen.

Die Konstitution eines Unternehmens ist sicherlich der entscheidende Faktor für erfolgreiches Personalmarketing. Es ist zu bedenken, daß im Grunde schwächliche Unternehmen sich selbst keinen Gefallen tun, wenn sie offensives Personalmarketing betreiben und dabei grundlegende Probleme, Konflikte und Störungen im Unternehmen außer acht lassen. Wenn Personalmarketing zudem nur alter Wein in neuen Schläuchen ist, werden damit sicherlich nur kostbare und wichtige Ressourcen verschwendet. Mitarbeiter und auch die Öffentlichkeit durchschauen eine solche Farce sehr schnell. Vielfach sind die Mitarbeiter durch nicht eingehaltene Versprechungen und unprofessionelle Führung bereits so entfremdet, daß sie über den Gedanken, Personalmarketing in das Zentrum aller Überlegungen zu stellen, nur lachen können. Erfolgreiches Personalmarketing bedeutet also zunächst zu prüfen, wie fit das Unternehmen wirklich ist. Stellt sich die finanzielle und wirtschaftliche Lage so dar, daß auch tatsächlich Finanzmittel und Humankapital investiert werden können? Wie fit und gesund ein Unternehmen ist, wird durch systematische Personalmarketingforschung und nebenbei auch überraschend klar durch Mund-zu-Mund-Propaganda deutlich. Wenn Ergebnisse zeigen, daß sich das Unternehmen ziemlich tief unten befindet, daß es einen wesentlich schlechteren Ruf als die meisten Mitbewerber hat, sind sicherlich erst einige andere Basisprobleme zu lösen. Dabei wird es sehr schwierig werden, sich nach oben durchzukämpfen, da Mund-zu-Mund-Propaganda hartnäckig ist und sich nur schwer beeinflussen läßt. Ein schlechtes Image läßt sich eben nicht so schnell abbauen wie aufbauen. Fehlt es dann auch noch an Zeit und an Energie, so ist es kaum möglich, das Unternehmen wirklich langfristig so zu entwickeln. Probleme und Konflikte werden dann nur übertüncht und Mitarbeiter oftmals zu Zynikern. Es ist deshalb eminent wichtig, zuerst die zentralen Probleme zu lösen. Personalmarketing wird wieder zum Thema, wenn dies gelungen ist. Ergibt die Überprüfung jedoch, daß das Unternehmen grundsätzlich fit und gesund ist, dann kann sofort, möglichst noch heute, begonnen werden.

Da ein Veränderungsprozeß sehr hohe Anforderungen stellt, ist, wie schon gesagt, zu entscheiden, bei welchen Programmen und Instrumenten zunächst der Schwerpunkt liegen sollte. Diese Entscheidung hängt sehr stark von der augenblicklichen Wettbewerbsposition ab und davon, welches Entwicklungsstadium die relevanten Mitbewerber bereits erreicht haben. Dabei ist zu berücksichtigen, daß man es sich in der Regel nicht aussuchen kann, welche Programme und Instrumente zuerst realisiert werden und welche nicht. Langfristig sind sicherlich die meisten zu realisieren, nicht alle gleichzeitig, aber fast alle. Personalmarketing ist also kein simultanes Wunderheilmittel. Jedes Unternehmen, unabhängig von seiner Position am Markt, muß bestimmte unverzichtbare Personalaufgaben erfüllen, ob es das will oder nicht. Es sind immer gewisse Mindestvoraussetzungen zu erfüllen. Solange aber diese nicht professionell erbracht werden, sind die Bemühungen, ein Personalmarketing zu etablieren, garantiert zum Scheitern verurteilt.

Kein Unternehmen kann die erforderlichen Anstrengungen leisten, ohne eine eindeutige und unmißverständliche Entscheidung der Geschäftsleitung. Es hat auch keinen Sinn, ein größeres Entwicklungsprogramm in Gang zu setzen, wenn die Unternehmensleitung nicht wirklich voll dahinter steht. Außerdem wird mehr Schaden angerichtet als Nutzen erreicht, wenn ein Veränderungsprozeß eingeleitet wird, dann aber das Interesse verloren geht. Die Mitarbeiter gewinnen so den Eindruck, daß es der Geschäftsleitung nicht ernst ist.

Am Anfang eines jeden Veränderungsprozesses steht die Bewußtseinsbildung auf allen Ebenen, sich für die Idee des Personalmarketings zu begeistern und sich dauerhaft dafür zu engagieren. Bei den Mitarbeitern muß ein fundamentaler Wandel in Bewußtsein und Verhalten erreicht werden. Demnach ist es unabdingbar, zu Beginn des Veränderungsprozesses umfassende Überzeugungsarbeit zu leisten. Insbesondere die Mitarbeiter, die schon einmal viel Kraft in einen Veränderungsprozeß investiert haben, der dann scheiterte, werden den Handlungsbedarf ignorieren. Die Regel heißt, erst anfangen, wenn es wirklich ernst ist. Personalmarketing ist kein Mitläufer, sondern muß auf der Werteskala ganz oben rangieren, und die Strategie muß allen bekannt sein. Die Werbetrommel für Personalmarketing zu rühren und Geld in eine Infrastruktur zu investieren, bringt nichts, wenn die strategischen Eckpunkte unklar sind. Eine umfassende strategische Ausrichtung zeigt auch, wo weitere Investitionen nötig sind, und sie gibt Hinweise, wo und wie Geld gespart und die Resultate verbessert werden können.

Des weiteren stellt sich auch die Frage nach der dezentralen oder zentralen Verantwortlichkeit für das Personalmarketing. Es ist zu überlegen, ob eine neue leitende Position zu schaffen ist, die explizit eine Personalmarketingfunktion wahrnimmt, oder ob gleich auf allen Ebenen eine dezentrale Verantwortlichkeit für Personalmarketing etabliert wird. Inwieweit das eine oder das andere zweckmäßig ist, ist hier schwer zu beantworten, denn eine

Funktion Personalmarketing birgt verschiedene reale Gefahren in sich. Die anderen Führungskräfte nehmen diese Situation u. U. zum Anlaß, sich beim Thema Personalmarketing nicht mehr intensiv zu engagieren, weil ja jemand dafür zuständig und verantwortlich ist. Also wird es wahrscheinlich vernünftiger sein, Wege zu finden, Personalmarketing ohne neue Strukturen, eben prozeßorientiert, zu realisieren. In einigen Unternehmen gibt es jedoch kaum Alternativen. Die tatsächliche Personalfunktion kann so konzeptionslos und ineffizient sein, daß sie nur zu verbessern ist, wenn sie einer neuen zentralen Verantwortung unterstellt wird, die sich einen umfassenden Überblick verschaffen kann. Damit wird dann auch demonstriert, daß man das Thema sehr ernst nimmt. Im Laufe der Zeit ist es sicher vorteilhaft, die Bürokratie wieder schrittweise abzubauen. Wenn sich ein Unternehmen voll und ganz zum Personalmarketing bekennt, ist das isolierte Ghetto eines Zentralbereichs kaum notwendig. Dann steht jeder in der Verantwortung des Personalmarketings.

Die richtige Dosierung ist anfänglich besonders wichtig, damit man einige frühe, leichte und kostengünstige Erfolge vorweisen kann, die demonstrieren, daß Wandel grundsätzlich erfolgreich machbar ist. Dazu gehört auch der zweckmäßige Einsatz von Analyseinstrumenten, die Prozeß-, Ergebnis- und Wertequalität ermitteln können. Abzuraten sei hier von einer frühzeitigen Koppelung der Analyseergebnisse mit einem Vergütungssystem, da in der Regel erst nach Anwendung unterschiedlicher Analysemethoden beurteilt werden kann, ob die Methoden wirklich zuverlässig und gültig sind. Informationsbeschaffung ist nicht immer sehr umfangreich und aufwendig, außerdem werden die Ergebnisse mittelfristig ohnehin, auch als Basis für andere Entscheidungsfelder, benötigt, so daß hier auf jeden Fall der Anfang des Personalmarketings liegen sollte. Schon geringe Modifikationen im Managementsystem, beispielsweise eine Erweiterung des Kompetenzspielraums der Mitarbeiter, kann reale Auswirkungen haben und somit stimulierend wirken. Dies, obwohl Manager der mittleren Ebene vielfach Schwierigkeiten haben, sich an ihre neue Rolle als Coach anstatt als Chef zu gewöhnen. Wenn Führungskräfte jedoch durch ihr Verhalten demonstrieren, wie sehr ihnen der Personalmarketinggedanke am Herzen liegt, bemerkt das jeder und hat dabei das Gefühl, daß eine grundlegende Entwicklung stattfindet, an der er teilhat.

Die Umsetzung aller weiteren Programme und Instrumente, die zu einem erfolgreichen Personalmarketing gehören, erfordert eine sehr langfristige Perspektive. Wenn Führungskräfte andeuten, daß sie sich für Personalmarketing zuständig fühlen und dezentral agieren, dann hat eine wirklich gründliche Neuorientierung begonnen. Doch starke Kulturen sind hartnäckig und stabil, sie zu verändern kann Jahre dauern. Dieser Tatbestand beeinflußt auch das Tempo, in dem Infrastrukturen ausgebaut und ausgereifte Instrumente eingeführt werden können. Schnelle Resultate bleiben meist ein Wunschtraum.

8.2 Sieben Schritte – ein Weg

Die Situation ist ernüchternd: Noch immer lassen sich die Entscheidungsträger offensichtlich von Aktionen mit kurzfristigen Erfolgen blenden. Geplante grundlegende Veränderungen werden wieder aufs Eis gelegt oder nur halbherzig verfolgt. Die Praxis zeigt, daß Veränderungsprozesse schiefgehen, weil sich manche Entscheider vor den notwendigen konsequenten Veränderungen drücken. Der zu gehende Weg darf nicht durch ein starres Maßnahmenkorsett eingeengt werden. Tabus kann und darf es nicht geben. Wie bei jedem Fitneßprogramm muß man auch den Muskelkater in Kauf nehmen. Den richtigen Weg zu finden und zu gehen, bedeutet auch die Suche nach den richtigen Schritten. Erfolgreiches Personalmarketing vollzieht sich in einem prozeßorientierten Ablauf, der insgesamt 7 Schritte (entsprechend den 7 Kapiteln des vorliegenden Buches) umfaßt. Diese enthalten insgesamt ein Bündel von Ideen, Maßnahmen, Instrumenten und Hilfsmitteln, die dazu beitragen sollen, einen erfolgreichen Veränderungsprozeß einzuleiten. Den einzelnen Schritten wurde dabei ein Ursache-Wirkungs-Verhältnis unterstellt. Eine erforderliche Abweichung von diesen vorgeschlagenen Schritten ist dann nicht mit verminderten Erfolgen verbunden, wenn die ursprüngliche Intention der ganzheitlichen Sichtweise erhalten bleibt. Die konkrete inhaltliche Ausgestaltung der einzelnen Schritte kann sicherlich nur unternehmensspezifisch erfolgen. Standardlösungen existieren nicht. Auch, weil ein dynamisches Konzept wie Personalmarketing permanente individuelle Anpassung während des Prozesses erfordert. Die 7 Schritte im Überblick:

1. Personalmarketing als Idee

Bewußtseinsbildung ist (fast) alles. In diesem Sinne ist der erste Schritt des Weges gleichermaßen dem Nutzen eines marktorientierten Personalmarketings gewidmet. Der sicherste Weg, einen Veränderungsprozeß erfolgreich zu bewältigen, liegt in der frühzeitigen Einbeziehung der wichtigen Leistungsträger. Ein Blitz der Erkenntnis: Stellen Sie sich vor, es gibt einen Personalbereich, und niemand arbeitet dort. Zumindest niemand, der auf der Payroll steht. Die Personalverantwortung ist dezentralisiert, problemlos wie Franchising. Utopie? Vielleicht. Aber utopische Gedanken fördern eine neue Sicht der Dinge. Zentralisation oder Dezentralisation lautet die Frage. Immer wieder stellt man fest, daß Unternehmen in ihren traditionell gewachsenen Strukturen haften bleiben. Abgedroschene Konzepte, Formeln und Empfehlungen sind aber heutzutage passé. Widerstand wird sich garantiert regen. Hier ist dann aber nicht die Brechstange gefragt, sondern viel Fingerspitzengefühl, Mut und Ausdauer.

Jedes Unternehmen kann auf eine bestimmte Werte-, Ergebnis- und Prozeßqualität zurückblicken. Diese Qualitäten sind Dreh- und Angelpunkt für den einzuleitenden Prozeß. Die Frage nach der Qualität wird jedoch meist unterschiedlich beantwortet. Für den einen ist es die Personalentwicklung, für den anderen sind es bestimmte Arbeitsfelder mit technischem Know-how oder vielleicht der Kundennutzen. Zuallererst ist also festzulegen, in welche Richtung gegangen werden soll. Voraussetzung hierzu ist die Fähigkeit und Bereitschaft, Qualitätsdefizite ungeschminkt offenzulegen. Dazu gehört auch, sich der Langlebigkeit von Scheinqualitäten bewußt zu werden. Nur wenn diese Vorbedingungen erfüllt sind, steht die Erfolgsampel auf grün.

2. Den Ideen folgen Taten

Weitere Voraussetzung für einen erfolgreichen Veränderungsprozeß ist die vorbehaltlose Analyse und Diagnose der Wirkungszusammenhänge und Defizite sowie das fundamentale Überdenken bisheriger Vorgehensweisen. Schon hier beginnt das zentrale Problem. Vielfach ist die Personalfunktion nicht transparent, oder es stehen persönliche Interessen einer notwendigen Veränderung entgegen. Neuorientierungen markieren eindeutig tiefe Entwicklungseinschnitte und gehören zu den besonders schwierigen Themen. Massive Widerstände und ein hohes Konfliktpotential führen dazu, daß vielfach ein ganzheitliches Design schon in der Analysephase boykottiert wird. Kurzfristig eintretende Veränderungen der Rahmenbedingungen sind oft die unmittelbare Ursache, daß sich Spielregeln und Spielpartner grundlegend verändern. Viele werden erkennen müssen, daß das Konzept des Durchwurstelns in der Zukunft wenig erfolgsträchtig sein wird. Besondere Probleme werden die bekommen, die ohne ausgeprägte analytische Überlegungen gewollt oder ungewollt eine Position zwischen zwei Stühlen finden. Zu fordern ist deshalb auch eine klare Positionierung des eigenen Standpunktes. Hierzu muß der Frage nachgegangen werden, wie das Leitmotiv lautet. Bei einer integrierten Informationsbeschaffung (Wertequalität, Prozeßqualität und Ergebnisqualität) geht es nicht darum, zu kritisieren, sondern darum, die eigenen Stärken und Schwächen zu ermitteln, um Stärken herauszuarbeiten und Schwächen zu korrigieren. Jede Schwäche birgt zugleich eine riesige Chance zur Veränderung. Durch die Verknüpfung von Informationen, über die ein Unternehmen im allgemeinen verfügt (sekundäre Personalmarketingforschung), mit Informationen, die themenspezifisch zusätzlich erhoben werden (primäre Personalmarketingforschung), gelangt man zu aussagekräftigen Daten, die eine Definition von Master-Zielen erst erlauben.

3. Qualität statt Quantität

Nachdem im 2. Schritt die relevanten Informationen erhoben und ausgewertet sowie die entscheidenden Rahmenbedingungen geklärt worden sind, erfolgt in Schritt 3 der eigentliche Zielbildungsprozeß. Entscheidend bei der Zielformulierung ist der deutlich fordernde Charakter mit einer klaren Signalwirkung zum Aufbruch bzw. zur grundlegenden und nachhaltigen Veränderung. Von der Vorstellung, daß Personalmarketingziele auf intelligenten Analysen und fundierten Prognosen basieren, die es nur noch in ein Programm zu fassen gilt, haben durchsetzungsorientierte Manager schon seit längerem Abstand genommen. Ihnen ist deutlich geworden, daß Ziele in einem mühevollen Überzeugungsprozeß erarbeitet und umgesetzt werden müssen. Wesentliche Aufgabe innerhalb dieses Schrittes ist die Verankerung von Prozeß- und Teamkonzepten. Die qualitativen Vorteile von Teamarbeit sind hinlänglich bekannt, und Umsetzungsbarrieren werden so gar nicht erst aufgebaut. Unternehmen mit klaren Leistungsanforderungen und klaren Zielen haben zwangsläufig günstigere Voraussetzungen für Teamarbeit als solche, die Teams als Selbstzweck verstehen. Unterstützt werden muß dieser Prozeß durch professionelle Teammoderation, wofür man grundsätzlich die Unterstützung eines externen Beraters heranziehen sollte. Der 3. Schritt muß auch die Einführung eines dynamischen Managementsystems beinhalten, das die Frage beantwortet, ob jeder Mitarbeiter auch gleichzeitig ein Mitunternehmer sein soll.

4. Die Voraussetzungen schaffen

Der 4. Schritt umfaßt die Gestaltung der zentralen Programme und Instrumente einer zielorientierten Unternehmensentwicklung. Entwicklungserfolge sind in aller Regel das Resultat originärer und auch origineller Programme und Instrumente, die in ihrer konsequenten Umsetzung zentrale Stärken begründen. Im Kern kommt es darauf an, Programme zu etablieren, die dem Unternehmen ein entsprechend hohes personelles Niveau offerieren. Ein integriertes Konzept der Potentialrekrutierung, -erkennung, -plazierung, -aktivierung und -entwicklung, gekoppelt an ein umfassendes Reporting und eine lückenlose Feedbackstruktur, ist unverzichtbar. Entscheidender Faktor der Unternehmensentwicklung ist die Mobilisierung der veränderungsbereiten Mitarbeiter durch eine frühzeitige, ehrliche und offene Kommunikation. Vielfach werden die Mitarbeiter eines Unternehmens durch das Schwarze Brett informiert, daß ein bedeutender Entwicklungsprozeß eingeleitet wurde. Gerüchte durch schwarze Kommunikation müssen auf jeden Fall vermieden werden. Nur so können alle Mitarbeiter für den Veränderungsprozeß gewonnen werden. Ehrlichkeit ist hierbei Trumpf.

5. Kombination ist alles

Der 5. Schritt umfaßt die Umsetzung der Personalmarketingstrategie in operative Maßnahmen. Ausgangspunkt ist das Mix der Variablen Leistung, Plazierung, Preis und Promotion zu einem ganzheitlichen Erscheinungsbild. Nur dies gewährleistet eine konsequente und zielgruppenorientierte Umsetzung der definierten Personalmarketingstrategie. Auch geht es um eine höhere Effektivität und Effizienz bei der Leistungskombination. Effektivität sucht nach Einzigartigkeit und nach Neuem, sie zielt auf ein innovatives Image. Effizienz will das verbessern, was bereits existiert, sie zielt auf ein qualitatives Image.

Effektivität und Effizienz sind nicht eine Frage des Entweder-oder, sondern des Sowohl-als-auch. Zu den großen Herausforderungen gehören auch unpopuläre Entscheidungen, wenn sie als Ergebnis einer Analyse als unumgänglich und zwingend erkannt werden. In diesem Fall wird Personalmarketing zur „conditio sine qua non" für eine notwendige Anpassung. Ein bedarfsgerechtes Personalmarketingmix wägt immer zwischen dem Nutzen und den Kosten ab. Jede Kombination ist unter diesen Gesichtspunkten und Faktoren zu bewerten. Eine reine Maximierung führt zu negativen Kosteneffekten. Das Personalmarketingmix ist als Entscheidungsprozeß zu verstehen und zu bewerten, der auch maßgeblich von subjektiv wahrgenommenen Wirklichkeiten der verantwortlichen Entscheidungsträger beeinflußt wird. Das Ergebnis des Variablenmixes besteht somit nicht unbedingt im Finden allgemeingültiger Optimallösungen, sondern in der Bestimmung von qualitativen Positionen.

6. Mehr Profil durch Kommunikation

Schritt 6 beinhaltet die Aufgabe, ein eigenes Image zu schaffen, das als Grundlage einer Abgrenzung vom Wettbewerb dienen soll und durch bewußte Einflußnahme eindeutige Attraktivitätsvorteile sichert. Das Ergebnis einer erfolgreichen Kommunikation mißt sich daran, inwieweit es gelingt, ein spezifisches Bild in den Köpfen der relevanten Zielgruppen zu verankern. Von Bedeutung ist dabei die Tatsache, daß ein wahrgenommenes Image immer subjektive Bewertungen wiedergibt, so daß es besonders darauf ankommt, wie kommunikative Botschaften wahrgenommen werden. Im Zuge einer ganzheitlichen Kommunikation muß man sich Gedanken machen, mit welchen Botschaften und Informationen das Unternehmen mittel- und langfristig am Markt agieren will. Schließlich ist die Kommunikation zu operationalisieren und deren Erfolg zu messen. Der Einfluß auf Image und Erscheinungsbild muß dann darstellbar sein. Ökonomische und kommunikative Meßgrößen sind für die Kontrolle und Steuerung unabdingbar. Bei der Festlegung von Kommunikationsprogrammen ist von überhasteten Entscheidungen abzuraten. Nur zu schnell entpuppt sich sonst das Herzstück des Personalimages als taube Nuß. Übrigens haben in der Praxis sehr viele Personalmarketingkonzepte mit dem 6. Schritt begonnen und, man höre und staune, auch gleich wieder aufgehört, weil Nachvollziehbarkeit und Glaubwürdigkeit fehlten.

7. Auf dem laufenden bleiben

Ergebnisse messen heißt, auf dem laufenden bleiben. Negative Abweichungen sind per se nichts Schlechtes, sie sind der notwendige Adrenalinstoß zum Durchstarten. Als folgerichtiger und letzter Schritt muß also der Entwicklungsfortschritt permanent gemessen und überprüft werden. Ergebnismessung ist dabei nicht als Kontrolle aufgrund von Mißtrauen fehlzudeuten, eher im Gegenteil. Es ist im Interesse aller Beteiligten, negative Zielabweichungen möglichst früh zu identifizieren und zu korrigieren. Nur so besteht auch die Möglichkeit, Ziele inhaltlich zu hinterfragen und Wege zu finden, die besser zur Zielerreichung geeignet sind. Dabei soll die Anwendung in einem Wertschöpfungs-Center Hinweise darauf geben, ob vorgegebene Ziele richtig gesetzt wurden, und überprüfen, ob die eingeleiteten Programme geeignet sind, die als zentral bewerteten Ziele langfristig zu fördern. Eine offene Kommunikation und Zieldiskussion und die kontinuierliche Überprüfung des Zielerreichungsgrades leiten zudem einen Prozeß des ständigen Lernens im Unternehmen ein.

8.3 Warum auch Sie beginnen sollten!

Die Zeiten, in denen sich Produkte und Dienstleistungen fast von allein verkauft haben, sind definitiv vorbei. Um auf dynamischen und offenen Märkte nicht nur reagieren, sondern auch agieren zu können, sind Strukturen, Programme und Instrumente, die sich über Jahrzehnte bewährt haben, plötzlich zu schwerfällig geworden. Sie werden als altbackene Strickmuster und Insellösungen entlarvt. Um für den Wettbewerb fit zu werden, sind kreative und innovative Konzepte gefragt. Anders als bisherige Sozialtechniken ist Personalmarketing weder ein Reparaturservice noch überflüssiger Sozialklimbim. Anstatt Teilbereiche oder Funktionen einzeln zu betrachten, stehen Umwelt, Kunde und Mitarbeiter im Mittelpunkt der Aufmerksamkeit. Statt Zersplitterung in möglichst viele Elemente ist Personalmarketing in dem hier definierten Sinne die Re-integration und Re-vitalisierung aller Prozesse. Die hohe Qualifikation aller Mitarbeiter, von der Führungskraft bis zum Facharbeiter, erfordert es geradezu, dieses Potential auch tatsächlich zu nutzen. Ein interessantes Feld mit Verantwortung auch für all diejenigen im Unternehmen, die beispielsweise entwickeln, produzieren oder im unmittelbaren Kundenkontakt stehen.

Will man diesen hier vertretenen ganzheitlichen Ansatz des Personalmarketings im Unternehmen etablieren, so ist eine heroische Überzeugung, Hingabe und Initiative aufzubringen. Der Umbau fordert fundamentale Schritte. Mißtrauensunternehmen müssen zu Vertrauensunternehmen werden. Da alle Grundsätze, Programme und Instrumente ein integratives System darstellen, ist auch gleichzeitig an ihnen zu arbeiten, was vielfach problematischer ist, als sie sukzessive aufzuarbeiten. Und weil sich diese Veränderungen auf jeden Kunden, auf jeden Mitarbeiter und damit auf das ganze Unternehmen auswirken, müssen sich alle auf tiefgehende Lernprozesse einrichten. Lohnt sich das überhaupt? Ja! Es ist ein Irrglaube, man könne in aller Ruhe zunächst die Strategien für Finanzierung, Produktion und Marketing fertigstellen und danach über Personalmarketing nachdenken. Das funktioniert garantiert nicht. Dann ist der Zug, auf den man gerade aufspringen wollte, bereits abgefahren.

Wer Neues bewirken will, muß bereit sein, Konflikte auszutragen und Frustrationen wegzustecken. Dies erfordert Mut zu neuem Handeln. Der Erfolg, persönlich wie ökonomisch, wird sich einstellen. Immer!

9. Literaturverzeichnis

Andreschak, H.	Service im Wandel – Zukunft durch Reengineering? Thema Kundendienst 4/94, S. 6–14
Bartscher, Th. R./ Steinmann, O.	Der Human-Resource-Accounting-Ansatz. ZfP 4/90, S. 387–401
Batz, M.	Marketingorientierte Personalentwicklung. Thema Kundendienst 6/89, S. 34–37
Batz, M.	Langfristige Erfolgsmessung, in: Servicemanagement, Landsberg 1991
Batz, M./ Andreschak, H.	Dienen und Verdienen. Maschinenmarkt 33/1995, S. 52–55
Batz, M./ Andreschak, H.	Ein neues Verhältnis zwischen Industrie und Handel? Pet 9/95, S. 46–48
Batz, M./Schindler, U.	Personalbeurteilungssysteme auf dem Prüfstand. ZfO 8/83, S. 424–432
Batz, M./Wilinski, P. U.	Neuorientierung in der Natursteinindustrie. Der Naturstein 1/95, S. 91–95
Bauer, W. M.	Die hilflosen Manager. Frankfurt/Main 1985
Becker, J.	Grundlagen der Marketing-Konzeption. München 1983
Berthel, J.	Personalmanagement. Stuttgart 1989
Birkenbihl, M.	Train the Trainer. Landsberg 1985
Birkenfeld, W.	Partnerschaftlich prüfen, wie gut man zueinander paßt. Wirtschaft & Weiterbildung 5/92, S. 29–31
Bisani, F.	Personalwesen. Wiesbaden 1990
Blake, R./Mouton, J. S.	Verhaltenspsychologie im Betrieb. Düsseldorf 1968
Bleicher, K.	Das Konzept Integriertes Management. Frankfurt/Main, New York 1991
Bleis, Th.	Personalmarketing. München 1992
de Bono, E.	Laterales Denken. Düsseldorf 1992
Bredemeier, C.	Medien Power. Wiesbaden 1991
Brinkmann, R. D.	Mitarbeiter-Coaching. Heidelberg 1994
Brosius, G.	SPSS/PC + Basics und Graphics. Hamburg 1988

Brown, R.	Social Psychology. New York 1965
Bungard, W.	Qualitätszirkel in der Arbeitswelt. Göttingen 1992
Büschges, G. et al.	Praktische Organisationsforschung. Reinbeck 1977
Curth, M.A./Lang, B.	Management der Personalbeurteilung. München/Wien 1990
Deutsch, Ch.	Wege zur neuen Offenheit. Management Wissen 4/91, S. 17–25
Dietmann, E.	Personalmarketing. Wiesbaden 1993
Domsch, M./Schneble, A.	Mitarbeiterbefragungen. Hamburg 1990
Dörner, D.	Die Logik des Mißlingens. Hamburg 1992
Empter, St./Kluge, N. (Hrsg.)	Unternehmenskultur in der Praxis. Gütersloh 1995
Francis, D./Young, D.	Improving Work Groups, A Practical Manual for Team Building. San Diego, USA 1982
French, W. L./Bell, C. H. jr.	Organisationsentwicklung. Bern 1982
Gaugler, E.	Personalmarketing und Unternehmensführung. Personalführung 2/1990, S. 77–78
Gomez, P. et al.	Unternehmerischer Wandel. Wiesbaden 1994
Goossens, F.	Der große Bluff um „Personal-Marketing". Personal 25/1973, S. 45
Grunwald, W.	Führung in den 90er Jahren: Ethik tut not! ZfO 5/1993, S. 337–340
Harris, Th. A.	Ich bin o.k. – Du bist o.k. Hamburg 1975
Heckhausen, H.	Motivation und Handeln: Lehrbuch der Motivationspsychologie. Berlin 1980
Hersey, P./Blanchard, K. H.	Management of Organizational Behavior, 3. Auflage. Englewood Cliffs, N.J. 1988
Hesseling, P.	Strategy of evaluation research in field of supervision and management training. Assen 1966
Hilb, M.	Integriertes Personal-Management. Berlin 1994
Hofstätter, P.	Persönlichkeitsforschung. Stuttgart 1977

Hundt, S.	Zur Theoriegeschichte der Betriebswirtschaftslehre. Köln 1977
Inglehart, R.	Kultureller Umbruch. Wertewandel in der westlichen Welt. Frankfurt/Main 1989
Jeserich, W.	Mitarbeiter auswählen und fördern. München 1981
Kastner, M.	Personalmanagement heute. Landsberg 1990
Kirsten, R. E. et al.	Gruppentraining. Hamburg 1990
Knebel, H.	Taschenbuch für die Bewerberauslese. Heidelberg 1992
Kolbinger, J.	Die Betriebswirtschaftslehre als Lehre von der sozialen Leistungsordnung. Berlin 1980
Koppelmann, U.	Produktmarketing. Köln 1992
Kotler, P.	Marketing Management. Stuttgart 1982
Kroeber-Riel, W.	Konsumentenverhalten. München 1990
Kühl, St.	Wenn die Affen den Zoo regieren. Frankfurt/Main 1994
Kühn, R.	Marketing-Mix. Bern 1984
Lamnek, S.	Qualitative Sozialforschung. Weinheim 1988
Langer, H./Sand, H.	Erfolgreiche Marktforschung im Investitionsgütervertrieb. Berlin/München 1983
Lattmann, Ch.	Führungsstil und Führungsrichtlinien. St. Gallen 1975
Laukamm, Th.	Strategisches Management von Human-Ressourcen, in: H.-Chr. Riekhof, Personalentwicklung, Wiesbaden 1989
Lehmann, A.	Dienstleistungsmanagement. Stuttgart 1993
Leibfried K. H. J./McNair, C. J.	Benchmarking. Freiburg 1993
Leonhardt, W.	Personal- und Managemententwicklung. Heidelberg 1984
Levitt, Th.	Die Macht des kreativen Marketing. Landsberg 1986
Levitt, Th.	Werbung zaubert die Zukunft herbei. Harvard Business Manager 4/93, S. 9–12
Lisch, R./Kriz J.	Grundlagen und Modelle der Inhaltsanalyse. Hamburg 1978

Little, Arthur D. (Hrsg.)	Management von Spitzenqualität. Landsberg 1992
Loos, W.	Coaching für Manager. Landsberg 1991
Lynch, D./Kordis, P.	Delphinstrategien. Fulda 1992
Mackay, H.	Schwimmen mit den Haien ohne gefressen zu werden. München 1989
Mager, R.F.	Preparing Objectives for Programmed Instruction. San Francisco 1961
Maier, W./Fröhlich, W.	Personalmanagement für Klein- u. Mittelbetriebe. Heidelberg 1992
McCarthy, E.	Basic Marketing – a managerial approach, Homewood Ill., 1971
Meffert, H.	Marketing – Grundlagen der Absatzpolitik. Wiesbaden 1986
Moser, K. et al.	Personalmarketing. Göttingen 1993
Müller-Stewens et al. (Hrsg.)	Unternehmerischen Wandel erfolgreich bewältigen. Wiesbaden 1995
Nagel, K.	Die 6 Erfolgsfaktoren des Unternehmens. Landsberg 1991
Neges, R.	Personalentwicklungs- und Weiterbildungserfolg. Wien 1991
Neuberger, O.	Führen und geführt werden. Stuttgart 1990
Neuberger, O.	Manager im Kreuzfeuer. Die Zeit 32/95
Nowak, H./Becker, U.	Die sozialen Milieus in der BRD – ein neues Zielsystem. Wirus-Gespräche. Gütersloh 1985
Ogger, G.	Nieten in Nadelstreifen. München 1992
Olesch, G.	Praxis der Personalentwicklung. Heidelberg 1988
Peters, T.	Kreatives Chaos. Hamburg 1988
Plummer, J. T.	The Concept and Application of Life Style Segmentation. Journal of Marketing, 1/1994
Porter, M. E.	Competitive Advantage. New York 1985
Poth, L. G.	Marketing Management in Fallstudien. München 1976
Poth, L. G./Poth, G. S.	Marketing. München 1986
Pullig, K. K.	Personalmanagement. München 1993

Pümpin, C. et al.	Unternehmenskultur. Bern 1985
Remer, A.	Personalmanagement. Berlin 1978
Riekhof, H.-Ch. (Hrsg.)	Strategien der Personalentwicklung. Wiesbaden 1989
Rippel, K.	Grundlagen des Personalmarketing. Rinteln 1974
Rock, R./Rosenthal, K.	Philosophie = Marketing, Frankfurt 1986
Rosenstiel, L. v. (Hrsg.)	Handbuch der angewandten Psychologie. Landsberg 1993
Rosenstiel, L. v. et al. (Hrsg.)	Fachnachwuchs und Führungsnachwuchs finden und fördern. Stuttgart 1994
Rückle, H. et al.	Personalentwicklung. Düsseldorf 1994
Rüttinger, R.	Transaktions-Analyse. Heidelberg 1992
Sattelberger, T.	Innovative Personalentwicklung. Wiesbaden 1989
Schmidbauer, H.	Personalmarketing. Essen 1975
Scholz, Ch.	Personalmarketing. Harvard Business Manager 1/92, S. 94–105
Scholz, Ch.	Personalmanagement, 3. Auflage. München 1993
Scholz, Ch.	Personalmanagement zwischen Rezession und Restrukturierung. ZfP Sonderband 1994
Schuler, H. et al.	Personalauswahl im europäischen Vergleich. Göttingen 1993
Schuler, H. et al.	Outplacement. Wiesbaden 1989
Schulte, Ch.	Kennzahlen für die Steuerung der betrieblichen Personalarbeit. ZfP 4/90, S. 351–365
Schulz von Thun, F.	Miteinander reden. Hamburg 1991
Schwan, K./Seipel, G.	Personalmarketing für Klein- und Mittelbetriebe. München 1994
Seghezzi, H.D./ Hansen, J.R.	Qualitätsstrategien. München 1993
Simon, H.	Karriereorientierung und Konjunktur. Absatzwirtschaft 6/95, S. 90
Sprenger, R. K.	Mythos Motivation – Wege aus der Sackgasse. Frankfurt 1992
Staehle, W. H.	Management. München 1990

Stoebe, F.	Outplacement, in Strutz, H. (Hrsg.) Handbuch Personalmarketing. Wiesbaden 1993
Strube, A.	Mitarbeiterorientierte Personalentwicklung. Berlin 1982
Strutz, H. (Hrsg.)	Internationales Personalmarketing. Wiesbaden 1992
Strutz, H. (Hrsg.)	Handbuch Personalmarketing. Wiesbaden 1989
Strutz, H. (Hrsg.)	Strategien des Personalmarketing. Wiesbaden 1992
Sutrich, O.	Prozeßmarketing anstelle des Mix. Harvard Business Manager 1/94, S. 118–125
Thom, W.	Personalentwicklung als Instrument der Unternehmensführung. Stuttgart 1987
Ulrich, H.	Die Unternehmung als produktives soziales System. Bern 1970
Umminger, P.	Einsatzmöglichkeiten qualitativer Prognoseverfahren im Produktmarketing. Köln 1990
Unger, F.	Taschenbuch für Marketing. Heidelberg 1994
Vopel, K. W./ Kirsten, R. E.	Kommunikation und Kooperation. München 1993
Weber, W. (Hrsg.)	Strategisches Personalmanagement. Stuttgart 1989
Weber, R. (Hrsg.)	Service Management. Landsberg 1991
Weber, W.	Personal-Controlling. ZfP 1/90, S. 61–64
Wiegmann, V. T.	Management Audit, in: Strutz, H. (Hrsg.), Handbuch Personalmarketing. Wiesbaden 1993
Wunderer, R./Kuhn, Th. (Hrsg.)	Innovatives Personalmanagement. Neuwied 1995
Wunderer, R.	Personalmarketing. Die Unternehmung 45/ 1992 Nr. 2, S. 119–131
Wunderer, R.	Von der Personaladministration zum Wertschöpfungs-Center. DBW 2/92, S. 201–215
Wunderer, R.	Personal-Controlling, in: Strutz, H. (Hrsg.). Handbuch Personalmarketing. Wiesbaden 1993
Wunderer, R.	Der Beitrag der Mitarbeiterführung, in: Gomez, P. et al., Unternehmerischer Wandel. Wiesbaden 1994

Wunderer, R./ Grundwald, W.	Führungslehre, Band 1 und 2. Berlin 1980
Wunderer, R./Sailer, M.	Personalverantwortliche und Controlling. Controller Magazin 3/88, S. 119–124
Wunderer, R./Sailer, M.	Instrumente und Verfahren des Personal-Controlling. Personalführung, 8–9/87, S. 601–606
Wunderer, R./ Schlagenhaufer, P.	Personal-Controlling. Stuttgart 1994

10. Sachregister

Abweichungsanalyse 65, 87
Aktionsplan 126 ff.
Aktionsportfolio 19 f.
Allokationsproblem 204
Analyse 51 f.
Analysedimensionen 57
Analyseverfahren 67 f.
Analyseziel 54
Anforderungskriterien 193 f.
Anreizargumente 188
Anreizprogramm 195
Appellebene 167
Arbeitsbedingungen 22, 83
Arbeitshypothesen 53
Arbeitsklima 98
Arbeitsmotivation 69
Arbeitszeitregelungen, flexible 116
Arbeitszufriedenheit 69
Assessment Center 132 ff.
Asset/Liability-Konten 277
Aufgabenstrukturen 157
Auftaktprogramm 239
Aus- und Weiterbildung 114, 173
Austrittsgespräche 272
Auswahl, typische 49 f.
Auswahlseminar 132 ff.

Bedürfnisstrukturen 17
Befragung, persönlich 60
Befragung, schriftlich 60
Benchmarking 82 f.
Beobachterkonferenz 138
Beobachtung 59
Beratungsaufgaben 157
Beurteilung 27, 43, 143 f.
Beurteilung, geschlossene 146
Beurteilung, offene 145
Beurteilungsgespräche 169
Beurteilungsstichprobe 50
Bewerberinformationen 234 ff.
Bewerberkolloquium 132 ff.
Bewerberkommunikation 228 ff.
Bewußtseinsbildung 90, 290
Beziehungsebene 167

Bildassoziation (Motiv) 245
Bodytext (Textaufbau) 246
Bonusplan 191
Bottom-up-Verfahren 250
Briefing 215
Business Clearing 67
Business Reengineering 9
Businessdimension 266 f.

Cafeteria-Modelle 194 f.
Chance-Management 9
Coach 174
Coaching 166
Commitment 174, 285
Controlling 250 ff.
Controllingphilosophie 257
Controllingverständnis 253
Corporate Communication 212
Corporate Culture 212
Corporate Design 212
Corporate Identity 212

Delphi-Methode 58 f., 67 f.
Denken, laterales 13, 22, 109
Dezentralisierung 33 f., 174
Dokumentenanalyse 61 f.

Effektivität 254, 279
Effizienz 254, 279
Eignungsdiagnostik 141
Einstufungsverfahren 145 f.
Einzelassessment 132
Engpaßfaktor 17, 30
Entrepreneur 108
Entscheidungsverhalten 140
Entwicklung 27, 42
Entwicklungsgrundsätze 125
Entwicklungsplanung 156, 173
Entwicklungspotential 152 f.
Erfolgsfaktoren 52 f.
Erfolgsgerechtigkeit 191
Ergebniskontrolle 262
Ergebnismanagement 97 f.
Ergebnisqualität 56 f., 270
Erhebungsinstrumente 63 f.

Erhebungsprozeß 53
Erhebungstechniken 62 f.
European Quality Award 92 f.
Evaluationsprozeß 256
Exitgespräche 272
Experience qualities 210
Experten 68

Fachlaufbahn 157
Fachpotential 155
Feedback-Gespräch 133
Firmenzeichen (Logo) 247
Fördergespräch 168
Formalziele, ökonomische 105
Formalziele, personale 105
Fortschrittskontrolle 261
Four-P-Modell 178
Fragebogen 63, 141
Frauenförderung 115
Frühwarnsystem 253 f.
Führung 42, 185
Führung als Dienstleistung 95 f.
Führungsentscheidungen 109
Führungsgrundsätze 118 ff.
Führungskräftekolloquium 168
Führungspotential 155
Führungssituation 185 f.

GAP-Analyse 65, 87
Gehaltsumfragen 190 f.
Gerechtigkeitsargumente 188
Gesprächsführung 169 f.
Gruppenassessment 132
Gültigkeit (Validität) 63

Handlungskonzept 66 f.
Headline 245
Human Cost Accounting 264
Human Value Accounting 263 f.
Human-style-Typologien 198
Humanressourcen 263
Humanvermögensrechnung 263 f.

Imagewerbung 242
Incentiveprogramme 192
Informationsbeschaffung 46 f.
Informationsmanagement 201 f.
Informationsquellen, externe 48
Informationsquellen, interne 48

Inhaltsanalyse 59, 61
Innenorientierung 131 ff.
Innovationsmanagement 25
Innovationsorientierung 32 f.
Intelligenz, soziale 131
Interaktive Medien 220 f.
Interessenverbände 20, 196
Interview 63
ISO 9000 ff 92

Job enlargement 161
Job enrichment 161
Job rotation 161

Karrierenachfolge 160
Karriereorientierung 12
Karrierepool 160
Karriereprogramme 154 f.
Karrierespektrum 160
Kennenlernübung 139
Kennzeichnungsverfahren 146
Kommunikation, externe 242
Kommunikation, interne 201 f.
Kommunikation, offene 165 f.
Kommunikationsgrundsätze 125
Kommunikationsstörungen 167
Kommunikationsvariablen 201 ff.
Kompetenz, soziale 131
Konfliktmanagement 166
Kontaktmedien 220
Kontextmanagement 97
Konzentrationsprinzip 50
Kooperationsgrundsätze 125
Kundenorientierung 32, 77 f.
Kundenzufriedenheitsanalyse 79 ff.
Kündigung, innere 130

Längsschnittanalyse 62
Laufbahnplanung 173 f.
Laufbahnplanung, vertikale 158
Laufbahnübersichten 158
Lebensskriptanalyse 138
Lebensstilforschung 12
Lebenszyklusphase 108, 277 f.
Leistungsgerechtigkeit 189
Leistungspotential 152
Leitbild 30
Life-style-Typologien 197

Malcolm Baldrige Award 93
Management-Audit 275 ff.
Management by Objectives 150
Managementfunktionen 102
Managementpotential 155
Managementsystem 96 ff., 123 ff.
Managertyp 108 f.
Marktgerechtigkeit 189
Massenmedien 219
Medienauswahl 218
Medienkombination 218 f.
Mentalitätswandel 11
Mentor 174
Mentoraufgaben 157
Messen 220
Methodenkompetenz 38
Methodologie 52
Mentorenprogramm 240
Milieu-Bausteine 13
Mitarbeiterbefragung 49, 69, 70 ff.
Mitarbeiterbeurteilung 143 ff.
Mitarbeitergespräch 171 ff.
Mitarbeiterintegration 240 ff.
Mitarbeiterorientierung 31
Mitbewerbsbeobachtung 56 f.
Mixproblem 181
Monitorgruppe 68
Multimedia 220

Nachfolgeplanung 161 f., 173 f.
Nachwuchsförderung 160 f., 173 f.
Nachwuchssicherung 160 f.
Newplacement 198 f.

Operationalisierung 102
Optimierer 108
Organisation, lernende 102 f.
Organisation, virtuelle 9
Organisationsstruktur 34 f.
Organisationsverhalten 139
Outplacement 199 f.
Outsourcing 176

Partizipation 90, 125 f.
Partizipationspotential 155
Personal Relations 200 ff.

Personalarbeit 27, 42, 111
Personalbeurteilung 111
Personalbilanz 265
Personalbudget 265
Personalcontrolling 250 ff.
Personalentwicklung 111, 173 f.
Personalforschung 46
Personalfunktionen 102
Personalimage 211
Personalinformationssystem 201 f.
Personalkosten(struktur) 260
Personalmarketinganalyse 51 f.
Personalmarketingbegriff 18
Personalmarketingforschung 46 f.
Personalmarketingkommunikation 208
Personalmarketingmix 177 ff.
Personalmarketingorganisation 34 ff.
Personalmarketingstrategie 102 f.
Personalmarketingziele 103 ff.
Personalportfolio 158 f.
Personalrekrutierung 110
Personalstruktur 265
Personalwerbung 200, 242 ff.
Plazierungsvariablen 178, 196 ff.
Portfolioansatz 159
Positionsprofil 134, 162 ff.
Potentialaktivierung 131 f.
Potentialeinschätzung 152 f.
Potentialentwicklung 131 f.
Potentialerhaltung 98
Potentialerkennung 131 f.
Potentialgewinnung 98
Potentialkategorien 155
Potentialplazierung 131 f.
Potentialrekrutierung 131 f.
Prämissenkontrolle 261
Preisvariablen 178, 187 ff.
Pressekonferenz 222 f.
Primärforschung 47 f.
Printmedien 218
Produktvariablen 178, 183 f.
Prognoseverfahren 67 f.
Projektgespräche 168
Projektlaufbahn 157
Promotionsvariablen 178, 200 ff.
Prozeßfähigkeit 21
Prozeßmarketing 181

Prozeßorientierung 32, 94 f.
Prozeßqualität 55 ff., 270
Prozeßteam 165
Public Relations 201, 221 f.

Qualität 90 ff.
Qualitätskosten 129
Qualitätsmanagement 92 f., 268 f.
Qualitätsniveau 24 f.
Quality Circles 130
Quotaverfahren 50

Randomverfahren 49 f.
Rangordnungsverfahren 145 f.
Rekrutierung 27, 42
Replacement 198 f.
Reporting 293
Return on Investment 24
Return on Sales 24
Rollenspiele 141

Sachebene 166
Sanierer 108
Sekundärforschung 47
Selbstkontrolle 255, 278 f.
Selbstoffenbarungsebene 166
Serviceorientierung 32
Skalierung 61
Slogan 217
Sozialleistungen 195
Sponsoring 201
Stand by Meeting 167
Standardauswahlverfahren 50
Stichprobe 50
Strategiebestimmung 102 f.
Strategiegespräche 168
Strategiepapier 112 ff.
Strukturen, flache 38
Synergieeffekte 123, 212
Szenariotechnik 39 f.

Tätigkeitsanalyse 281 ff.
Team enrichment 158
Teamverhalten 140
Tests 141
Tiefeninterview 60, 64
Top-down-Verfahren 184, 251

Traineeprogramm 160
Transfergespräch 274
Trendveränderungen 77
Typologie 108

Umweltorientierung 31, 66 f.
Unabhängigkeit (Objektivität) 63
Unique Selling Proposition (USP) 178, 208
Unternehmensentwicklung 129 ff., 293
Unternehmensgrundsätze 118 ff.
Unternehmensleitbild 28 f.

Variablenkombination 181 f., 204 ff.
Verantwortlichkeit 288
Vergütung 27, 42
Vergütungssystem 111, 187 ff.
Verteidiger 108

Werbebotschaft 242 f.
Werbeerfolgskontrolle 247
Werbeziele 214, 244
Werteorientierung 12
Wertequalität 54 f., 270
Wertewandel 11, 90
Wertschöpfung 262 f.
Wertschöpfungs-Center 265 ff.
Wertschöpfungskette 94
Wettbewerbsfaktoren 43, 46
Wirtschaftlichkeit 254
Workshop 277

Zentralisierung 35
Zertifizierung 92
Zielanalyse 280 ff.
Zielgruppen 30
Zielgruppenauswahl 62
Zielgruppenbestimmung 49
Zielgruppenorientierung 207
Zielsetzungsgespräche 169
Zielsystem 103 ff.
Zielvereinbarung 185
Zufallsstichprobe 49 f.
Zufallszahlen 49 f.
Zuverlässigkeit (Reliabilität) 63

Arbeitshefte Personalwesen

Herausgegeben von Prof. Dr. Ekkehard Crisand
Prof. Dr. Peter Bellgardt, Prof. Werner Bienert,
Wolfgang Reineke.

Diese Schriftenreihe versteht sich als Bindeglied zwischen anspruchsvoller Spezialliteratur und praktischen Alltagsfragen. Durch die Ergänzung von allgemeiner und detaillierter Themenstellung wird der Leser einserseits Einzelprobleme in die sachlichen, organisatorischen und rechtlichen Zusammenhänge einordnen können, andererseits aber konkrete Entscheidungshilfen für die Arbeit erhalten.

Band 1: Recht und Taktik des Bewerbergesprächs (Bellgardt)

Band 6: Rechtsfragen bei Personalbeschaffung und Personaleinsatz (Racké)

Band 9: Erfolgreiches Verhandeln mit Betriebs- und Personalräten (Rischar)

Band 10: Seminarkonzeptionen (Leonhardt/Riegsinger)

Band 11: Kündigungsfibel (Bauer/Röder)

Band 12: Das Personalhandbuch als Führungsinstrument (Prollius)

Band 13: Flexible Arbeitszeitsysteme (Bellgardt)

Band 15: Kooperationspartner Personal-Management (Fröhlich)

Band 16: Qualitätszirkel (Bergemann/Sourisseaux)

Band 17: Personalwesen als Organisationsaufgabe (Spie)

Band 18: Das Stellenangebot in der Tageszeitung (Schwarz)

Band 19: Personal-Controlling (Papmehl)

Band 20: Datenschutzpraxis im Personalbereich (Bellgardt)

Band 21. Personalpflege (Brinkmann)

Band 22: Schwerbehinderte im Betrieb (Wolfin/Schmidt)

Band 23: Personalbeurteilungssysteme (Crisand/Stephan)

Weitere Bände befinden sich in Vorbereitung

Sauer-Verlag Heidelberg